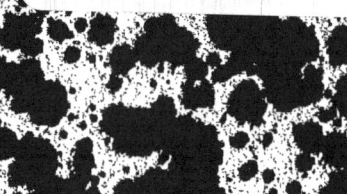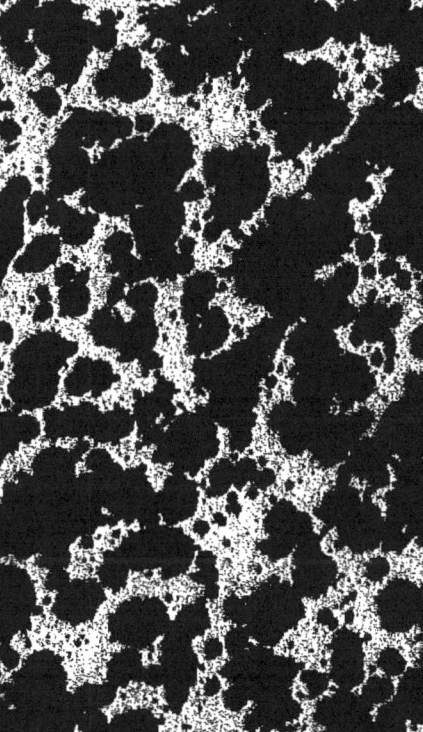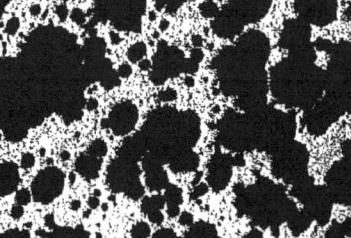

ALBERT THOMAS
Ancien élève de l'École normale supérieure
Agrégé d'histoire

LECTURES
HISTORIQUES

Histoire anecdotique du travail

1910

BIBLIOTHÈQUE D'ÉDUCATION
15, rue de Cluny, Paris

Prix cartonné

BIBLIOTHÈQUE D'ÉDUCATION
PARIS — 15, rue de Cluny, 15 — PARIS

MANUEL
DE
Lectures Classiques
Par E. PRIMAIRE

COURS ÉLÉMENTAIRE ET MOYEN

72 Lectures en prose — 23 Lectures en vers

CONTES — NARRATIONS — FABLES
SCÈNES DE LA VIE ENFANTINE — RÉCITS D'HISTOIRE
GÉOGRAPHIE PITTORESQUE
LES GRANDS PHÉNOMÈNES NATURELS

1 beau vol. illustré de 224 pages : Prix, **0 fr. 90**

COURS MOYEN ET SUPÉRIEUR

100 Lectures en prose — 50 Lectures en vers

70 LECTURES MORALES ET LITTÉRAIRES
40 LECTURES HISTORIQUES ET CIVIQUES
40 LECTURES DE GÉOGRAPHIE, SCIENCES
ANTIALCOOLISME, etc.

1 beau vol. illustré de 320 pages : Prix, **1 fr. 30**

ALBERT THOMAS

Ancien élève de l'École normale supérieure
Agrégé d'histoire

❧ ❧ ❧

LECTURES

HISTORIQUES

Histoire anecdotique du travail

BIBLIOTHÈQUE D'ÉDUCATION

15, rue de Cluny, Paris

PRÉFACE

Les questions économiques, les questions ouvrières, sont à l'ordre du jour. Abstraction faite des luttes graves qui éclatent presque quotidiennement, la fondation même du Ministère du Travail, si souvent réclamé depuis 1848, a manifesté que les problèmes sociaux devaient passer au premier rang des préoccupations gouvernementales.

Or, par une contradiction étrange, l'enseignement primaire semble réduit à ignorer tout cet ensemble de problèmes, de la solution desquels dépendent cependant le progrès et la vie même d'une démocratie.

Cette contradiction s'explique. Les « questions sociales », comme on les appelle, demeurent intimement mêlées aux questions politiques. En les abordant, les maîtres ou les auteurs de livres scolaires redoutent de paraître violer la neutralité de l'école.

Nous avons pensé cependant que, sous une forme historique, purement objective, il était possible de proposer à l'esprit des enfants un tableau résumé de l'histoire des travailleurs, et de les préparer ainsi à examiner avec sérieux, avec impartialité, tout cet ensemble de problèmes que la vie d'aujourd'hui ne tarde jamais à poser devant eux.

Cette tentative n'était possible qu'à une condition : c'est que l'exécution en fût irréprochable, professionnellement au moins. Ce qu'on peut redouter, en effet, dans des tentatives de ce genre, ce sont les faits dénaturés, les documents faussés, les interprétations erronées, et surtout l'introduction dans le récit de jugements susceptibles d'égarer des enfants et de leur inculquer des préjugés. Nous dirons plus : on peut même reprocher à un auteur de donner une impression inexacte de la réalité, de ne représenter qu'un côté des choses.

Tous les lecteurs de bonne foi reconnaîtront, nous l'espérons, notre constant et scrupuleux effort pour être, à ces différents égards, irréprochables.

Nous avons mis tout notre soin à éviter le défaut des vieux auteurs d'Histoires du Travail ou d'Histoires des prolétaires, qui vers 1848 ou vers 1869 décrivaient l'histoire universelle comme une lutte ininterrompue des riches et des pauvres : nous avons décrit tour à tour les périodes de lutte, les moments de résignation ou d'équilibre.

Nous nous sommes appliqués à n'intervenir jamais que pour expliquer. Loin de servir des préjugés de parti ou de classe, nous avons mis en garde nos jeunes lecteurs contre les idées traditionnelles ou préconçues qui les auraient poussés à mal interpréter telle parole ou tel acte des héros de nos récits.

Enfin — les réflexions qui suivent ou précèdent chaque lecture permettront de s'en convaincre — c'est directement, d'après les documents originaux, toujours suivis de près, reproduits même parfois textuellement, que tout a été écrit et illustré.

Cela dit, nous ne redoutons aucune critique ni aucune accusation.
Albert THOMAS.

ALBERT THOMAS

Lectures Historiques

PREMIÈRE LECTURE

Le porcher Eumée

AUX TEMPS ANCIENS — C'était il y a environ trois mille ans. A cette époque lointaine, dans le pays qui forme aujourd'hui la France et qui était alors presque entièrement couvert de forêts, n'habitaient encore que des peuplades à demi barbares. Mais, à l'est de la Méditerranée, en Asie-Mineure, en Grèce et dans les îles Cyclades, vivaient déjà des peuples plus civilisés.

Ces peuples vivaient par familles. Mais une famille ne comprenait pas seulement comme aujourd'hui le père, la mère et les enfants ; elle comprenait tous ceux qui se rattachaient par la naissance à un même ancêtre, c'est-à-dire les frères, les neveux, les cousins, avec leurs femmes et leurs enfants. Chacune de ces familles subvenait elle-même à ses besoins, faisait son pain, fabriquait ses vêtements et ses meubles. Chacune avait son chef. Les familles d'un même canton ou d'une même île, formaient ensemble un petit État. Pour le gouverner, les chefs de familles choisissaient parmi eux un roi. Le roi rendait la justice et il commandait les guerriers lorsqu'il fallait défendre le pays ou lorsqu'on allait piller les peuples voisins.

Le porcher Eumée, l'esclave dont nous voulons raconter l'histoire, était un fils de roi. Son père était roi d'un petit État d'Asie-Mineure. Mais, à cette époque, dans toutes les mers, entre l'Asie et l'Europe, naviguaient des pirates grecs et phéniciens qui tantôt vendaient des marchandises, tantôt dévastaient les côtes; et il arriva au petit Eumée un malheur qui était fréquent alors. Une esclave qui s'était brouillée avec ses parents enleva l'enfant à peine âgé de quelques mois, et le vendit à des pirates phéniciens. Ceux-ci, après un long voyage arrivèrent dans la mer Ionienne, à l'île d'Ithaque, et ils le revendirent à Laërte, le roi de l'île. Eumée fut ainsi destiné à vivre en esclavage.

Or, en ces temps primitifs, les maîtres et les serviteurs vivaient et travaillaient ensemble. Leurs enfants étaient élevés en commun : les rois mêmes n'étaient pour ainsi dire que de gros fermiers, prenant part à tous les travaux des champs. Laërte et sa femme Anticlée élevèrent le petit Eumée avec leur propre fils, qu'ils avaient appelé Ulysse.

Lorsque les deux enfants eurent grandi, Eumée l'esclave fut envoyé à la campagne pour surveiller le troupeau de porcs noirs aux dents blanches que possédait le roi. Et, tandis que Laërte abandonnait la royauté pour aller cultiver dans l'isolement un modeste petit jardin, Ulysse, reconnu comme roi à son tour par tous les chefs des autres familles, commença à gouverner l'île et à administrer lui-même ses biens.

Cet Ulysse était un homme tout à fait intelligent, habile à toutes sortes de travaux, rusé, adroit, et avec qui c'était plaisir de travailler. Lorsqu'il se maria avec une sérieuse jeune fille, économe et laborieuse, la sage Pénélope, il fabriqua lui-même son lit, dans un gros tronc d'arbre artistement sculpté. Il se vantait, et avec raison, de savoir mieux que personne allumer du feu, fendre le bois sec, préparer le repas et verser le vin. Il surveillait constamment tous les travaux, cependant que Pénélope, avec ses servantes, filait et tissait la toile admirablement. C'est dire comme tout le patrimoine d'Ulysse était bien administré.

Eumée était très attaché à ses maîtres. Isolé dans la campagne, il avait souci d'accroître le troupeau qui lui était confié. Dans douze étables qu'il avait construites une à une, il y avait plus de mille porcs ; et quatre chiens terribles, semblables à des bêtes fauves, les gardaient.

Hélas ! un jour, toute cette belle prospérité fut troublée. Un prince de Troie, une cité fameuse qui se trouvait en Asie-Mineure, avait enlevé la femme d'un prince grec, et tous les Grecs décidèrent de faire la guerre aux Troyens, pour venger ce prince et surtout faire un bon butin. Tous partirent, et parmi les premiers, à la tête des guerriers d'Ithaque, l'entreprenant Ulysse qui laissa sa femme et son fils, tout jeune, Télémaque.

La guerre fut longue et périlleuse. De longues années passèrent ; enfin Troie fut prise, pillée, incendiée, et, un à un, les guerriers grecs qui avaient échappé aux massacres des batailles et aux naufrages regagnèrent leur foyer.

Ulysse seul ne revenait pas. Il n'était pas mort à la guerre : d'autres chefs qui étaient revenus racontaient, en effet, qu'il avait quitté en même temps qu'eux la côte de Troie. Avait-il fait naufrage ? On ne disposait alors que de petites barques et toute navigation un peu longue était dangereuse. Avait-il été entraîné par des vents contraires vers des pays inhospitaliers ? Avait-il été réduit en esclavage par des pirates, ou par des peuples ennemis des Grecs ? On ne savait.

Fig. 1. — Une barque antique.

Les années, les années passaient. Il y avait bientôt près de vingt ans qu'il était parti. Parfois, débarquaient à Ithaque des voyageurs, des mendiants, qui prétendaient l'avoir vu : mais leurs récits s'étaient contredits si souvent les uns les autres que personne ne voulait plus les croire.

Un à un, tous désespéraient de revoir jamais leur maître et leur roi. « Sûrement, disait-on, maintenant il est mort. » Et tous les jeunes nobles de l'île, ou même des pays voisins, rêvaient d'épouser Pénélope, sa femme, afin d'hériter d'une partie de ses biens et de son commandement.

Pour décider la noble femme, pour l'obliger à choisir l'un d'eux comme mari, ils avaient même fait une chose qui nous semble aujourd'hui tout à fait étrange mais qui était dans les mœurs de l'époque : ils étaient venus tous s'installer dans la maison d'Ulysse ; ils buvaient son vin, mangeaient ses troupeaux et commandaient à ses serviteurs. Sans doute, le fils d'Ulysse, Télémaque, était devenu déjà un jeune homme ; mais il ne pouvait encore commander à ces puissants hommes d'Ithaque, et il ne pouvait les empêcher de gaspiller ainsi en festins et en fêtes tous les biens si péniblement acquis par son père et ses serviteurs.

Fig. 2. — Télémaque et Pénélope (d'après un vase ancien). Près du métier à tisser, la mère et le fils parlent du père absent et des recherches infructueuses. Pénélope, d'après la légende, ayant déclaré qu'elle choisirait un prétendant, quand sa toile serait achevée, défaisait chaque nuit ce qu'elle avait fait pendant la journée.

Pénélope, cependant, espérait toujours, même après vingt ans, que son mari reviendrait. Elle voyait avec tristesse autour d'elle les esclaves et les servantes désespérer presque tous du retour de leur maître et la délaisser maintenant pour servir les prétendants.

CHEZ LE PORCHER — Seul ou à peu près seul, Eumée lui restait fidèle, au fond du cœur, avec quelques vieux esclaves : Dolios, qu'elle avait amené de chez son père, lorsqu'elle s'était mariée ; Euryclée, la bonne nourrice qui avait élevé Ulysse, et Philœtios le bouvier. Ceux-là continuaient d'attendre avec confiance, certains qu'un maître comme le leur, ingénieux et rusé, n'avait pu périr et qu'un jour il reviendrait. Mais ils se lamentaient de voir dilapider ses biens. Et le porcher, surtout, souffrait de devoir envoyer chaque jour aux prétendants le plus gras de ses porcs.

Sur le conseil d'Eumée, Télémaque avait fait déjà plusieurs voyages pour aller s'informer de son père. Tout récemment encore, il venait de partir pour Sparte, et les bons serviteurs attendaient son retour avec anxiété.

Or un matin qu'Eumée s'apprêtait à partir aux champs et qu'il achevait de lacer ses sandales, les chiens aboyèrent furieusement. Il accourut : un homme venait vers la cabane, et il se défendait péniblement contre les quatre bêtes qui voulaient le mordre. Eumée calma les chiens.

L'homme semblait un vieillard, un mendiant errant : il était couvert de haillons.

« Ce sont les dieux, pensaient les anciens Grecs, qui envoient les mendiants et les voyageurs, et ils s'irritent quand l'on manque aux devoirs de l'hospitalité. » Eumée craignait les dieux et il était respectueux des devoirs de l'hospitalité.

Il fit entrer le mendiant à l'étable. Le malheureux était épuisé, affamé. Le porcher résolut de lui donner à manger. Il tua un jeune pourceau, fit rôtir quelques morceaux, et lui versa du vin dans une coupe grossière ; puis, quand ils eurent mangé abondamment et bu, ils conversèrent.

Mais de quoi donc Eumée pouvait-il bien parler, sinon toujours du maître absent, mort sans doute, englouti au fond des flots, du jeune Télémaque, encore impuissant, du patrimoine dévasté et des prétendants insolents, qui mangeaient les fruits de tant de travaux ? Longtemps, il conta ses peines.

Le mendiant l'écoutait, très intéressé.

A la fin, il dit :

— Ecoute, porcher, je veux reconnaître ton hospitalité en t'annonçant une heureuse nouvelle. Ulysse est vivant.

— Puisses-tu dire vrai, répondit Eumée, en souriant tristement. Mais tant de fois déjà des mendiants, comme toi, m'ont donné de fausses espérances que je ne veux plus rien croire.

— Ulysse est vivant, repartit le mendiant avec force, et bientôt on le verra.

Eumée s'obstina à ne point le croire. Ulysse cependant était bien vivant, car chacun l'a déjà reconnu : c'était lui qui s'était déguisé en mendiant. Il se garda bien de le révéler sur-le-champ à Eumée : il voulait dissimuler encore ; il voulait savoir qui, dans sa maison, lui était demeuré fidèle, qui avait trahi son devoir, avant de châtier cruellement, comme un vrai chef de famille, les hôtes impudents établis chez lui.

Il demeura donc quelques jours chez Eumée, dans l'étable éloignée du bourg, où se trouvait la grande maison qu'on appelait le palais.

Interrogateur et réservé, il examinait, il s'informait.

Mais bientôt Télémaque revint de Sparte, et il s'en fut lui-même un matin à l'étable pour annoncer son retour au fidèle Eumée.

Le porcher était dans les champs. Ulysse, toujours réfléchi et habile, se trouvant seul avec son fils, décida que l'heure était venue. Il se fit reconnaître de lui, et la première émotion passée, tous deux, le père et le fils, méditèrent ensemble une terrible vengeance.

— Je veux maintenant aller à la ville, déclara à Eumée le faux mendiant Ulysse, lorsque le porcher revint vers le soir. Il vaut mieux mendier sa nourriture à la ville qu'aux champs. Me donnera qui voudra. Tu t'es toujours montré bon pour moi. J'espère que tu voudras bien encore me conduire jusque-là.

Eumée aurait bien voulu le garder avec lui à l'étable, pour l'aider. Mais, comme l'autre insistait, il consentit à le conduire jusqu'au palais.

LE RETOUR DU MAITRE

Ils partirent donc tous deux le matin suivant. Ulysse, toujours vêtu de ses haillons, le bâton à la main, une besace trouée jetée sur ses épaules. En route, ils rencontrèrent Mélanthios, celui qui avait le soin des troupeaux de chèvres:

— Encore un fainéant qui ne veut point travailler, s'écria le chevrier en voyant Ulysse, et qui préfère mendier pour repaître son ventre insatiable.

Ulysse ne voulut pas répondre à l'insulte ; et Eumée lui-même se contint, pour ne pas engager de querelle avec un mauvais serviteur qui trahissait son maître au profit des prétendants.

Ils continuèrent donc de marcher, et ils parvinrent enfin au palais. Les prétendants y étaient réunis comme de coutume en un immense banquet : ils étaient cinquante ; et les esclaves d'Ulysse suffisaient à peine à les servir. Un chanteur commençait à déclamer des poésies, en s'accompagnant de la cithare.

Sur le seuil, Argos, un vieux chien délaissé et rongé de vermine, reconnut son maître après tant d'années, remua la queue, dressa les oreilles, mais ne put aller au-devant de lui. Et Ulysse, se cachant d'Eumée, essuya une larme.

Mais déjà ils entraient dans la maison.

Ulysse, comme faisaient d'ordinaire les mendiants, fit le tour de la table, reçut de quelques-uns, fut insulté par d'autres. Mais il osa répondre à l'un de ses insulteurs, et fut frappé par lui. Il eût pu l'accabler ; il ne riposta pas. Il ne voulait pas être chassé.

Fig. 3. — Ulysse et le chien Argos
(d'après une peinture romaine).

Survint alors un mendiant, qui avait coutume d'assister tous les jours au banquet des prétendants, et qui l'injuria à son tour. Ulysse se battit avec lui, à la joie de tous les convives il fut le plus fort. Il s'assit alors dans un coin, et, plein d'une colère contenue, attendit l'heure favorable.

Il n'attendit pas longtemps. Pénélope, en effet, conseillée par Télémaque, apparut dans la salle du festin. Elle venait déclarer aux prétendants qu'elle épouserait celui d'entre eux qui tendrait le plus facilement l'arc d'Ulysse et qui saurait lancer une flèche à travers les douze anneaux de douze haches alignées.

En vain les prétendants s'y essayèrent à tour de rôle : aucun ne put tendre l'arc. Tous étaient déjà passés : il n'en restait plus que deux, Antinoos et Eurymachos, les plus forts et les plus braves.

Alors, pendant qu'ils se préparaient, Ulysse, décidé,

Fig. 4. — ULYSSE ET SA NOURRICE EURYCLÉE (d'après un vase ancien). *La légende raconte qu'Euryclée reconnut Ulysse à ses cicatrices de blessures sur la jambe.*

sortit de la salle, en appelant Eumée et le bouvier Philœtios, qu'il savait tous deux fidèles.

— Écoutez, leur dit-il rapidement. Je n'y tiens plus. Mon cœur me commande de vous parler. Viendriez-vous en aide à Ulysse, si un dieu le ramenait brusquement ?

— Ah ! plût aux dieux, répondirent-ils tous deux, que ton vœu fût accompli !

— Je suis Ulysse, reprit-il. Voyez la blessure que me fit autrefois un sanglier, quand nous chassions. Je sais que seuls parmi les serviteurs, vous désiriez mon retour. Aidez-moi à châtier les prétendants.

Alors, pleins d'émotion, tous deux pleurèrent, entourant le cher Ulysse de leurs bras, embrassant sa tête et ses épaules.

— Ne perdons pas de temps, reprit-il. Philœtios, tu vas fermer toutes les portes du palais. Eumée, toi, le moment venu, tu me donneras mon arc.

Et ils rentrèrent dans la vaste salle. Pendant qu'ils étaient restés au dehors, Eurymachos n'avait pu tendre l'arc, et Antinoos ne voulait point s'y risquer.

Alors Ulysse demanda la permission d'éprouver sa force.

— Es-tu fou, mendiant? lui répondit insolemment Anti-

Fig. 5. — Les prétendants tendant l'arc (d'après un vase ancien).

noos. Le vin trouble-t-il ton esprit? Ne cherche donc point à lutter contre des hommes plus jeunes que toi.

Et tous, injuriant et menaçant le vieux mendiant, faisaient chorus.

Mais alors Eumée saisit l'arc, et, pendant que Philœtios et la vieille servante Euryclée fermaient les portes, Ulysse, le saisissant, tendit de sa main droite la corde qui résonna comme un cri d'hirondelle. Maintenant les prétendants étaient muets et pâles. Ulysse saisit une flèche, visa le but, et la flèche traversa les douze anneaux des haches.

Alors, dépouillant ses haillons, redressant la taille et apparaissant dans toute sa grandeur, il saisit une seconde flèche: « Je viserai un autre but, » s'écria-t-il. Et au moment où Antinoos soulevait de ses deux mains une belle coupe d'or remplie de vin, la flèche le frappa à la gorge et la pointe traversa son cou.

Ensuite, ce fut un massacre horrible. Ulysse, Télémaque, Eumée, Philœtios, frappaient les prétendants, ou les empêchaient de fuir. Seul, le chanteur trouva grâce auprès du maître. Même les servantes infidèles qui avaient trahi leur maîtresse subirent aussi la mort : désignées par la vieille Euryclée, elles furent pendues dans la cour.

C'est ainsi que dans les familles antiques se déroulaient parfois d'épouvantables drames. Maîtres et serviteurs, dans leur vie rude, se sentaient étroitement unis les uns aux autres : les esclaves faisaient vraiment partie de la famille ; les joies et les peines étaient communes. Mais le chef de famille était un maître absolu ; et nul alors n'aurait osé reprocher à Ulysse d'avoir mis à mort les servantes infidèles. Il aurait pu tuer aussi sa femme ou son fils, s'ils l'avaient trahi. C'était le droit du chef de la famille.

Lorsque le carnage fut terminé, Ulysse se fit reconnaître de sa femme, la vertueuse Pénélope, et de son vieux père Laërte.

Lentement la maison fut remise en ordre, les champs de nouveau cultivés, et les troupeaux bien soignés. Apaisant peu à peu les vengeances des familles dont il avait tué les chefs ou les héritiers, Ulysse rétablit son pouvoir. Et le fidèle Eumée put enfin obtenir ce qu'il avait si longtemps attendu, ce qu'un bon père de famille donnait toujours en ce temps-là à un serviteur laborieux : une cabane à lui, une part de biens, et une femme, car un esclave ne pouvait pas se marier sans le bon vouloir de son maître.

RÉFLEXIONS. — Ce récit est tiré du poème grec l'Odyssée qui raconte les aventures d'Ulysse (Odysseus, en grec). Ce poème était attribué à un poète nommé Homère. Mais il se compose de récits qui étaient chantés et constamment enrichis de nouveaux épisodes par une multitude de chanteurs populaires. Ces chants nous montrent bien la civilisation grecque du Xe au VIIe siècle avant l'ère chrétienne.

Nous avons indiqué au cours même du récit ce qu'était cette civilisation patriarcale : le petit groupe familial avait constamment à se défendre contre les voleurs et la rapacité des voisins. Les esclaves, pris à la guerre, souffraient de leur condition humiliée, des exigences du vainqueur, des séparations cruelles qui leur étaient imposées. Mais les esclaves nés dans la maison ou achetés tout enfants vivaient vraiment de la vie du maître et avaient part à toutes les fêtes ou cérémonies religieuses de la famille.

DEUXIÈME LECTURE

Une leçon de Socrate

ATHÈNES
ET LES
ATHÉNIENS

REPORTONS-NOUS par la pensée 404 ans avant Jésus-Christ, c'est-à-dire il y a environ 2.300 ans. En ce temps-là, toujours en Grèce, il s'était développé de nombreux petits États, bien organisés et souvent prospères. Deux surtout étaient célèbres, Athènes et Sparte.

Athènes était bâtie dans une presqu'île rocheuse et peu fertile, qu'on appelle l'Attique, au pied d'un gros rocher isolé où se trouvait la ville haute, la citadelle. Dès l'origine,

Fig. 6. — L'ACROPOLE D'ATHÈNES (reconstitution). *L'Acropole comprenait les temples, les bâtiments publics. La ville s'étendait au bas du rocher.*

Athènes s'était signalé par son activité commerçante. Puis la Grèce ayant été attaquée par les Perses, les Athéniens s'étaient trouvés au premier rang parmi les défenseurs de la patrie. Ils avaient vaincu les Perses en des combats héroïques, à Marathon, à Salamine; et, pendant un siècle, toutes les puissances maritimes étaient demeurées groupées autour d'eux, comme autour de protecteurs et de chefs. Athènes était alors devenu puissamment riche: ses ateliers étaient nombreux; ses habitants, esclaves ou hommes libres, travaillaient beaucoup pour vendre aux marchands des autres cités, et dans son port du Pirée les vaisseaux étaient innombrables. Un grand homme d'État,

Périclès, avait merveilleusement administré les finances de la ville, et il avait pu bâtir d'admirables monuments, en particulier le temple de Parthénon, consacré à Athênê, la déesse de la cité.

Mais des temps mauvais étaient venus : une longue lutte de près de trente années s'était engagée entre Athènes et Sparte, la cité rivale, et dans cette année 404, où se place notre histoire, Athènes venait d'être vaincue définitivement. Sparte avait établi chez elle un gouvernement de trente citoyens qui lui étaient dévoués et qu'on appela les trente tyrans. Mais les Athéniens ne pouvaient tolérer ce gouvernement aristocratique, et ceux d'entre eux qui avaient été bannis conspirèrent et chassèrent les Trente.

C'est qu'Athènes se vantait d'être une démocratie. Depuis plus d'un siècle, en effet, le peuple tout entier avait part au gouvernement. Il est vrai que, lorsqu'on parle du peuple dans l'antiquité, il ne faut pas entendre, comme aujourd'hui, la masse des habitants, mais seulement tous ceux qui étaient nés dans le pays, et de parents libres. Le peuple ne comprenait jamais les étrangers, ni les esclaves qui étaient fort nombreux.

Mais tandis que, dans les autres cités, seuls gouvernaient les nobles ou les riches, à Athènes, tous les hommes libres, riches ou pauvres, célèbres ou inconnus, assistaient à l'assemblée du peuple où l'on discutait des affaires de la cité ; tous pouvaient y prendre la parole, tous pouvaient devenir membres du gouvernement, juges, et même généraux.

Aussi, sur la place publique, sur l'Agora, comme on l'appelait, dans toutes les petites boutiques de coiffeurs, de cordonniers ou de marchands, installées là, y avait-il toujours beaucoup de citoyens qui aimaient à converser des affaires de l'État, des intérêts des différents partis, ou des mérites des orateurs. Les Athéniens passaient bien pour un peu bavards. Mais c'était un peuple intelligent, et leurs bavardages étaient souvent fort curieux.

LE PHILO-SOPHE SOCRATE

Or, en ces années-là, à la fin du cinquième siècle avant Jésus-Christ, il venait souvent sur l'Agora un homme fort laid, aux gros traits, au nez camus, au front élevé par-dessus des yeux vifs, et qui amusait beaucoup les gens par sa conversation. Il s'appelait Socrate, et c'était un philosophe qui est demeuré tout à fait célèbre. Il aimait à venir s'asseoir dans les boutiques qui entouraient l'Agora; et là, prenant à partie tel ou tel, il se mettait à lui poser des questions avec un art, avec une subtilité, une ingéniosité telles que son interlocuteur se trouvait pris, entraîné dans son raisonnement, et qu'il lui devenait impossible d'avoir raison contre lui. Ce jeu, vous le pensez, faisait la grande joie de ceux qui les écoutaient.

Or, un matin, c'est un de ses amis, nommé Aristarque, que Socrate prit ainsi à partie.

— Tu as l'air triste, Aristarque, lui dit-il dès qu'il le vit. Tu m'as tout l'air d'avoir quelque chose qui te pèse. Pourquoi ne confies-tu pas ta douleur à tes amis? Ils t'aideraient peut-être à la supporter.

Fig. 7. — Socrate
(Buste de l'époque romaine).

— Ma foi, Socrate, lui répondit Aristarque, je t'avoue que je me trouve dans un grand embarras. Depuis que les luttes violentes ont commencé entre le parti des Trente et celui des bannis, beaucoup de citoyens, craignant pour leur vie, se sont retirés au Pirée; et mes sœurs, mes nièces, des cousines même, sont maintenant à ma charge : en tout quatorze personnes de condition libre! Pour comble, je n'ai point de quoi les nourrir. Nous ne retirons plus rien de nos terres à la campagne : lors des dernières guerres, l'ennemi les a dévastées. A la ville, nos maisons ne se louent pas. J'aurais bien vendu quelques-uns de nos meubles, mais personne ne veut en acheter. Personne, non plus, ne veut prêter d'argent : les temps ne sont pas assez sûrs, pour que le prêteur espère un jour rentrer dans son prêt. Nous voici tous dans la détresse. Tu vois, Socrate, que si je n'ai point l'air gai, il y a quelque raison.

— Eh ! sans doute, Aristarque, repartit le philosophe... Mais dis-moi donc — et il sourit malicieusement — comment se fait-il que ton voisin Céramon, qui, lui aussi, a beaucoup de monde à nourrir, ne soit pas en peine, et, tout au contraire, s'enrichisse chaque jour ?

— Eh ! tu plaisantes toujours, Socrate ! Tu ne veux pourtant pas que je te réponde que Céramon n'a chez lui que des esclaves, qu'il a achetés pour leur faire exercer un métier, tandis que, chez moi, mes parentes sont des femmes de condition libre.

Fig. 8. — Coiffeur.

— Sans doute ! sans doute ! mais de tes parentes ou des esclaves de Céramon, quelles sont les personnes supérieures aux autres, les plus intelligentes, les plus capables, les meilleures en un mot ?

— Eh ! ce sont mes parentes, parbleu !

— Mais alors n'est-il pas honteux que Céramon vive dans l'abondance avec des hommes de rien, et que toi, tu meures de faim avec des femmes qui leur sont très supérieures ?

— Ah ! Socrate, tu te plais toujours à prendre ton interlocuteur comme dans un filet !..... Je ne puis que te répéter encore ce que je t'ai dit, ce que tu sais : Céramon nourrit des artisans, et moi des personnes qui ont reçu une éducation libérale.

— Voyons, voyons, ne te fâche pas, reprit le subtil philosophe. Mais suis-moi bien. N'appelle-t-on pas artisans, qu'ils soient esclaves ou libres, qu'ils aient reçu ou non une éducation libérale, tous ceux qui ont appris à faire quelque chose d'utile ?

— Assurément..

— La farine n'est-elle pas chose utile ?

— Si, des plus utiles.
— Et le pain ?
— Tout autant.
— Et les vêtements d'hommes ou de femmes ? les tuniques ? les blouses ?
— Ce sont aussi des choses fort utiles.
— Et les personnes qui sont chez toi ne savent rien faire de tout cela ?
— Mais si ; elles savent, au contraire, fabriquer tout cela !
— Eh bien ! alors, pourquoi ne faites-vous pas comme tous ceux qui vous entourent ? Est-ce que Nausieydès ne moud pas de la farine en quantité, mais pour élever des porcs et en vendre ? Est-ce que Cyrénos ne s'est pas enrichi en faisant du pain ? Est-ce que la plupart des habitants de Mégare, nos voisins, ne vivent pas de la vente des vêtements confectionnés par eux ? Car nous ne sommes plus au temps d'U-

Fig. 9. — Potiers (d'après un vase ancien). Celui de droite attise le four d'où sortent des flammes.

lysse, au temps où chaque famille fabriquait seulement pour elle-même et son pain et son vêtement ; maintenant, nous vendons, nous échangeons, et quiconque est un peu adroit, un peu habile de ses mains, peut arriver à gagner de l'argent et à vivre. Pourquoi, encore une fois, ne fais-tu donc pas comme les autres ?
— Mais, Socrate, je te l'ai dit, et je te le répète : tous ceux que tu me cites ont acheté, au moins pour les aider, des esclaves qu'ils forcent à travailler à leur guise. Mais moi, c'est à des personnes libres que j'ai affaire. Et je ne peux pourtant pas les contraindre au travail comme des esclaves !

LES HOMMES LIBRES AU TRAVAIL

Ah ! c'est ici que je voulais t'amener, Aristarque. Crois-tu donc, toi aussi, que parce qu'elles sont libres, tes parentes ne doivent rien faire que manger et dormir ? Et comment oseras-tu soutenir que les personnes libres qui vivent dans l'oisiveté sont plus heureuses que celles qui s'occupent des choses utiles qu'elles savent ? Tes parentes n'ont-elles donc appris ce qu'elles savent que comme des choses inutiles, et non pour s'en servir u[n] jour ? Et ne penses-tu pas, au contraire, que vous sere[z] tous plus heureux lorsque par un travail vous sortire[z] d'embarras ? Tu les aimera[s] mieux encore quand elles n[e] te seront plus à charge c'est très humain ! ne me dé[s]mens pas, et elles-mêmes crois-le bien, seront fières d[e] te contenter...

— Sans doute, Socrate, t[u] as raison, nous serions ain[si] plus heureux ; mais tu sa[is] bien que beaucoup de per sonnes libres, celles surtou[t] qui ont reçu une éducation l[i]bérale, trouvent que le trava[il] manuel, surtout quand il sert à gagner sa vie, est indign[e] d'hommes de condition libre.

Fig. 10. — Potier
(d'après un vase ancien).

— Ah ! je connais bien ce préjugé, répondit Socrate. Il y [a] beaucoup de philosophes, de lettrés qui soutiennent ain[si] que les citoyens ne doivent pas travailler manuellemen[t] parce qu'ils n'auront pas le loisir de penser ou parce qu'i[ls] ne pourront pas prendre une part active à l'administratio[n] de la cité. Mais si des Spartiates peuvent se croire déshonor[és] quand ils travaillent, des Athéniens le peuvent-ils sincère ment ? Regarde donc autour de toi. Tu verras sans dou[te] quelques grands patrons qui surveillent simplement leu[rs] esclaves. Mais tous ces hommes, forgerons, potiers, co[r]royeurs, cordonniers, marchands de farine, fabricants [de] lyres et de boucliers, qui tous les matins sautent du lit chant du coq et se rendent à leur travail, alors qu'il est encore nuit, sont-ils donc tous des esclaves? Tu sais bien que non. Tu en connais beaucoup, toi-même, de ces laborieux artisans qui travaillent dans leurs modestes boutiques avec leur fils ou leur femme, et chez qui nous allons parfois nous asseoir. Ce n'étaient pas des esclaves, non plus, tous ces patrons ou artisans isolés à qui, par petites adjudications, naguère encore, Périclès, ce politique si intelligent, confiait la construction de notre beau temple du Parthénon ?

On va répétant que des citoyens qui travaillent de leurs

Fig. 11. — Un cordonnier.

mains ne sont pas capables d'exercer leurs droits. Allons donc ! Est-ce que l'assemblée du peuple, à laquelle s'adressent les plus grands hommes d'Etat, n'est pas composée de foulons, de maçons, de chaudronniers, de laboureurs, de marchands, de brocanteurs de place publique, de gens qui cherchent à vendre cher ce qu'ils ont acheté à bas prix ? Écoute-les, les jours d'assemblée, avant que le héraut n'ait annoncé le commencement de la séance ; écoute-les au moment du vote, et dis-moi s'ils ne se sentent pas au niveau des plus fortunés, des plus oisifs !

Qui donc osera dire, après les avoir vus et écoutés, que le travail abrutit ? Écoute les chants rythmés qui égaient les ouvriers ; suis-les les jours de fête ; viens causer avec moi dans les boutiques, et tu verras tous les bienfaits du travail ! Il apprend aux hommes ce qu'ils doivent savoir ; il leur rappelle ce qu'ils ont appris ; il leur donne santé et vigueur ; il assure enfin ce qui est nécessaire à la vie. Crois-moi, il vaut mieux vraiment travailler que se tourmenter l'esprit sur le moyen de subsister.

Si je t'ai convaincu, va maintenant retrouver tes parentes, et n'hésite pas à leur proposer un parti qui te sera avantageux autant qu'à elles. Elles l'embrasseront certainement avec joie.

Aristarque se gratta l'oreille, et le bon Socrate le quitta, reprenant sa route vers l'Agora.

Mais ce qu'il y a de plus étrange, c'est que, s'il faut en croire Xénophon, le disciple de Socrate, qui nous a raconté cette histoire, Aristarque fit entendre à ses quatorze parentes que le conseil était excellent.

Tant bien que mal il se procura des fonds; il acheta de la laine. Les femmes filèrent et tissèrent ; elles dînaient en travaillant, soupaient après le travail. A la tristesse bientôt succéda la gaieté. Au lieu de se regarder en dessous, on se voyait avec plaisir. Et les femmes allaient même maintenant jusqu'à se moquer d'Aristarque, le seul, disaient-elles, qui mangeât sans travailler.

Fig. 12. — UNE FILEUSE.

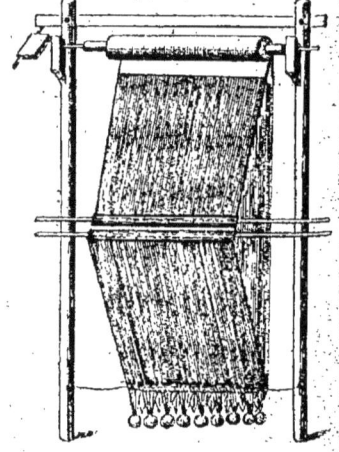

Fig. 13. — UN MÉTIER ANCIEN, reconstitué d'après les documents figurés de l'antiquité.

— Dis-leur donc, conseilla Socrate, le jour où Aristarque le lui raconta, que tu les surveilles comme le chien de la fable, que, grâce à toi, elles ne sont, pauvres brebis, insultées par personne, et qu'elles peuvent ainsi sans crainte comme sans chagrin, continuer leur laborieuse existence.

Xénophon ne nous a pas dit si les dames furent satisfaites de la comparaison. Et, à vrai dire, elle était peu aimable. Mais ce que nous voulons, nous autres, retenir et apprendre de cette histoire, c'est que la plus grande partie des Athéniens ne considéraient pas le travail manuel comme déshonorant, que, travaillant chaque jour côte à côte avec leurs esclaves, ils ne les méprisaient point, ne les traitaient point rudement, et qu'ils s'élevaient peu à peu, au moins dans les mœurs, à quelques pratiques de véritable égalité.

RÉFLEXIONS. ❦ Cette conversation de Socrate est tirée presque textuellement d'un livre du philosophe Xénophon, son disciple. Dans ce livre, intitulé les Mémorables, Xénophon rapporte, en effet, les leçons et les conversations qu'il a retenues. Ce dialogue de Socrate et d'Aristarque se trouve au chapitre 7 du livre II.

Il nous montre exactement la transformation qui s'est accomplie depuis l'époque homérique. Au temps d'Ulysse, chaque famille vivait pour elle-même : c'était un régime d'économie domestique. Dans l'Athènes du Ve siècle, les artisans travaillent pour vendre ; c'est sur un système d'échange qu'est fondée la société. Mais l'idée principale du dialogue, c'est que le travail manuel n'est pas déshonorant, et que des hommes libres peuvent s'y adonner, en demeurant de bons citoyens. En effet, ce fut une idée courante dans les sociétés antiques, que le travail manuel devait être laissé aux esclaves. Socrate, parmi les philosophes, fit presque exception en soutenant le contraire. Mais il avait sous les yeux l'exemple d'Athènes, où les artisans libres étaient la majorité. Ajoutons que le travail lui-même restait libre : l'ouvrier n'était point réduit au rôle d'automate ; la boutique ou l'échoppe, ouverte au passant, était un lieu de rencontre attrayant ; des chants égayaient le travail ; et il y avait par an 60 jours de fête.

Fig. 14. — Rasoir ancien.   Fig. 15. — Ciseaux anciens.

TROISIÈME LECTURE

Le complot de Cinadon

HILOTES, PÉRIÈQUES, INFÉ- RIEURS

ATHÈNES était comme un immense atelier; Sparte était un camp.

Les Spartiates ne travaillaient pas : ils étaient venus autrefois s'installer en conquérants, dans la vallée de l'Eurotas, un petit fleuve du Péloponnèse, qui coule parmi quelques terres labourables, entre des montagnes aux cimes neigeuses. Ils avaient soumis les anciens habitants de la vallée et ceux des pays d'alentour, et ils les forçaient à travailler pour eux.

Les Spartiates n'avaient qu'un but : être forts, être bons soldats, former à eux tous une solide armée, pour maintenir dans la sujétion les peuples qu'ils avaient vaincus. Ils élevaient leurs enfants à la dure, les filles comme les garçons; ils les faisaient aller pieds nus, vêtus d'un seul manteau, hiver comme été; ils les excitaient à se battre entre eux et souvent les fouettaient jusqu'au sang, pour les accoutumer à la douleur. Ils ne voulaient pas en faire des sculpteurs ni des philosophes, mais seulement, comme ils disaient, « des artistes dans l'art militaire ».

Fig. 16. — LA RÉCOLTE DES OLIVES (d'après un vase ancien). *La culture de l'olivier était une des principales cultures de la Grèce antique, surtout en Attique.*

C'est que les Spartiates, les descendants des conquérants, étaient, à l'origine, 32.000 au total, contre 340.000 habitants soumis. Mais, comme ils ne se mariaient qu'entre eux et qu'ils bataillaient beaucoup, de génération en génération leur nombre baissait. Au temps où se place l'histoire que nous allons raconter, c'est-à-dire à l'époque de

Socrate, lorsque Sparte venait de vaincre Athènes, il n'y avait plus guère que 3 ou 4.000 Spartiates. A n'en juger que par le nombre, les peuples soumis auraient eu facilement raison de leurs vainqueurs ; ils avaient été terrorisés par les duretés et les cruautés dont ceux-ci avaient usé depuis de longs siècles ; et ils les détestaient, sans avoir presque jamais osé se révolter.

Les plus malheureux étaient les *hilotes*, des hommes privés de tout droit et cruellement exploités. C'étaient ceux qui avaient le plus longtemps résisté à la conquête, ceux que les Spartiates avaient voulu châtier le plus rudement. Ils étaient en quelque manière les esclaves de l'Etat ; les uns demeuraient à son service direct, les autres étaient partagés entre les citoyens, c'est-à-dire entre les Spartiates, pour cultiver leurs terres, garder leurs troupeaux, et subvenir à tous leurs besoins domestiques. Les hilotes ainsi donnés à un citoyen devaient lui verser une redevance que l'Etat avait fixée pour toujours : elle était fixée de manière à suffire à l'entretien du Spartiate et de tous ceux qui vivaient sous son toit : 82 médimnes, soit environ quarante-deux hectolitres de blé, et une mesure proportionnée de liquide. « Les hilotes, disait Myron, un auteur ancien, sont soumis aux travaux les plus ignominieux et les plus flétrissants. On les force à porter un bonnet de peau de chien et à se revêtir de la dépouille des bêtes ; on leur inflige tous les ans un certain nombre de coups, sans qu'ils aient commis aucune faute, pour leur rappeler qu'ils sont esclaves ; bien plus, s'il en est qui dépassent la mesure de vigueur qui convient aux esclaves, on les punit de mort, et l'on frappe leurs maîtres d'une amende pour n'avoir point su comprimer leur développement. »

Enfin, chaque année, lorsque les magistrats de la cité, les *éphores*, chargés, à côté des rois, de la surveillance de l'Etat, entraient en charge, ils déclaraient la guerre aux hilotes, et, à certaines heures, le soir, les jeunes Spartiates à l'affût assassinaient tous ceux qu'ils rencontraient. Ainsi s'exerçaient-ils à la guerre et, en même temps, ils remplissaient tous les esclaves d'épouvante.

A côté des hilotes, au-dessus d'eux, et un peu moins

malheureux, vivaient les *périèques*. Eux non plus n'avaient point de droits politiques, et ils étaient tributaires des Spartiates. Mais, comme les Spartiates ne travaillaient pas, les périèques exerçaient dans les villes les différents métiers, et beaucoup s'enrichissaient. Lors des grandes guerres contre Athènes, quand les Spartiates ne trouvèrent plus dans leurs rangs un nombre suffisant

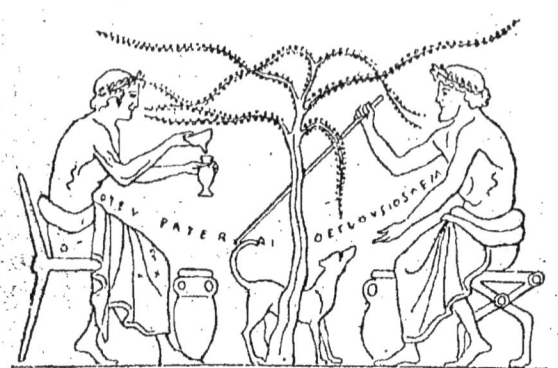

Fig. 17. — LE COMMERCE DE L'HUILE (d'après un vase ancien). *L'un des deux personnages est en train de placer une sorte d'entonnoir dans un petit flacon, qu'il va remplir sans doute avec l'huile contenue dans le vase placé à ses pieds.*

de soldats, ils se risquèrent à armer des périèques ; ils en firent des soldats d'infanterie ou des marins.

Enfin, au-dessus même des périèques, il y avait ceux qu'on appelait des *inférieurs*, qui n'étaient pas comptés parmi les « égaux », c'est-à-dire parmi les citoyens, des fils d'esclaves affranchis, des descendants d'hommes sortis pour des raisons diverses de la classe des citoyens, qui n'étaient point des esclaves ni des tributaires, mais qui ne participaient pas au pouvoir politique. Ceux-là étaient pour Sparte les plus dangereux. C'étaient souvent les plus riches, les plus intelligents, les plus entreprenants. C'étaient ceux qui supportaient le plus impatiemment leur condition d'inférieurs, surtout

Fig. 18. — LE COMMERCE DE L'HUILE (d'après un vase ancien). *Le marchand et l'acheteur discutent autour du vase qui contient l'huile.*

lorsqu'ils voyaient les citoyens se couvrir de gloire dans toute la Grèce. Parfois ces inférieurs tournaient les yeux du côté des hilotes ou des périèques, et ils se demandaient s'ils ne trouveraient point parmi eux des alliés contre les citoyens.

C'est ainsi qu'en l'année 397, toujours avant la naissance de Jésus-Christ, un inférieur, un homme à l'esprit audacieux faillit amener à Sparte une formidable révolution.

« *VOICI DES ALLIÉS* » Il s'appelait Cinadon. Il était jeune encore, de membres vigoureux, de visage éveillé, d'aspect résolu. Il était connu pour son énergie : il s'était signalé dans plusieurs expéditions aventureuses qu'il avait bien conduites. Il y avait fait preuve de beaucoup d'intelligence et de bravoure, et il se disait que s'il avait été lui aussi un « égal », il serait arrivé, dans la cité, aux plus hauts commandements. Aussi supportait-il impatiemment sa condition d' « inférieur ».

Mais comment sortir de cette basse condition ? Comment arracher l'égalité aux citoyens arrogants ?

Autour de lui, Cinadon voyait les hilotes, ces « esclaves, les plus esclaves de la Grèce », dont le sentiment de dignité s'était évanoui, à ce point qu'ils laissaient assassiner les leurs, le soir, tout près des fermes sans jamais protester. Il voyait les périèques un peu plus libres, plus heureux, mais tout occupés de s'enrichir et ne songeant guère à se libérer du tribut, à revendiquer une part de pouvoir. Et il ne pouvait guère non plus compter sur ses proches, sur « les inférieurs » comme lui, dont quelques-uns peut-être aspiraient à devenir citoyens, mais dont la plupart, timides et veules, n'osaient point tenter de secouer le joug impatiemment supporté.

« Et cependant, se disait Cinadon, ces hommes ne sont-ils pas le nombre ? ne sont-ils pas la force ? Il leur suffirait d'être tous unis et d'avoir confiance pour renverser cette domination détestée. » Il se proposa de donner confiance à tous les mécontents.

Il avait déjà quelques amis sûrs, résolus comme lui. Il s'efforça d'en gagner d'autres. Voici comment il s'y prit avec son ami Hippias, dont il devinait déjà le mécontentement et la haine, soigneusement dissimulés.

Un matin qu'il l'avait vu se rendre à la place publique, il le suivit de loin et arriva, comme il souhaitait, à l'heure où l'un des deux rois, les éphores, les sénateurs, se trouvaient là, pour délibérer. Mêlé à la foule de ceux qui regardaient, il s'approcha d'Hippias et se mit comme par hasard à causer avec lui. Tout en conversant, il l'entraîna à l'écart des petits groupes, à l'extrémité de la place, et là, brusquement, il lui dit :

« Compte donc un peu, pour voir combien sont les Spartiates qui se trouvent sur la place.

Hippias compta.

— Le roi, les éphores, les sénateurs, ceux-ci encore,... j'en compte quarante-deux ,... répondit-il... Mais pourquoi donc, Cinadon, me les fais-tu ainsi compter ?

— Ces gens-là, Hippias, repartit l'audacieux, regarde-les comme des ennemis. Cette foule, au contraire, que voici répandue sur toute la place, ces inférieurs, ces périèques, ces hilotes, au nombre de plus de quatre mille, ce sont tous, pour nous, des alliés. Tous, ils sont mécontents comme nous.

Fig. 19. — Paysans de la Laconie.

Sur l'heure, il n'en dit pas plus long ; mais il avait bien compris, à l'expression de son visage, qu'Hippias était comme lui plein d'une sourde colère, qui ne demandait qu'à éclater.

Alors, comme ils revenaient ensemble par les rues, il s'attacha à l'encourager encore en lui montrant le petit nombre des citoyens et le grand nombre des opprimés.

— Voici un ennemi, répétait-il chaque fois qu'ils croisaient un citoyen. Tu vois comme ils sont rares. Regarde, au contraire, toute cette foule d'alliés qui va, qui vient, qui est « nôtre ».

Puis, sous prétexte de promenade, Cinadon entraîna

son ami vers la campagne. Il parcourut avec lui plusieurs domaines ; il lui désigna du doigt les hilotes au travail, courbés vers la terre, et chaque fois il répéta : « Alliés ! alliés ! dans chacun de ces domaines il n'y a qu'un maître, qu'un ennemi. Mais nos amis sont une multitude. »

Puis, lorsqu'il sentit son néophyte à demi convaincu, plus confiant dans le nombre, plus hardi désormais, il l'amena dans de petits cercles d'amis.

« VOICI DES ARMES » LA, Hippias apprit combien tous les conjurés étaient enthousiastes, quelle ardeur les animait contre les Spartiates, contre « les ennemis » : « Ah ! si nous pouvions les manger tout crus ! » telle était la parole qu'il entendait souvent, tant les colères étaient grandes.

Mais bientôt la crainte le reprit. « Les maîtres sont forts, dit-il, les maîtres sont habiles à la guerre. Comment lutterons-nous contre eux ? Avons-nous des armes ? Où sont-elles ? »

— Nous avons des armes, lui répondit Cinadon. Mais si tu veux, viens demain au marché au fer, et je t'en montrerai bien d'autres.

Le lendemain, Hippias fut au rendez-vous. Parmi la foule serrée des acheteurs qui se pressaient autour des petites boutiques de la place, Cinadon l'entraîna d'étalage en étalage. Il lui montra

Fig. 20. — ATELIER DE FORGERON
(d'après un vase antique).

successivement les épées, les javelots, les cognées, les faux, les bêches, tous les instruments qui servent à travailler la terre, tous ceux qui servent à fendre ou couper le bois, tous ceux qui servent à tailler ou polir la pierre. « Des armes, chacun en a, lui répétait-il tout bas. Il suffit, dans chaque métier, de bien employer ses outils. Tu verras. »

Hippias se laissa ainsi enrôler parmi les conspirateurs. Et il s'en trouva beaucoup avec lui, bien des hilotes, timides et tremblants, bien des périèques ambitieux, à qui l'astucieux Cinadon parvint à donner courage.

Immense, le complot minait Sparte. Les citoyens soupçonnaient vaguement que quelque chose se passait. Les devins, qui étaient fort écoutés dans la Grèce antique, annonçaient des événements funestes.

ÉCHEC DU COMPLOT. Alors il arriva ce qui est arrivé à tant de conspirations. L'un des conjurés prit peur et dénonça aux éphores tout ce que Cinadon méditait et préparait. Il y eut chez les maîtres de Sparte un moment d'épouvante. Vite cependant les durs et fiers dominateurs prirent une résolution. Il fallait se saisir du chef ; il fallait le forcer à désigner ses amis, avant seulement que ceux-ci eussent eu le temps de fuir.

Cinadon avait souvent été chargé de petites missions. Les éphores firent semblant de lui en confier une nouvelle. Il ne s'en étonna pas.

Il fut chargé d'aller à Aulon, une petite ville voisine, pour ramener des habitants, que l'on disait mécontents et qu'il fallait surveiller. « Tu prendras avec toi, lui dit l'envoyé des éphores, les jeunes hommes que te désignera le plus âgé des hippagrites. » On appelait hippagrites les trois magistrats chargés de diriger les exercices militaires des jeunes soldats de Sparte, citoyens ou inférieurs.

Les jeunes hommes désignés avaient été bien choisis. Eux aussi, ils avaient leur mission. Eux aussi, ils devaient ramener vers la ville le plus dangereux des mécontents.

Vers le soir donc, la petite troupe se mit en route par la vallée de l'Eurotas. Ils étaient sept : trois chars suivaient, pour ramener, avait-on dit, les prisonniers.

Cinadon, inconscient, regardait la campagne : toujours hanté de son grand projet, il croyait voir surgir déjà de tous les coins la foule révoltée et ardente ; heureux et confiant, il rêvait de la tentative prochaine, de la vie nouvelle rendue à Sparte, lorsque subitement, comme sur un signe, tous ses compagnons, poussant un cri, se précipitèrent sur lui, le lièrent, l'entraînèrent à l'écart de la route.

Aussitôt, il comprit. Ni ses protestations, ni ses prières, ni même ses appels à la révolte, ne purent convaincre les jeunes hommes. Alors désemparé, il avoua, il dit le nom de ses complices, du devin Tisamène et des plus marquants. Un cavalier, galopant vers Sparte, courut dire les noms aux éphores.

Avant le coucher du soleil, tous les conspirateurs étaient arrêtés. Ce soir-là les « citoyens » dormirent plus paisiblement.

Le lendemain, à l'aube, Cinadon fut ramené. Interrogé, pressé par les éphores, il répéta ses aveux.

— Mais quel but enfin poursuivais-tu? demanda le plus vieux des magistrats. Que voulais-tu?

— Je voulais, répondit-il, n'être inférieur à personne.

Alors on lui lia les mains, on lui passa le cou dans une pièce de bois, on le battit de verges, on le piqua d'aiguillons, lui et tous ceux du complot, et on les mena par la ville puis on les tua.

Fig. 21. — GUERRIER DORIEN (d'après une figurine de bronze trouvée à Sparte).

Désormais les inférieurs, remplis de crainte, ne bougèrent plus. Et c'est ainsi que, pour des années encore, les citoyens de Sparte assurèrent leur dure domination.

RÉFLEXIONS. ❦ *C'est encore à Xénophon, le disciple de Socrate, que ce récit se trouve emprunté. On le retrouvera au livre IV, chapitre 3 de son histoire grecque, connue sous le titre d'Helléniques. — Les indications que nous avons données au cours du récit suffisent à en marquer la portée. Il était indispensable d'opposer à la démocratie laborieuse d'Athènes la hiérarchie aristocratique de Sparte. Le complot de Cinadon n'est pas un fait unique dans l'histoire spartiate. Presque à toute époque, mais surtout lorsque le nombre des citoyens eut considérablement diminué, ces maîtres oisifs furent menacés de la révolte de tous ceux qui travaillaient pour eux. La société spartiate ne se maintenait, en ces moments-là, que par la terreur.*

QUATRIÈME LECTURE

Un vieux Romain

ROME ANCIENNE — Au ve siècle avant Jésus-Christ, lorsqu'Athènes était déjà la grande cité industrieuse que nous avons décrite, le peuple romain, qui devait acquérir à son tour une si grande célébrité, n'était encore qu'une petite peuplade de paysans cultivateurs tourmentée de luttes intestines. Les gens du peuple, ou plébéiens, luttaient contre les aristocrates ou patriciens, qui seuls avaient des droits dans l'Etat.

A l'origine, patriciens ou plébéiens n'étaient pas beaucoup plus riches les uns que les autres. Petits propriétaires, pauvres et belliqueux, ils cultivaient tout juste quatre ou six arpents de terre, parfois seuls avec leur famille, parfois avec un esclave. On raconte souvent l'histoire de Cincinnatus, un patricien, un général, qui, après avoir remporté de grandes victoires, était revenu prendre sa charrue et cultiver son champ. Un peu plus tard encore, au IIIe siècle avant Jésus-Christ, un autre général romain, Régulus, qui combattait contre les Carthaginois, les plus rudes ennemis de Rome, demandait au Sénat de le décharger de son commandement, « parce que son unique esclave était mort et que son unique métayer était malhonnête. »

Mais bientôt une grande transformation se produisit. Comme Rome était depuis des siècles constamment en guerre contre les peuples voisins, les petits propriétaires, qui formaient l'armée, ne pouvaient plus cultiver leurs terres. Pour nourrir leur famille, ils étaient obligés d'emprunter aux riches, aux patriciens, qui prêtaient à 12 0/0. Ils leur donnaient leur champ en gage ; mais rarement ils pouvaient le reprendre. Et ils étaient ainsi réduits à la misère.

D'autre part, les terres conquises sur les ennemis, c'est-à-dire sur les peuplades italiennes voisines de Rome, devenaient terres publiques ; alors les patriciens les affermaient ; très souvent, ils ne payaient pas à l'Etat les fermages qu'ils devaient ; et, se considérant comme les vrais propriétaires, ils devenaient, eux, de plus en plus riches.

C'est ainsi que, peu à peu, les petits cultivateurs libres

disparurent et furent remplacés par des troupes d'esclaves, sous la surveillance d'intendants.

Les grands propriétaires prirent alors le goût du luxe. Ils quittèrent la campagne où avaient vécu leurs ancêtres ; ils vinrent s'installer à la ville ; ils s'entourèrent d'innombrables esclaves toujours prêts à satisfaire leurs désirs et leurs caprices. Et ils s'efforcèrent d'être instruits, raffinés, comme l'étaient les Grecs.

Au fur et à mesure que la conquête s'étendit, lorsque Rome entra en concurrence avec Carthage, grande cité marchande établie par les Phéniciens dans la Tunisie actuelle, lorsqu'elle commença de trafiquer avec tous les peuples de la Méditerranée, ces habitudes de luxe se répandirent de plus en plus. Chacun maintenant désirait avoir des parfums, des tapis épais qui venaient d'Asie ou des meubles incrustés d'or. On recherchait les friandises, les volailles grasses, les vins de la Grèce, ou les saucisses du Pont, royaume lointain qui se trouvait sur les bords de la mer Noire. Les jeunes patriciens passaient leur temps dans la paresse et la débauche.

Fig. 22. — Cuisiniers étrusques
(d'après une fresque étrusque).

C'est alors que quelques hommes se donnèrent pour tâche de combattre les mœurs nouvelles, de célébrer seulement l'heureuse vie des champs, et de rappeler toujours, comme un exemple, les vertus de ces antiques généraux qui, après avoir vaincu des rois, revenaient cultiver leurs terres, dans leurs pauvres et petites fermes.

CATON LE CENSEUR Dans cette lutte, un homme, surtout, s'est rendu célèbre : Marcus Porcius Cato, ou, comme on l'appelle souvent dans les histoires, le vieux Caton. Il vécut de 232 à 149.

Celui-là ne recherchait pas les friandises. En paix comme en guerre, il buvait du même vin, mangeait du même pain que les simples gens, et il ne dépensait jamais pour son souper plus de trente as, ce qui équivaudrait à peu près à 2 fr. 50. Il était d'ailleurs merveilleusement fort et robuste, aussi rude au combat que solide au labour, bon orateur, âpre et vif.

Il plaisait au peuple. Il fut élu successivement à toutes les magistratures romaines : il fut d'abord questeur, c'était le magistrat chargé des comptes de l'armée, puis préteur, c'est-à-dire général, enfin consul, un des deux magistrats, élus tous les ans, qui étaient chargés de diriger toutes les affaires. Quand il eut rempli cette charge, il fut même nommé censeur. Les deux censeurs, à Rome, surveillaient pendant cinq années les mœurs des citoyens, jugeaient s'ils étaient dignes du rang qu'ils tenaient dans l'Etat, et pouvaient les ranger dans une classe ou dans une autre.

Fig. 23. — CATON L'ANCIEN
(d'après un médaillon antique).

Caton prononça comme censeur de sévères condamnations. Il fit établir par une loi que les possesseurs de vêtements riches, de chars, de litières, de bagues, de joyaux, de meubles précieux, devraient payer à l'Etat un lourd impôt. C'est qu'il n'aimait point les débauchés ni les paresseux. « A quoi, disait-il un jour, peut bien être utile à l'Etat un corps qui n'est que ventre ? » — Et il disait encore que, dans toute sa vie, il s'était repenti de trois choses : « la première, d'avoir confié un secret à une femme ; la seconde, d'être allé par eau là où il aurait pu aller par terre ; la troisième, d'avoir une fois passé un jour entier sans rien faire. »

Mais ce qui nous intéresse ici, c'est la manière dont ce vieux Romain traitait ses esclaves.

Il ne faudrait pas, en effet, se le figurer comme un nouvel

Ulysse, vivant et travaillant avec ses serviteurs, et entretenant avec eux de doux rapports familiaux. — De tempérament, Caton était un homme rude. Mais, par surcroît, c'était un Romain, un homme pratique, réaliste, et pour qui la tendresse était chose secondaire, il avait beau célébrer la vie simple et même vivre simplement. Il était, comme ses contemporains patriciens, un homme d'affaires, âpre au gain. Et c'est en homme d'affaires qu'il traitait ses esclaves.

Il avait coutume de dire que « l'on n'avait jamais obtenu bon marché une chose dont on pouvait se passer, et qu'une chose dont on n'avait que faire, même si elle ne coûtait qu'un sou, on l'achetait toujours trop cher ».

C'était là sa philosophie, et il l'appliquait aux esclaves.

Un esclave, à son avis, devait rapporter de l'argent. C'était un outil, un instrument parlant. Il n'y avait point lieu d'être systématiquement méchant et dur envers lui, comme l'étaient les Spartiates. Mais, on ne devait pas non plus, pensait-il, être bon, au détriment du profit. Il fallait se soucier seulement que l'esclave rapportât.

Lors donc que le vieux Caton se rendait au marché des esclaves, dans les misérables tavernes où il se tenait à Rome, ce

Fig. 24. — Charrue romaine (d'après un bronze trouvé en Étrurie). En haut, à part, se trouve représenté le joug.

n'était certes pas à lui qu'il arrivait de s'en laisser imposer par les boniments des marchands, ou d'acheter, à un prix fabuleux, quelque beau jeune homme grec, habile à déclamer des vers. Ceux qu'il choisissait et qu'il savait bien choisir, c'étaient de vigoureux garçons, à l'haleine saine, capables de supporter le travail des champs, charretiers, palefreniers, bouviers, qu'il ne payait d'ailleurs jamais cher.

Mais les esclaves qu'il préférait, c'étaient ceux qui étaient nés dans sa maison, de femmes esclaves, ceux qui devaient grandir à côté de son fils et qui ainsi devaient un jour lui être tout dévoués. Ceux-là, sa propre femme, au temps où elle nourrissait son fils, leur donnait aussi à téter, afin, disait-il, qu'ils fussent encore plus attachés à leur futur maître pour avoir été nourris ensemble et d'un même lait. Et ce n'était pas du tout, notez-le bien, par humanité ou par tendresse qu'il agissait ainsi, mais seulement parce qu'il pensait que ces esclaves domestiques étaient ceux qui rapportaient le plus. Ceux-là, en effet, il les habituait à la nourriture qu'il devait leur donner. Et, pour le travail, il les dressait à loisir, ni plus ni moins que des poulains ou de jeunes chiens.

LE RÉGIME DES ESCLAVES. — C'était aux champs naturellement que travaillaient les esclaves d'un maître aussi soucieux des vieilles traditions et fidèle aux mœurs anciennes. Qu'avait-il besoin, en effet, de ces serviteurs innombrables qui prévenaient alors les désirs et les caprices des petits maîtres ? Tirer le meilleur parti possible de son bien, hommes ou terres ; exiger des esclaves beaucoup de travail, leur donner de soins juste ce qu'il faut, voilà à quelles conditions il lui semblait avantageux d'avoir une troupe servile.

— Choisis d'abord un bon intendant, disait à son fils le vieil homme, un esclave intelligent, sobre, docile et honnête, toujours mêlé aux travaux, le premier levé, le dernier couché. Donne-lui une bonne femme qui sache ranger la métairie, préparer les repas de tous et veiller aux provisions ; surtout qu'elle ne soit point bavarde et n'aille point commérer chez les voisines.

« Puis indique-lui bien qu'il donne exactement la ration de pain fixée pour les esclaves, et qu'il prépare comme il faut le vin qui leur convient pour l'hiver. Qu'il mette dans une futaille dix amphores de vin doux, deux amphores de vinaigre bien mordant et autant de vin cuit, cinquante amphores d'eau douce ; qu'il remue bien le tout ensemble avec un bâton, trois fois par jour pendant cinq jours ; qu'il ajoute enfin soixante-quatre setiers de vieille eau de mer, et tu auras le vin qu'il faut à des esclaves. Quant à leur nourriture, nourris-les d'olives tombées, ou de celles dont tu ne croiras pas qu'on puisse tirer beaucoup d'huile. Donne-leur tous les deux ans une tunique sans manches, mais aie bien soin, quand tu la leur donneras, de reprendre la vieille. Donne-leur aussi, tous les deux ans, de bons sabots garnis de clous de fer.

« Point de perte de temps, point de vagabondage. Il faut que les esclaves soient toujours à la tâche. Les jours des fêtes sacrées, quand les prêtres défendent de faire travailler

Fig. 25. — Patre romain (d'après une peinture de Pompéi).

les bœufs, fais-leur nettoyer les fosses, paver le chemin, couper les ronces, bêcher le jardin, ôter des prés les mauvaises herbes, arracher les épines, broyer le blé, curer les réservoirs. Il y a toujours à faire dans une ferme. Et c'est assez, pour les esclaves, de cette fête des Saturnales où pendant huit jours on leur donne le droit de s'amuser à imiter les maîtres.

« C'est ainsi, mon fils, concluait le dur et pratique propriétaire, que tu tiendras ton bien en état. »

Il ne se contentait pas d'ailleurs de cette cruelle avarice. Lorsque des esclaves avaient voulu s'enfuir, il les enfermait dans une prison humide qui attenait à la ferme, puis il leur enchaînait les pieds, et les chaînes ne les quittaient plus, ni la nuit, dans la cellule où tous dormaient, ni le jour, dans les vignes ou dans les champs de blé.

Avaient-ils au contraire été toujours dociles et travailleurs? Alors il leur permettait de se marier, il leur permettait d'avoir une famille; mais comme l'esclave était vraiment sa propriété, son bien, qui toujours devait lui rapporter, il leur faisait payer cette permission en bon argent sonnant, et le maigre pécule qu'ils avaient pu accumuler once par once, en rognant sur leur nourriture, en se surmenant de travail, ou parfois en exerçant un métier à la ville, revenait ainsi encore à leur maître.

Enfin, lorsqu'il s'était enrichi de toutes leurs peines, lorsque le dur travail qu'il leur imposait avait épuisé leur vigueur, lorsque, vieux et cassés, ils n'étaient plus bons à rien, et que la dépense même de leur maigre nourriture devenait sans profit pour lui, alors Caton, sans pitié, les vendait, comme on vend à vil prix de vieux outils rouillés.

Fig. 26. — CUISINIERS EN PLEIN VENT (d'après une peinture d'Herculanum). *Les petits métiers de Rome étaient tenus le plus souvent par des esclaves qui payaient une redevance à leur maître.*

LE JUGEMENT DU BON PLUTARQUE

Beaucoup d'années plus tard, au deuxième siècle après Jésus-Christ un savant grec, nommé Plutarque, qui écrivait la vie de ce vieux Caton, ne pouvait s'empêcher de déplorer la rudesse de cet homme.

— Comment peut-on penser, disait-il, que d'homme à homme il n'y ait de lien ni de considération, qu'autant qu'ils peuvent tirer profit et utilité l'un de l'autre? Ne nourrissons-nous point souvent les chevaux usés et rompus de travail à notre service, ou les chiens qui ont vieilli avec nous? Est-il raisonnable d'user des êtres qui ont vie et sentiment, comme nous ferions d'un soulier, en les jetant après qu'ils sont usés de nous avoir servi? Quant à moi, concluait le bon philosophe, je n'aurais jamais le cœur de vendre un bœuf qui aurait longuement labouré ma terre, parce que la vieillesse l'empêcherait de travailler, ni à plus forte raison un esclave que je chasserais ainsi, comme de son pays, du lieu où il aurait été longtemps nourri, où il aurait longtemps travaillé, et cela pour un peu d'argent que j'en pourrais retirer...

Il y avait peut-être, de Plutarque à Caton, la différence d'un brave homme et d'un homme d'affaires. Cette différence est de tous les temps. Mais il y avait aussi celle d'un Romain de la vieille époque et d'un contemporain des premiers chrétiens.

RÉFLEXIONS. — *Ce récit est composé de traits empruntés à la Vie de Caton par Plutarque, et à l'ouvrage écrit par Caton lui-même Sur l'agriculture. Il nous a paru propre à montrer la vie de l'esclave, au moment où les Romains gardaient encore quelques habitudes de la vie ancienne, mais étaient déjà de grands trafiquants.*

Caton, en particulier, célèbre les vieilles mœurs romaines, surtout pour s'opposer aux habitudes de mollesse que donne l'imitation des Grecs. Il vit sobrement, rudement. Mais il est loin déjà de la condition du Romain primitif. Il est un gros homme d'affaires.

Il faut bien insister sur ce trait. La famille servile — c'est-à-dire le groupe d'esclaves que Caton a autour de lui — ne ressemble pas à la famille d'Ulysse. Il y a sans doute quelques liens entre lui et ses esclaves : témoin le trait que nous avons rapporté de sa femme donnant à téter aux petits esclaves. Mais ce n'est plus la vie en commun, la collaboration pour l'entretien de la famille que nous pouvions noter dans l'Odyssée. Caton veut gagner de l'argent.

Surtout Rome accentue le caractère de propriété de l'esclave. Elle ne le maltraite pas systématiquement. L'esclave n'est pas, chez elle, comme à Sparte, un ennemi public qu'on terrorise. Il est surtout une propriété : et on n'a pas intérêt à détruire ou à déprécier sa propriété. Mais il faut que la propriété rapporte ; et les agronomes romains cherchent comme Caton de quelle manière elle peut rapporter le plus. Si elle peut rapporter sans que le propriétaire soit cruel, il ne l'est pas.

CINQUIÈME LECTURE

Les farces de Tranion.

L'ESCLAVE DES CHAMPS ET CELUI DE LA VILLE

Il y avait une fois dans un port de mer, nous raconte Plaute (un auteur de comédies qui vivait au temps de Caton, et qui, sous des noms grecs, dépeignait surtout les mœurs romaines), il y avait une fois un très riche marchand nommé Theuropide. Or ce Theuropide était parti depuis longtemps en voyage ; et si les voyages, dans l'antiquité, n'étaient pas toujours aussi longs que ceux d'Ulysse, ils duraient cependant parfois plusieurs années. Aussi un fils de famille, comme Philolachès, fils de Theuropide, avait-il le temps de dilapider tout un patrimoine pendant l'un de ces voyages.

Philolachès, en effet, recevait des amis, donnait de splendides festins qui duraient toute la nuit, et dépensait sans compter. D'ailleurs, il avait près de lui un conseiller selon son cœur, Tranion, son esclave, son intendant, qui lui enseignait à mener grande vie, et l'aidait à sortir de toutes les mésaventures.

Tous les esclaves urbains de Theuropide étaient contents de ces folles dépenses, car ils y trouvaient leurs profits ; mais les esclaves des champs, qui aimaient leur maître et détestaient le petit jeune homme dépensier, en étaient furieux. D'ailleurs, chez tous les riches Romains, esclaves des champs et esclaves de la ville se détestaient toujours cordialement. Chez Theuropide, en particulier, Grumion, un métayer, ne pouvait pas supporter les moqueries de Tranion, et c'était chaque fois une nouvelle dispute.

Fig. 27. — Esclave de comédie, reconnaissable à son vêtement court.

Un matin, que Grumion avait apporté des légumes, la querelle fut terrible.

— Sors donc de ta cuisine, criait Grumion, en frappant la porte à grands coups de pied, sors donc, si tu l'oses, pendard, au lieu de me répondre par des balivernes. Va, tu me le paieras cher, méchant ragoût, quand nous serons à la campagne. Vas-tu te montrer ?

— As-tu fini à ton tour de crier à la porte de la maison ? s'écria Tranion, sortant brusquement. Te crois-tu donc en pleins champs ? Allons, houp, déguerpis !

Et il lui donna de forts coups de poing.

— Si c'est ce que tu voulais, te voilà servi, ajouta-t-il.

— Aïe ! aïe ! s'écriait Grumion. Qu'as-tu donc à frapper ainsi ?

— Tu l'as voulu, dit Tranion.

Et le dialogue continua :

— Patience... va ! disait le métayer. Attends qu'il soit revenu, le vieux maître, que tu manges en son absence.

— Pas commode à réaliser ce que tu dis là, mauvaise herbe, reprenait l'autre : il est difficile de manger un absent.

— Oui, oui, plaisante, bel esprit de carrefour. Moque-toi de moi, parce que je suis de la campagne. Mais tu y viendras peut-être avant qu'il soit longtemps, à la campagne, et nous verrons la tête que tu auras, lorsque, pour châtiment de tes crimes, on t'aura mis à tourner la meule tout le jour. Ce sera notre tour de rire. En attendant, bois bien, ripaille, sème l'argent, débauche le fils de ton maître et entoure-le de parasites. Est-ce là ce qu'il t'avait recommandé en partant ? Et crois-tu, en tous cas, que ce soit le rôle d'un bon serviteur que de perdre à la fois le bien et le fils de son maître !

— Allons ! allons ! beau moraliste, répliqua le moqueur Tranion, retourne à tes bœufs et laisse-moi vivre à ma guise. S'il me plaît de boire, à moi... Ce n'est pas ton dos que j'expose, après tout, c'est le mien.

— Impudent !

— Rustre puant, tu ne peux ouvrir la bouche sans envoyer une bouffée d'ail.

— Que veux-tu ? Tout le monde ne peut pas, comme toi, user des parfums et se régaler de pigeons et de poissons. Tu es heureux ; moi je suis misérable. Puisse ton bonheur durer.

Et, ce disant, le pauvre métayer semblait fort malheureux. Mais il n'apaisa pas l'insolent.

— Tiens, tiens, s'écria celui-ci, mais l'on dirait que tu envies mon sort maintenant ! Résigne-toi, sois calme, mon pauvre ami : te crois-tu donc fait pour autre chose que pour beugler auprès des bœufs ?

— Ah ! si le vieux maître revient, dit Grumion, dont la colère grondait de nouveau, comme les bourreaux travailleront bien ta peau, lorsqu'à coups de fouet, en te menant à la potence, ils en feront un véritable crible.

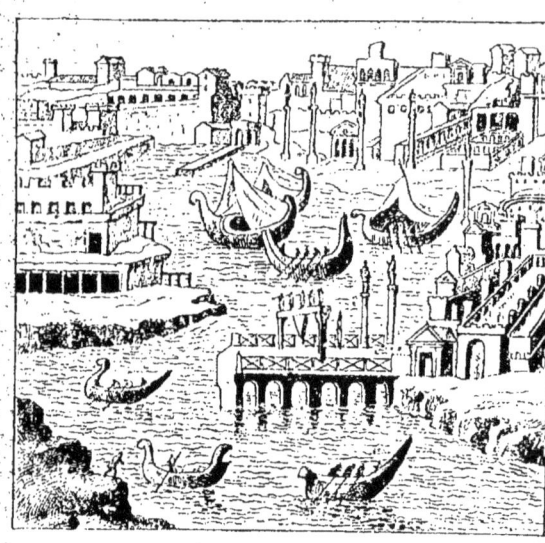

Fig. 28. — Un pont romain
(d'après une peinture ancienne).

— Es-tu donc si sûr que cela ne t'arrivera pas, à toi aussi ?

— C'est que je ne l'ai pas mérité. Toi, tu l'as mérité mille fois et tu le mérites encore.

— Allons, abrège ta harangue, si tu ne veux pas qu'il t'arrive quelque mésaventure.

— Oui, oui, je retourne aux champs, mais en suppliant les dieux qu'ils nous ramènent notre vieux maître et mettent un terme à tes méfaits.

LE MAITRE DUPÉ

Or, le même jour, presque à l'heure où ils se querellaient ainsi, et comme si vraiment des dieux exauçaient le vœu du bon métayer, Theuropide débarquait au port. Au moment même où Tranion se rendait sur le quai, pour faire des provisions, en vue d'un nouveau festin, il apprenait l'étrange nouvelle ; et il apercevait son maître de ses yeux, de ses propres yeux.

Pour Philolachès et pour lui, c'était une terrible aventure. En hâte, il remonta vers la maison.

— C'en est fait, c'en est fait, se disait-il, tout en courant

Le grand Jupiter, le Dieu tout-puissant, a résolu de nous perdre. Plus d'espoir. Mon maître est de retour de voyage. Tranion, pauvre Tranion ! Y a-t-il ici quelqu'un qui, pour un peu d'argent, aurait la complaisance de se laisser supplicier à ta place ?... Je donnerais bien un talent à celui qui se laissera crucifier pour moi... Mais c'est trop plaisanter. Qu'allons-nous devenir ?...

— Philolachès ! Philolachès ! s'écria-t-il en entrant dans la maison.

Le jeune maître, étonné de tout ce bruit, accourt.

— Qu'y a-t-il ?
— Vous et moi...
— Eh bien ! quoi ?
— Vous et moi, nous sommes perdus.
— Comment cela ?
— Votre père est revenu.
— Ah ! dieux !
— Oui, il est là. Je l'ai vu sur le port, en train de débarquer.
— Je suis perdu... Et toutes les traces du festin dans la maison ! Et Callidamate, mon ami, qui dort, ivre comme un Grec, près de la table ! Et tous les parasites qui sont dans la maison ! Tranion, mon bon Tranion, sauve-nous.

— Oui, oui, je veux bien nous sauver, mais comment ?... Allons, ça ne sert à rien de pleurer. Il faut aviser. Calmez-vous et écoutez-moi. C'est l'œuvre d'un homme d'esprit de réparer les fautes commises, de détourner les accidents et de mener toutes choses à bien. Rentrez tranquille à la maison. Fermez bien la porte, n'ouvrez pour rien au monde. Votre bonhomme de père peut venir maintenant. Je vais lui faire voir des jeux comme il n'en a jamais vu. Comptez sur moi. »

Alors ce fut une série d'étonnantes aventures. Philolachès s'était enfermé dans la maison. Tranion, lui, s'embusqua dans un coin de la rue.

Il était temps. Il ne tarda pas à voir arriver du port son maître Theuropide, suivi de nombreux esclaves portant les bagages. Le marchand, comme bien vous pensez, fut stupéfait de voir sa maison entièrement close. Si longtemps qu'un voyageur ait été absent, il s'étonne toujours et souffre quand il ne retrouve pas, telles qu'il les a quittées et comme préparées pour lui, les choses coutumières. Il frappa à la porte. Point de réponse naturellement. Il cogna plus fort, violemment même.

Alors, feignant l'épouvante, Tranion se précipita de son coin : « Malheureux maître, s'écria-t-il, ne touchez pas à cette maison ! Fuyez ! Fuyez ! La maison est hantée ! Il y a un revenant ! le fantôme d'un homme qui a été assassiné, il y a des années, mais qui réclame une sépulture ! » Stupéfait, Theuropide écoutait. L'autre, naturellement, racontait tous les détails : chaque nuit, on entendait des cris, des bruits de chaînes, etc. ; Philolachès, disait Tranion, n'avait pas voulu demeurer plus longtemps dans cette maison, et il était parti à la campagne !

Theuropide écoutait cette étonnante histoire, et déjà il la croyait vraie, lorsque par malechance survint un usurier à qui Philolachès, ayant déjà dépensé tout son argent, avait emprunté une petite somme. Grand émoi de Tranion ! Mais le malin esclave avait plus d'un tour en son sac et les mensonges ne lui coûtaient point beaucoup de peine à trouver. Comme Theuropide s'étonnait que son fils dût de l'argent, Tranion lui expliqua que Philolachès, voyant la maison hantée, et ne pouvant pas s'accoutumer à la campagne, avait décidé d'en acheter

Fig. 29. — Entrée d'une maison romaine.

une nouvelle et avait emprunté à l'usurier pour payer des arrhes. Theuropide, bonhomme, écouta et crut. Il promit à l'usurier de le payer.

Mais l'usurier parti :

CINQUIÈME LECTURE

— Où est donc, dit-il à Tranion, la maison nouvelle achetée par mon fils ?

— La voici, répondit l'autre cyniquement, en désignant la maison du voisin Simon.

Mais son embarras ne fit que s'accroître après cette impudente réponse. Juste au moment où il venait de la faire, le voisin Simon sortait de sa maison.

Bah ! Tranion courut à lui, le prit à part. En quelques mots, il lui expliqua que son maître était revenu, qu'il voulait construire une maison à son fils, et que, la sienne étant jolie, il serait heureux de la visiter pour en bâtir une toute semblable. Simon, naturellement, consentit.

Il serait bien trop long de vous raconter comment le subtil menteur parvint, pendant tout le cours de la visite, à maintenir le quiproquo et à interpréter les paroles de l'un et l'autre, pour ce qu'il voulait leur faire croire. Il fut étonnant d'imagination : Theuropide crut très fort avoir visité une maison achetée par son fils, et Simon crut de même que Theuropide voulait simplement prendre modèle sur sa maison pour une construction nouvelle.

Fig. 30. — Musiciens
(d'après une mosaïque de Pompéi).

Le jour s'avançait déjà. Theuropide déclara qu'il devait encore redescendre au port, et il chargea Tranion d'aller à la campagne prévenir son fils qu'il était revenu.

PHILOSOPHIE D'ESCLAVES

La campagne fut vite atteinte : Theuropide avait à peine tourné le coin de la rue que Tranion rentrait dans la maison « hantée » et allait conter toutes ses farces à Philolachès. Mais de telles histoires ne pouvaient pas tarder beaucoup à se découvrir.

Le soir même, en effet, comme dans un dernier défi à la fortune, le jeune débauché avait voulu offrir à ses amis le festin promis.

Pendant qu'ils buvaient tous et qu'ils écoutaient les musiciens, leurs esclaves, comme de coutume, attendaient à la porte, afin de les accompagner pour le retour à la maison.

Assis sur le sol en rond, ils étaient déjà plusieurs qui conversaient de leur sort. Et ils écoutaient en particulier le bon Phanisque, l'esclave favori de Callidamate, qui exposait sa petite philosophie.

— Les esclaves, disait Phanisque, qui, sans être coupables, craignent toujours le châtiment, servent bien leur maître. Ceux qui ne craignent rien, même après avoir commis des fautes, ceux-là prennent toujours de sottes résolutions. Ils s'exercent à la course, et ils s'enfuient ! Mais ouah ! ils sont vite rattrapés, et à défaut de pécule, ils ne réussissent finalement qu'à collectionner les coups de bâton. C'est là tout leur trésor.

Ma foi, moi qui suis prudent, j'aime mieux d'abord éviter de mal faire que d'exposer mon dos à être bigarré. Jusqu'à ce jour, ma peau est restée nette : je tâcherai de la maintenir dans cet état, à l'abri des coups de fouet. Si ça plaît aux autres d'être battus, moi, ça ne me plaît pas.

Au fond, les maîtres sont bien ce que veulent les esclaves : bons avec les bons, méchants avec les méchants. Voyez chez nous : ce ne sont que mauvais diables, prodigues de leurs pécules, endosseurs de coups de bâton. Quand je leur ai rappelé qu'il fallait aller chercher le maître en ville : « Je n'y vais pas ; tu m'embêtes. Je sais bien ce qui te presse », ou encore : « Par Hercule ! tu peux sortir, bonne mule, t'en aller pâturer dehors. » Telles sont les aménités dont ils ont salué mon zèle, quand je suis parti, et me voici tout seul à attendre le maître, au lieu de la foule d'esclaves qui devrait être là. Demain, lorsqu'il apprendra ce qui s'est passé, il les fera rosser à coups de lanières de bœufs. Ah ! non, je ne donnerais pas mon dos pour le leur.

Le bonhomme, docile et résigné, en était là de son petit discours, quand survint précisément un autre esclave de Callidamate.

— Ah! te voilà déjà là, Phanisque, s'écria-t-il en le voyant. Regardez-moi un peu comme ce singe fait l'important.

— De quoi te mêles-tu? lui répondit l'autre.

— De te dire la vérité, infâme parasite.

— Et en quoi donc, s'il te plaît, suis-je parasite?

— Bah! est-ce que l'on ne te mène pas partout en te donnant à manger? Tu es fier, parce que notre maître t'aime particulièrement.

— Insulte-moi tant que tu voudras. Je ne lutterai point sur ce terrain-là avec toi. Mon maître me connaît.

— Tiens, je le pense bien, tu l'informes toujours de tout ce qui se passe dans la maison.

— Allons! allons! nous réglerons tout ça plus tard, reprit l'homme résigné, viens avec moi au-devant du maître.

Et Phanisque s'étant levé, ils cognèrent à la porte de la maison.

Fig. 31. — Un repas (d'après une peinture romaine).

LES RUSES SE DÉCOUVRENT

Or, juste à ce moment, Theuropide survenait.

— Et quoi! leur dit-il, que faites-vous là? Vous ne savez donc pas que cette maison n'est plus habitée?

— Comment cela! Que voulez-vous dire? Philolachès y donne ce soir un grand festin et nous venons chercher nos maîtres, ses invités.

Stupéfaction de Theuropide. Mais aussitôt il comprit Tranion l'avait dupé. Les esclaves, d'ailleurs, ne se firent pas faute de raconter au marchand toutes les débauches de son fils. Et le voisin Simon, arrivant par surcroît, commença à comprendre, lui aussi, la comédie dont il avait été victime.

Il nous faut le coupable ! s'écriait Simon.

— Oui, oui, je le châtierai, s'écriait Theuropide. Mais il est rusé, il se méfiera !

— Il faut l'attirer sous un prétexte ; et alors, subitement, je le ferai saisir par mes esclaves.

Ainsi fut-il convenu.

Bientôt Tranion, qui était sorti de la maison, et qui se doutait bien que Theuropide reviendrait rôder à l'entour, reparut au coin de la rue et s'avança au-devant de lui. Simon était rentré.

— Maître, dit Tranion, j'arrive de la campagne. Philolachès est prévenu ; il fait diligence ; il sera ici dans un instant.

— Ah ! par les dieux ! répondit le maître, il arrivera à propos. Imagine-toi que notre voisin, homme effronté s'il en est, soutient que vous ne lui avez pas acheté sa maison, que vous ne lui avez pas donné un sou.

— Ce n'est pas possible ! Il n'a pas pu dire cela ! Vous plaisantez.

— Si, si, il le soutient, et il s'est engagé à me livrer ses esclaves pour subir un interrogatoire.

— Ah ! c'est trop fort. Je vais aller le trouver.

Et il fit mine de se précipiter vers la maison de Simon.

— Non, non, demeure, s'écria Theuropide, en le saisissant par le bras et avec une vivacité qui fit sentir à Tranion toutes ses intentions. Je vais faire venir les esclaves. Simon a offert de les livrer. Nous allons les fouetter jusqu'à ce qu'ils disent la vérité.

C'était, en effet, un usage que de torturer ainsi les esclaves pour obtenir d'eux des aveux.

— Vous avez raison, répliqua Tranion sans se laisser démonter ! C'est peut-être le meilleur... Mais tenez, je vais tout de suite occuper ce petit autel que voici près de la maison.

Et, d'un bond, avant même que Theuropide eût le temps de le ressaisir, il y courut.

CINQUIÈME LECTURE

TRANION ÉCHAPPE AU CHATIMENT

Il faut dire que, dans l'antiquité, on n'osait point arracher des autels consacrés aux dieux les coupables qui s'y réfugiaient. Tranion ainsi prenait ses précautions. Mais, continuant à jouer son jeu avec le maître :

— Je me place là, s'écria-t-il. Les esclaves ne pourront point s'y réfugier pour se soustraire à la torture. Vous savez bien que s'ils couraient à cet asile, vous ne pourriez plus les torturer.

— Mais non ; il vaut bien mieux laisser les esclaves se réfugier à l'autel. Il nous sera plus facile d'accabler le maître. Reviens.

— Eh ! en êtes-vous si sûr ? Non, non, il vaut mieux que je garde l'autel.

— En tout cas, tu as le temps. Reviens ici, je voudrais te consulter sur un point.

— Non, dit Tranion, en souriant. L'avis que je pourrai vous donner de ce lieu sacré n'en sera que meilleur.

Fig. 32. — Esclave fouetté (Scène de comédie, d'après un bas-relief). Comme il arrivait souvent, il y a deux groupes d'acteurs à la fois sur la scène, c'est celui de droite qui représente la correction de l'esclave. — Une joueuse de flûte sépare les deux groupes.

Cette fois, il n'y avait plus de doute. Theuropide voyait bien que l'esclave avait découvert son dessein.

— Ah ! s'exclama-t-il, pendard, tu m'as deviné !

— Eh quoi ! qu'est-ce qui vous prend tout à coup ? dit Tranion, jouant la surprise.

— Ah ! tu m'en as conté !

— Quoi donc ?

— Ah ! tu m'as mouché de belle façon !

— Êtes-vous sûr que vous n'avez pas encore la goutte au nez ?

— Ah ! plaisante, farceur. Je connais à fond toutes tes fourberies. Mais tu ne m'auras pas joué impunément. Je vais, bourreau, te faire entourer de fagots et de flammes.

— Gardez-vous-en bien ; je vaux mieux bouilli que rôti.

— Par les dieux ! je ferai de toi un exemple.

A tout ce bruit, Simon, Callidamate, et les autres invités de Philolachès accoururent. Callidamate, qui savait parler, plaida bien la cause de son ami et obtint facilement le pardon du fils prodigue. Mais il lui fallut user, croyez-le, de toute son éloquence pour obtenir aussi le pardon de Tranion.

Narquois, sur son autel, l'esclave attendait la décision. Le maître, finalement, bonhomme, pardonna, mais il se promit bien de surveiller étroitement le trop rusé serviteur.

C'est ainsi qu'à la pire des conditions l'homme parvient encore à s'adapter. Les esclaves anciens, du moins ceux de la ville, avaient des moments de joie, ou du moins des instants d'oubli. Quand Tranion et ses semblables avaient réussi un bon tour, ils étaient plus fiers qu'un général dans son triomphe. Leur moralité n'était pas sans doute ni relevée ni très digne. Elle était celle de la servitude. Ce sont seuls les hommes de cœur noble qui sont capables, en tous temps, de faire effort pour la liberté et d'entraîner avec eux la foule de leurs compagnons.

RÉFLEXIONS. — Ce récit est un résumé analytique de la pièce de Plaute, intitulée Mostellaria, *« le Revenant ». Nous avons surtout relaté les dialogues entre esclaves, c'est-à-dire les scènes de la vie romaine quotidienne si bien observées par Plaute et qu'il a introduites dans l'intrigue, d'origine grecque. Les traits les plus intéressants à noter sont l'opposition entre les esclaves de la ville et ceux de la campagne et la démoralisation des esclaves, qu'ils soient comme Tranion les complices de leurs maîtres débauchés, ou qu'ils soient comme Phanisque de dociles esclaves par peur des coups.*

SIXIÈME LECTURE

La révolte de Spartacus

LA RÉVOLTE DES GLADIATEURS

EN l'année 74 avant Jésus-Christ, que les Romains désignaient comme l'année 679 de leur ère (ils comptaient, en effet, les années à partir de la fondation de leur ville en 753 avant Jésus-Christ), une terrible révolte d'esclaves éclata.

Rome achevait alors de conquérir tous les Etats du monde méditerranéen ; et au fur et à mesure que ses conquêtes se multipliaient, l'esclavage se développait. Tout homme riche n'avait pas seulement à son service quelques serviteurs, mais d'immenses armées d'esclaves, qu'il employait aux besognes les plus diverses. Il avait des domestiques

Fig. 33. — GLADIATEURS AVANT LE COMBAT (reproduit comme les illustrations suivantes, d'après des monuments de Pompéi). C'est le commencement du combat. Le maître du combat se tient au milieu. Un joueur de trompette annonce que la lutte va commencer. Un gladiateur s'apprête : un suivant lui présente ses armes.

de toutes sortes, des cuisiniers, des valets de table, des coiffeurs, des médecins, des musiciens, des chanteurs, des déclamateurs, des suiveurs pour lui faire cortège dans la rue. Il avait dans les champs un nombre énorme de laboureurs ou de pâtres. Il avait à la ville des ouvriers, qu'il louait ou dont il vendait le travail. Et souvent même il avait des esclaves qu'il faisait former comme gladiateurs, c'est-à-dire pour les jeux du cirque. Les Romains, en effet, aimaient à faire lutter entre eux, jusqu'à la mort, des hommes armés de manière différente, ou à les faire combattre contre des animaux féroces. Or, c'étaient des esclaves que l'on offrait ainsi en spectacle à la foule ; et c'étaient les plus redoutables des esclaves. Ils vivaient dans des sortes de casernes, sous le commandement de maîtres de gymnastique ou de lutte, parfois libres, parfois esclaves, comme eux, et qui les exerçaient aux jeux les plus brutaux.

Ce furent des gladiateurs, ceux de Lentulus Batuatus, un fameux maître d'escrime de Capoue, en Campanie, qui donnèrent en 74 le signal de la révolte. Il y en avait là de tous les pays, mais surtout des Thraces et des Gaulois, au corps vigoureux et à l'esprit résolu, souvent opposés de caractère, mais tous réunis par la haine commune d'un maître sans bienveillance. Car, ainsi que le disait un historien ancien, « plus les maîtres sont cruels et injustes, plus les hommes rangés sous leur loi finissent par pousser leur ressentiment jusqu'à la férocité. Celui que la fortune a placé dans une condition inférieure peut consentir à céder à ceux que le sort a mis au-dessus de lui, les honneurs et la gloire ; mais, lorsqu'il se voit privé de la bienveillance à laquelle il a de justes droits, l'esclave révolté traite ses maîtres en ennemis. »

C'est ainsi que, cruellement traités par leurs maîtres, les gladiateurs de Capoue se révoltèrent.

Thraces et Gaulois avaient comploté. Ils avaient fait une brèche au mur de leur caserne. Ils étaient sortis au nombre de 73, s'étaient emparés, dans la rue des charcutiers et des rôtisseurs, des broches, des coutelas, des couperets qu'ils avaient pu saisir, et avec ces armes rudimentaires ils

Fig. 84. — COMBAT DE CAVALIERS. *C'était par un combat de ce genre que commençait le spectacle. Deux cavaliers se lançaient l'un contre l'autre des deux extrémités de l'amphithéâtre.*

avaient vaincu et désarmé les soldats ou les citoyens de Capoue qui étaient venus les attaquer. Des brigands, des pasteurs, des esclaves des champs, tous ceux dont la muette patience était lasse, s'étaient joints à eux.

Dans leur premier et instinctif mouvement de révolte et pour épouvanter les maîtres, ils avaient pillé les villages, dévasté les champs, enlevé les femmes et les enfants. Puis ils s'étaient cantonnés sur une hauteur du mont Vésuve, et menaçaient la plaine.

SPARTACUS Ils avaient avec eux un homme résolu, un véritable chef.

Il s'appelait Spartacus. Il venait de Thrace. Vigoureux et intelligent, il s'était fait soldat. Il avait été pris dans une bataille, vendu à Rome, s'était évadé, s'était refait soldat, puis était retombé en esclavage : sa belle taille et sa force l'avaient désigné pour devenir gladiateur. Mais, dans la caserne étroite, il se souvenait de la liberté, de l'air pur des montagnes natales. Sa femme, Thrace comme lui, réveillait son énergie, lui rappelait qu'elle l'avait trouvé un jour, lors de leur venue à Rome, dormant tranquille, tandis qu'un serpent lui entourait la tête, et elle en avait conclu, en bonne devineresse, qu'il aurait un jour une haute destinée. Il était doux de caractère. Il était d'une bonté supérieure à sa condition ; il était prudent. C'était lui qui avait marqué l'heure de la révolte.

Aussitôt que les actes des esclaves avaient été connus à Rome, le Sénat avait envoyé des troupes. Le préteur Clodius Pulcher était arrivé dans la plaine, et il avait disposé ses trois mille hommes pour assiéger et réduire par la faim la petite troupe des révoltés. Le chemin d'accès à la plate-

Fig. 35. — Le rétiaire et le mirmillon. Combat célèbre dans l'antiquité. Le mirmillon, la tête couverte d'un casque, le corps revêtu d'une cuirasse et armé d'une épée courte, représente en quelque manière le poisson ; l'autre le pêcheur armé d'un trident et d'un filet, cherche à le prendre dans son filet et, l'ayant ainsi embarrassé, à le tuer. Ici le mirmillon est déjà couvert du filet.

forme rocheuse où ils étaient cantonnés était bien gardé ; de l'autre côté, la pente était abrupte, un précipice. Le préteur croyait les tenir. Mais Spartacus fit couper les vignes au milieu desquelles il campait : les sarments noués et entrelacés formèrent une échelle ; un à un, tous descendirent, surprirent à l'aube les Romains, et, dans leur panique, les anéantirent.

Mais que faire de cette victoire ? Ah ! s'il n'avait tenu qu'à Spartacus ! C'est vers ses montagnes qu'il serait allé. Par terre, vers le nord, Thraces et Gaulois seraient revenus au pays natal. Mais beaucoup voulaient jouir. Beaucoup voulaient que les biens fabriqués pour les maîtres profitassent désormais à l'esclave, que les festins savamment agencés, les lits moelleux, les coupes d'or, les vins de Grèce, les chanteurs et les danseuses fissent aussi la joie de l'esclave. Ils ne voulaient plus seulement de quelques jours de liberté par an comme cela avait lieu à la fête des Saturnales, où les esclaves jouaient au maître. Mais ils voulaient que la vie devînt pour eux une perpétuelle Saturnale.

Nombreux furent alors, après cette première victoire, ceux qui vinrent rejoindre les révoltés. Ils étaient maintenant des mille, qui, à l'appel de Spartacus, avaient rompu leurs chaînes, des hommes de toutes nations, des Gaulois, des Thraces, des Espagnols, des Numides. Des chefs nouveaux surgissaient, Crixus, Œnomaüs ; des bataillons se formaient, toute une armée organisée. A travers la Campanie épouvantée, les esclaves se répandaient, incendiaient et tuaient. C'était la vengeance. Où l'esclave aurait-il donc appris, en effet, la modération et la douceur ?

VERS LA LIBERTÉ — Mais Spartacus souffrait. Il savait, lui, que le grand, l'unique bien de l'homme, c'est la liberté ; il savait que pour la posséder, pour la défendre, il faut être vraiment libre du dedans, du cœur ; il faisait appel au courage ; il montrait à tous qu'ils n'avaient pas à choisir : ou ils devraient toujours être victorieux, ou ils subiraient une mort infâme. Pour vaincre il fallait être discipliné, il ne fallait pas se laisser corrompre par les pillages.

Dans une ville d'Italie du sud appelée Thurium, où

avait amené ses troupes après les premières victoires, Spartacus s'efforça de créer une cité nouvelle, un État nouveau et pur, sans esclaves, uniquement formé d'hommes libres, tel qu'il le rêvait. Il apprit à ses compagnons de révolte à être, eux aussi, des soldats disciplinés, à trafiquer honnêtement avec les marchands qui venaient au camp, à mépriser l'or et l'argent.

L'hiver ainsi passa, mais Rome armait. Rome ne pouvait tolérer qu'en pleine Italie un nouvel État se formât, et que Spartacus appelât à la liberté l'immense foule des esclaves. Des troupes furent envoyées : les deux consuls, c'est-à-dire les deux chefs du gouvernement, eurent mission de battre les esclaves. Crixus le Gaulois fut battu et tué ; mais Spartacus marcha vers le nord, à la rencontre des deux consuls et les vainquit. L'épouvante fut de nouveau dans Rome.

Fig. 36. — Combat de Thrace et de Samnite. Les Romains aimaient à faire combattre des gladiateurs diversement armés. Ici, le Thrace au bouclier rond a vaincu le Samnite au bouclier long.

« Marchons sur Rome, disaient alors la plupart des esclaves. Allons piller la cité des richesses ; allons tuer les maîtres des maîtres. » Mais Spartacus, sans rien dire de son dessein, marchait vers le nord : il entraînait ses compagnons vers les pays libres hors de l'Italie, hors de ce foyer de honte et d'oppression, vers les pâturages de Thrace où, toujours, il rêvait de vivre libre, avec des hommes purs.

Mais, avant de quitter l'Italie, lui aussi, il voulut sa vengeance solennelle et terrible. Sur les bords du Pô, il dressa un bûcher énorme en l'honneur de Crixus, son camarade, qui avait été tué dans la bataille, et là, tandis que l'armée des révoltés exultait, il força les citoyens romains, qu'il avait faits prisonniers, à donner des jeux à leur tour, à lutter entre eux à la manière des gladiateurs.

Mais le fleuve avait débordé. Il fallut attendre pour passer, et pendant ces jours d'attente, la multitude des esclaves, — ils étaient maintenant plus de cent mille révoltés, — fiers, exaltés par leurs triomphes, s'émurent, refusèrent de partir, de quitter l'Italie, et résolurent de châtier Rome. Spartacus revint, contraint de les suivre.

La terreur régnait dans la République. Qui châtierait les esclaves rebelles ? Qui sauverait l'État ? — Un homme s'offrit au peuple romain.

Il s'appelait Marcus Licinius Crassus. C'était un des plus puissants capitalistes de Rome : il était de riche famille ; banquier avisé et tenace, il avait fait de très grandes affaires. Il était ambitieux ; il voulait de la gloire. Contre les esclaves révoltés qui pouvaient tarir la source des richesses, il parut l'homme désigné.

Alors, pendant de longs mois, ce fut, entre les esclaves et les armées de Crassus, une rude et interminable guerre. Crassus avait durement formé ses hommes. Une légion prise de peur avait reculé ; il la décima, c'est-à-dire il fit tirer au sort un soldat sur dix, et celui-là, chaque fois, fut mis à mort devant les autres. Puis il mena ses troupes droit contre Spartacus qui était revenu dans le sud de l'Italie, et voulait aller soulever la Sicile, où les esclaves étaient nombreux et s'étaient déjà naguère révoltés.

Fig. 37. — Lutte de gladiateurs Samnites. L'un d'eux tombe mortellement atteint.

Plusieurs fois les esclaves furent battus ; plusieurs fois aussi Crassus. Le Romain avait tenté d'enfermer Spartacus entre la mer et un fossé profond, creusé par ses troupes et bien défendu : une nuit de tempête, comme il neigeait à gros flocons, Spartacus fit combler le fossé sur un point et fit passer un tiers de son armée. Il semblait insaisissable.

Mais, hélas ! les esclaves étaient divisés. C'est une mauvaise discipline qu'enseigne la servitude. Le bon et noble Spartacus était trop supérieur à ses compagnons : nombreux furent ceux qui l'abandonnèrent. Ceux qui demeuraient n'étaient plus en forces. L'heure de la défaite approchait.

LA MORT D'UN HÉROS. Un jour, enfin, Crassus tenta une fois encore d'enfermer sur un point l'armée de Spartacus, et fit commencer un fossé. Les esclaves attaquèrent les soldats romains. L'escarmouche s'échauffa : les renforts accoururent. La mêlée allait devenir générale.

Spartacus comprit que le moment du dernier effort était venu. Il exhorta les siens à lutter, sans se rendre, jusqu'au dernier soupir, à mourir en hommes libres, sur les ennemis mêmes qu'ils auraient immolés. Des citoyens romains prisonniers de guerre étaient là : il les fit crucifier comme des esclaves ; il rappela ainsi aux siens le supplice infâme qui les attendait.

Puis il rangea l'armée en bataille, et, s'étant fait amener son cheval devant le front des troupes, d'un coup d'épée il le tua : « Si je suis défait, s'écria-t-il, je n'en aurai plus que faire ; si je suis victorieux, j'en aurai de beaux et bons que nous prendrons sur les ennemis. »

Cela dit, il fit sonner la charge.

Ce fut un choc affreux, une lutte acharnée. Spartacus avait foncé dans les rangs romains : il cherchait Crassus ; il voulait l'atteindre, avoir avec lui, le riche par excellence, corps à corps, son suprême combat de gladiateur. Deux centurions s'acharnaient après lui : il les tua. Mais un coup de pique l'abattit ; un moment, à genoux, il se défendit encore. Une masse d'ennemis l'entoura et l'acheva.

Des quarante mille esclaves qui restaient encore à l'armée, six mille seulement furent pris. Mais sur le chemin de Rome à Capoue, bordure sinistre, six mille croix s'élevèrent, où ils furent pendus. Rome était satisfaite.

Spartacus et ses compagnons avaient montré cependant aux maîtres que la valeur personnelle d'un esclave pouvait être au-dessus de toute comparaison.

RÉFLEXIONS. ❧ *Ce récit se rattache à la période de dissolution de la République romaine. Déjà avec Marius et Sylla (88-86)* les chefs militaires avaient commencé les guerres civiles, qui devaient se terminer par la dictature de César et l'établissement de l'Empire en 31 par Auguste. Les principaux traits de cette histoire de Spartacus ont été empruntés par nous à la Vie de Crassus, par Plutarque. Ils montrent bien le caractère des guerres civiles de Rome. Les révoltes des hilotes et des périèques avaient encore un caractère politique : c'étaient des peuples subjugués qui se révoltaient contre leurs vainqueurs. C'est au contraire uniquement pour se libérer de leur condition d'esclaves que les compagnons de Spartacus se soulèvent. Les immenses armées d'esclaves formées après les conquêtes constituaient pour les familles et pour l'État un véritable danger. D'autant plus que la loi romaine abandonnait les esclaves au despotisme du maître et que celui-ci les livrait aux caprices des intendants.

Fig. 38. — COMBAT DE BÊTES (d'après un tombeau de Pompéi). C'était par un combat de ce genre, contre des sangliers, des loups, etc... et même contre les fauves, amenés d'Afrique, que se terminait la représentation.

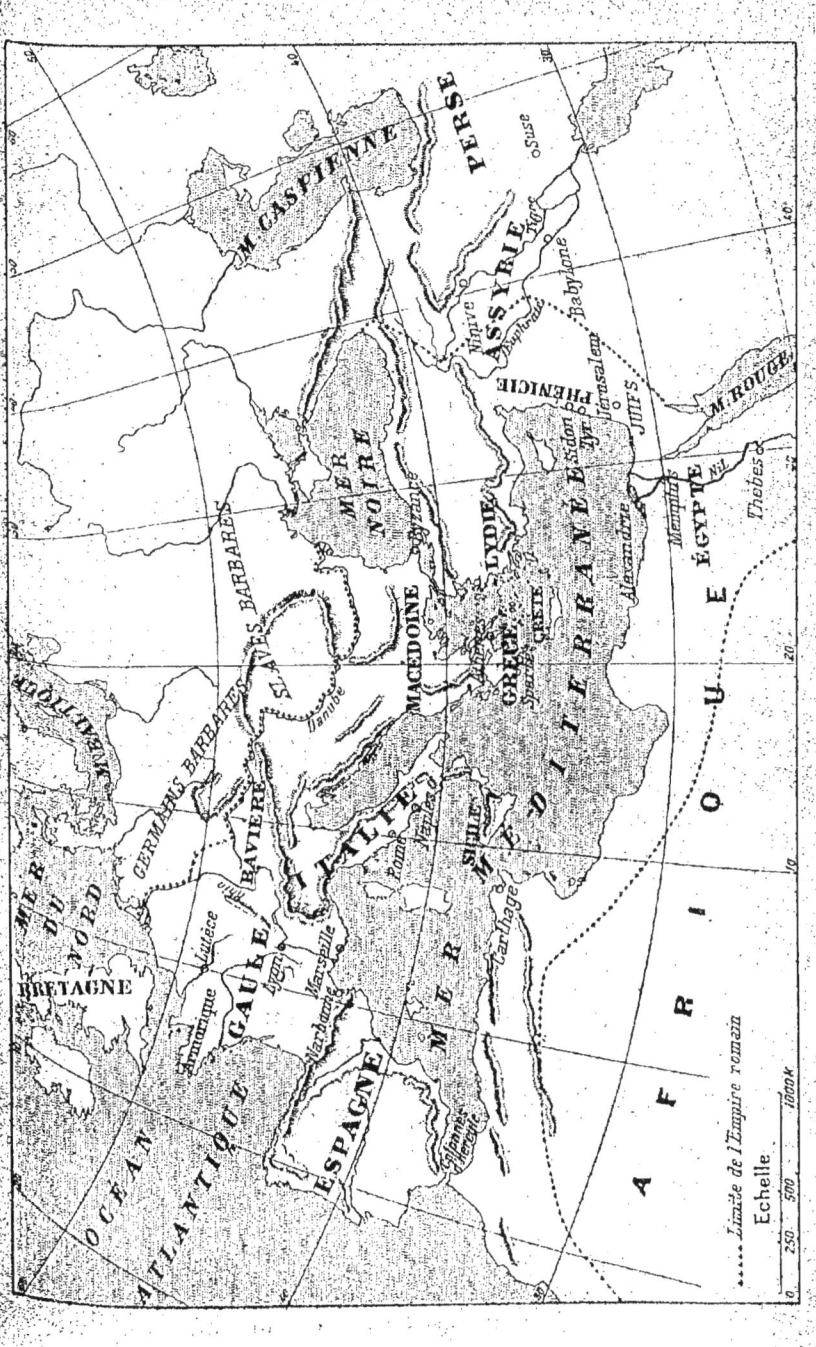

SEPTIÈME LECTURE

Épictète.

UN ESCLAVE PHILOSOPHE

Épaphrodite était un garde de l'empereur romain Néron, qui régna de 54 à 68, et qui est surtout connu pour avoir persécuté les premiers chrétiens. Epaphrodite n'était pas riche. Mais à ce moment-là il n'y avait pas de Romain libre, si pauvre fût-il, qui n'eût au moins un esclave.

Or Epaphrodite avait acheté un jour un esclave singulier. On l'appelait Épictète. C'était un Phrygien, né à Hiérapolis, de parents esclaves. Épictète n'était pas son nom, mais Épictète, en grec, signifie esclave, et il avait pris ce nom pour qu'il rappelât sa condition.

Fig. 39. — Buste de l'Empereur Néron. Néron, après avoir permis les plus belles espérances, pendant ses premières années de règne, se montra despote et cruel. Il avait des prétentions d'artiste. A la fin de son règne l'Empire romain était en pleine anarchie.

Cet esclave, en effet, était philosophe : philosophe non point pour son maître, car les maîtres d'alors avaient des esclaves qui savaient de la philosophie pour eux, ou qui disaient des vers, ou qui faisaient des citations à leur place : Épictète était philosophe pour lui-même et par goût.

Le maître n'était point riche ; il n'avait point autour de lui de ces esclaves innombrables, aux rôles bien déterminés et aux fonctions délicates, cuisiniers, découpeurs, verseurs, chanteurs, danseurs, etc., qui faisaient la joie des riches Romains d'alors. Epaphrodite n'était qu'un simple soldat ; Épictète vivait misérablement.

Mais il ne murmurait ni ne se plaignait de sa misère : il demeurait seul dans une petite chambre dont la porte ne fermait point ; il n'avait pour lit qu'une méchante paillasse, étendue sur quelques planches.

SEPTIÈME LECTURE

Longtemps il vécut seul. Mais un jour il apprit qu'un de ses amis, plus pauvre encore que lui-même, n'avait pas le moyen de nourrir un enfant qui venait de naître, et qu'il était allé l'exposer. C'était alors l'usage, un cruel usage : quand un enfant était difforme, ou que son père n'en voulait pas, ou ne pouvait pas l'élever, il allait l'abandonner dans la campagne où il mourait de faim, dévoré par les bêtes, si personne ne le recueillait. Epictète courut sur les lieux, rapporta le petit, lui trouva une nourrice. Et ils furent désormais trois personnes dans le pauvre réduit.

Il n'y avait là pour tout meuble qu'une table, quelques sièges et une lampe de fer qui ne valait point six sous. Comme la porte fermait mal, quelqu'un, un jour, vola la lampe. Etonné qu'une telle lampe eût tenté un voleur, Epictète décida de n'en avoir plus qu'une en terre. Celle-là, nul ne la prit ; mais elle fut vendue un prix fabuleux lorsque le pauvre esclave mourut, car elle avait servi à l'éclairer pendant qu'il composait, chaque nuit, ses ouvrages philosophiques ; et quelque riche, pensant sans doute qu'il suffirait d'acheter la lampe pour devenir à son tour philosophe et savant, l'acheta un prix fabuleux.

Fig. 40. — Ruines d'Hiérapolis (état actuel). Ces ruines montrent encore la richesse de toutes les villes commerçantes d'Asie-Mineure, Laodicée, Hiérapolis, etc... où se faisaient au temps de l'Empire romain les grands trafics entre le monde Méditerranéen et l'Orient.

QU'EST-CE QU'UN HOMME LIBRE ? — Mais ce n'était point chose facile, en vérité, que d'être philosophe comme Epictète ; car si beaucoup d'hommes reconnaissaient la beauté de ses théories, la plupart renonçaient bientôt à les mettre en pratique.

Que disait-il, en effet ?

Il avait appris, par expérience, les douleurs des esclaves. Avaient-ils un pécule, c'est-à-dire une petite somme d'argent soigneusement économisée ? Le maître pouvait le leur prendre. Avaient-ils une femme ? Le maître pouvait la leur ravir et la vendre. S'étaient-ils attachés à quelque personne, à quelque objet ? Aimaient-ils quelque camarade ? Aimaient-ils la maison où ils étaient nés ? Un caprice du maître pouvait les en éloigner. N'avoir aucun bien assuré, aucun plaisir certain, c'était là le lot de l'esclave, et c'était l'origine de toutes ses souffrances.

— On peut dire qu'on est un maître, disait Epictète, quand on a en son pouvoir les choses qu'on veut avoir ou rejeter, de telle sorte qu'on puisse les prendre ou les laisser. S'il n'est pas en notre pouvoir d'avoir ce que nous désirons et de fuir ce que nous redoutons, alors nous sommes des esclaves.

Et Epictète, esclave, se disait que si l'on ne voulait pas avoir de souffrances, il fallait être assez fort, assez maître de soi, pour considérer que tous les biens étaient incertains, toutes les joies passagères, et qu'il ne fallait jamais s'en réjouir comme si on devait les avoir toujours, puisqu'aussi bien le caprice du maître pouvait toujours les reprendre. Il fallait donc supporter sans se plaindre tous les maux, et s'abstenir de désirer les biens qui un jour ou l'autre pouvaient être ravis. « Supporte et abstiens-toi », telle était la devise d'Epictète. Tel était le conseil qu'il donnait aux esclaves, malheureux de leur sort.

Mais alors, réfléchissant aussi sur le sort des hommes libres, l'esclave philosophe se disait : « Les hommes libres sont-ils donc plus libres que nous autres ? Le maître peut nous ravir ce que nous aimons. Mais est-ce que les dieux, est-ce que la nature, ne ravissent point aux maîtres eux-mêmes ce qu'ils peuvent aimer ou désirer ? Est-ce qu'il n'y a point des maux qu'ils ne peuvent éviter ? Est-ce que leurs biens ne leur sont pas volés, ou confisqués, ou détruits, par les guerres, par les violences civiles, par les voleurs ? Est-ce que leurs femmes ne meurent pas ? Est-ce que leurs enfants bien-aimés ne meurent pas ? Alors, ils sont donc esclaves comme nous, puisqu'ils ne peuvent pas plus que nous garder ce qu'ils aiment et fuir ce qu'ils craignent. »

SEPTIÈME LECTURE

— Mais n'y a-t-il donc pas d'hommes libres ? disaient à Épictète ceux qui écoutaient ses enseignements.
— Si, si, il y en a, répliquait-il. Mais ils sont rares. Ce sont ceux qui savent que l'homme ne possède rien en propre que son âme, son intelligence, ses vertus ; ceux qui savent supporter les maux et ne point désirer ce qu'ils ne peuvent avoir ou garder. Biens, amis, enfants, famille, rien de tout cela n'est à nous ; notre corps même n'est pas à nous, puisque nous ne pouvons pas en retenir la possession. Pour être libre vraiment, il ne faut pas s'attacher plus que de raison à tous ces biens ; il faut savoir les mépriser.

« Lorsque son enfant mourra, un homme libre digne de ce nom ne dira pas qu'il l'a perdu, mais qu'il l'a rendu ; lorsque sa femme mourra, il dira qu'il l'a rendue. Et il sera calme, presque indifférent.

« Imaginez, disait Épictète à ses auditeurs, imaginez qu'un homme libre se trouve en butte à la cruauté d'un tyran ou d'un maître.

— Je t'exilerai, dira le tyran.
— Que m'importe ? Je suis citoyen du monde. Je porte partout mon courage avec moi.
— Mais je t'enchaînerai !
— Comment ? Tu m'enchaîneras, moi ?... Tu enchaîneras ma jambe, veux-tu dire ! Si cela te fait plaisir, enchaîne.
— Tu ne t'inquiètes pas ?
— De quoi m'inquièterais-je ? Que peux-tu donc contre ma volonté, contre mon intelligence ? Un dieu même, Jupiter, le plus puissant des dieux, ne saurait les enchaîner.

Fig. 11. — LAMPE ANCIENNE (trouvée à Pompéi).
La lampe du pauvre Épictète n'était pas aussi riche que celle-là, mais, la statuette enlevée, elle était de même nature et de même forme.

— Ah ! je te montrerai que je suis le maître. Je te tuerai.
— C'est mon corps misérable, que tu veux tuer !... Tiens ! Voici mon *cadavre*, tu es le maître, prends-le. Mais moi, tu ne me prendras pas. »

SUPPORTE ET ABSTIENS-TOI

Telle était la philosophie d'Epictète, et celle de tous ceux qu'on appelait les stoïciens. Certains trouvaient ces pensées très belles, mais ils se lamentaient ensuite de tous les maux qui leur survenaient, ou s'abandonnaient à toutes leurs passions. Mais Epictète, lui, était un vrai stoïcien. Il mettait en pratique tous ses préceptes.

Fig. 42. — Un artisan du temps de l'Empire romain (d'après un bas-relief). L'artisan représenté là est un batteur d'or, occupé à amincir une feuille de métal.

Dans une belle prière qu'il adressait aux dieux (car les anciens croyaient à l'existence de plusieurs dieux) il disait : « J'ai été malade parce que vous l'avez voulu, et je l'ai voulu de même. J'ai été pauvre parce que vous l'avez voulu, et j'ai été content de ma pauvreté. J'ai été dans la bassesse parce que vous l'avez voulu, et je n'ai jamais désiré d'en sortir... Je suis encore tout prêt à subir tout ce qu'il vous plaira d'ordonner de moi... »

Et cependant, si quelqu'un avait pu se plaindre de son sort, c'était bien ce pauvre esclave phrygien. Non seulement il fut toujours pauvre ; non seulement sa philosophie le fit un jour expulser de Rome par un autre empereur, Domitien, qui haïssait tous les philosophes, mais il était petit, contrefait, souvent malade, et la cruauté d'Epaphrodite avait même ajouté encore à son malheur.

Un jour, en effet, son maître, pris de colère, lui donnait de grands coups sur la jambe.

— Tu vas me casser la jambe, lui dit froidement Epictète.

Epaphrodite frappa plus fort ; et effectivement il lui cassa la jambe.

— Je te l'avais bien dit, reprit Epictète avec calme malgré la douleur, la voilà cassée. »

Supporte et abstiens-toi ! Le pauvre esclave se soumettait à sa doctrine.

Après les audacieuses révoltes de Spartacus, après leurs tentatives désespérées, les esclaves, maintenant, se résignaient. Les uns, comme Epictète, se consolaient à l'aide de cette noble philosophie qui enseignait que les hommes libres n'étaient pas plus libres que les esclaves. Les autres, bientôt, allaient apprendre l'Evangile, la doctrine des chrétiens, disciples de Jésus-Christ, qui enseignait, elle aussi, à se résigner pendant la vie à la volonté d'un Dieu, mais qui faisait espérer une autre vie, heureuse, celle-là, où les pauvres trouveraient une compensation.

Fig. 43. — Une mosaïque de Pompéi. Les demeures du temps de l'Empire étaient souvent richement ornées. Cette célèbre mosaïque représente un chien à l'attache avec l'inscription : Cave canem (Prenez garde au chien).

D'ailleurs, peu à peu, maintenant, des lois intervenaient pour empêcher la cruauté des maîtres. Jusqu'alors ils avaient eu le droit incontesté de juger leurs esclaves et même de les mettre à mort : désormais, ils durent les envoyer devant les tribunaux. Cent ans environ après Epictète, des lois nouvelles défendirent aux maîtres de tuer leurs esclaves, les obligèrent à les vendre, s'ils se montraient trop cruels, et empêchèrent de vendre séparément le mari, la femme et les enfants.

Peu à peu même certains devinrent plus libres. Ils furent

attachés de père en fils à de petites fermes. D'autres, à la ville, s'associèrent ensemble dans des associations de métiers. Peu à peu l'esclavage faisait place au servage. Les serfs étaient attachés à la terre ou à leur métier : ils n'étaient plus tout à fait la propriété, la chose du maître.

RÉFLEXIONS. ❧ *C'est avec les quelques traits, épars dans les auteurs anciens, sur Epictète, que nous avons écrit cette vie de l'esclave philosophe. Chemin faisant, nous avons indiqué la transformation qui s'accomplissait dans le régime de l'esclavage. La révolution économique, que marquaient l'établissement de petites exploitations sur les grands domaines et la formation de communautés d'artisans dans les villes, s'accompagnait d'une grande révolution morale. Les chrétiens, tout en invitant les esclaves à se résigner, leur disaient qu'ils étaient les égaux des maîtres en Jésus-Christ; et ils invitaient les maîtres à les traiter doucement. Si nous avions eu quelque récit caractéristique de la pensée chrétienne, nous l'aurions cité. Mais les idées d'Epictète, sous une forme un peu plus rude, marquent bien, elles aussi, ce moment où, moralement au moins, les esclaves commencèrent de se sentir les égaux des maîtres.*

HUITIÈME LEÇON

Lettre d'un noble gallo-romain.

AVERTISSEMENT

On sait que la Gaule fut conquise par les Romains de 58 à 50. C'est en 52 que Vercingétorix fut vaincu. Depuis lors, jusqu'à Clovis qui entra en Gaule en 486, notre pays fut une province romaine.

Le noble gallo-romain qui a écrit la lettre qu'on va lire (ce sont en réalité deux de ses lettres: la 1re du livre II et la 2e du livre IV du recueil, que nous avons groupées en une seule) s'appelait Sidoine Apollinaire. Il vécut de 430 à 489. Il était né à Lyon, d'une famille noble. Il reçut une éducation soignée. Son beau-père Avitus ayant été nommé empereur (cela arrivait à beaucoup de gens, en ce temps d'anarchie militaire), il devint préfet du prétoire, en quelque manière premier ministre. Son beau-père renversé, il revint en Gaule et, quoique marié et laïc, fut élu évêque de Clermont. Il ne put empêcher les Visigoths de prendre la ville.

A cette époque, notre pays était tout entier civilisé à la romaine. Dans les villes, il y avait des monuments, des temples, des bains, des aqueducs et des voies selon les modèles des architectes romains.

Dans les campagnes, il y avait surtout de grands domaines, où vivaient de puissants propriétaires fonciers. Un propriétaire d'ailleurs possédait souvent plusieurs domaines. Chacun de ces domaines, appelé villa, avait sa vie propre. Il formait presque un petit État. Autour de la demeure du maître, il y avait les étables, les colombiers, les granges, les celliers, un four, un moulin, un pressoir pour le vin ou pour l'huile. Entre ces communs se trouvaient les chambres des esclaves. Plus loin, sur le domaine, s'élevaient de petites fermes où habitaient les tenanciers du propriétaire, ses colons, anciens esclaves souvent, attachés à la terre, mais libres d'avoir une famille et de posséder.

Fig. 44. — MARCHAND DE POMMES (d'après un tombeau de Narbonne). Sur les tombeaux gallo-romains se trouvaient sculptées des images des morts, avec les outils de leur métier. L'inscription rappelle le cri du marchand de pommes: Mala, mulieres, mulieres meae (Des pommes, mesdames, mesdames).

Les villas, au temps des invasions barbares, étaient souvent fortifiées. Elles avaient leurs soldats, qui étaient des gens du domaine. Et même les grands propriétaires rendaient parfois la justice. Aussi, au temps des invasions, les hommes libres se placèrent-ils souvent sous leur appui, et en échange leur jurèrent fidélité comme clients. On voit comment, dans l'empire romain même, se constituait déjà la société féodale.

La lettre de Sidoine Apollinaire ne dit que peu de chose des colons ou des esclaves ; mais elle montre assez bien la vie et les sentiments des maîtres. Ces grands propriétaires fonciers s'occupaient de l'exploitation de leurs biens ; ils aimaient la chasse, mais souvent aussi la littérature. Ils s'efforçaient d'imiter les plus célèbres auteurs latins, et ils ne manquaient pas de prétention. Certains, on le verra, se montraient doux envers leurs colons, sous l'influence des idées chrétiennes. On les citait en exemple. Beaucoup devaient être demeurés rudes.

UNE AGRÉABLE VILLA

Tu me reproches, mon ami, d'être aujourd'hui à la campagne ; je pourrais plutôt te plaindre d'être retenu à la ville. Déjà le printemps fait place à l'été, et le soleil monte plus haut au-dessus de nos têtes.

Les gués n'ont plus d'eau ; la poussière voltige au-dessus des champs. A Dieu ne plaise que je n'étouffe dans les rues étroites de ta ville ! Et tu ferais bien toi-même de te hâter vers l'aimable retraite où nous t'invitons.

S'il te plaît de savoir où se trouve notre campagne, je vais te le dire.

Nous sommes à Avitacum, ainsi s'appelle la villa qui me vient de ma femme et que j'aime encore mieux que la villa dont j'ai hérité de mon père.

Elle est située à l'issue d'une vallée fertile. Une large et longue avenue lui sert de vestibule. Quand on arrive, on rencontre d'abord les bains, accotés contre un rocher

Fig. 45. — ENTREPRENEUR GALLO-ROMAIN (d'après un tombeau). Il tient dans les mains une truelle et une règle. A côté de lui, se trouvent une scie et d'autres outils.

couvert de bois ; lorsqu'on abat les arbres qui le couvrent, ils sont comme prêts à tomber dans le foyer qui chauffe l'eau des bains. L'installation est parfaite : les salles chaudes sont vastes et lumineuses. La salle où l'on se rafraîchit, la salle des parfums, pourrait rivaliser avec celle des piscines publiques. Elle est carrée, et assez étendue, elle aussi, pour que les domestiques ne s'embarrassent point dans leur service. Elle est recouverte d'une jolie coupole, habilement éclairée, sans peintures obscènes ni ridicules ; quelques petits vers assez plaisants pour qu'on soit content de les avoir lus, assez légers pour qu'ils n'obsèdent point l'imagination.

De là quelques passages mènent à la piscine. Ne t'attends pas à y trouver des marbres rares de la Grèce. Mais si nous n'avons pas ces splendeurs exotiques, nous défions quiconque par la fraîcheur de nos eaux. Six conduites amènent des torrents d'eau du sommet de la montagne ; elles se terminent par des têtes de lions si bien faites que l'on croirait vraiment qu'elles vont vous dévorer, et tel est le bruit des flots qu'elles déversent, que ceux qui environnent le maître, hôtes, clients ou serviteurs, doivent se parler à l'oreille, pour échanger quelques mots.

En sortant de la piscine, on arrive à la maison. On trouve devant soi l'appartement des femmes : il comprend la vaste pièce où l'on tisse la toile, puis un peu plus loin l'office, où l'on garde les victuailles.

Un vestibule encore, et voici une longue allée couverte, d'une admirable fraîcheur, et où l'on entend, le soir, les servantes

Fig. 46. — CHARPENTIER GALA ROMAIN (d'après un tombeau).

et les nourrices babiller interminablement, quand nous sommes montés nous coucher, moi et les miens.

PLAISIRS DE NOBLE

Ne nous arrêtons pas — ce n'est pas de saison — dans notre appartement d'hiver. Nous voici maintenant dans une petite salle à manger. Tu y trouveras un lit de table fort confortable, un beau buffet. Le soir, c'est sur une terrasse qui surmonte cette petite salle, que nous dînons.

Tu goûteras nos repas campagnards ; tu apprendras ce que c'est vraiment que de l'eau fraîche, quand tu verras la buée entourer les vases où on la verse et ternir les cristaux transparents. Mais surtout, pendant les dîners, tu pourras jouir de la vue délicieuse qu'on a de cette terrasse. Tu pourras suivre au loin, sur un beau lac limpide, qu'on découvre presque tout entier, le mouvement rapide et léger des petits bateaux des pêcheurs. Tu les verras jeter leurs filets et tendre les lignes appâtées, où les truites avides viendront se prendre pendant la nuit.

Fig. 47. — Braques gaulois autour d'un sanglier (d'après un bas-relief). *Les nobles gallo-romains entretenaient pour la chasse, et surtout la chasse aux sangliers, des meutes superbes.*

Le repas fini, tu trouveras enfin une chambre aérée et fraîche, protégée de l'ardeur du soleil par une autre pièce, où nos bons serviteurs sommeillent plutôt qu'ils ne dorment.

Viens vite goûter avec nous les délices de notre campagne. Si tu savais comme il est doux d'entendre, vers le midi, le bruit des cigales ; sur le soir, le coassement des grenouilles ; et tout au petit jour, le chant des coqs, le cri des oies, ou — ce qui est mieux encore — le petit cri des hirondelles !

Ai-je besoin enfin de te décrire les belles promenades que nous pouvons faire ? Si l'on descend du portique vers le lac, on ne tarde point à trouver un petit bois verdoyant. Nous y avons, sous deux larges tilleuls, dont les branches se mêlent, une vaste place où mon ami Ecdicius et moi nous jouons à la balle. Puis, lorsque la fatigue nous prend, tranquillement couchés à l'ombre, nous jouons aux dés, ou bien nous parlons de choses littéraires, surtout de nos poètes favoris.

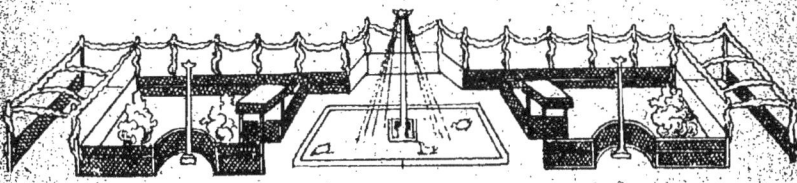

Fig. 49. — PERSPECTIVE DE JARDIN ROMAIN. *Cette perspective est la reproduction de peintures faites sur un mur, au fond d'un jardin, pour donner l'illusion que le jardin se continue. Elle devait naturellement rappeler avec la plus grande exactitude possible l'aspect du jardin réel.*

Hâte-toi de venir. Tu verras quels voisins polis, empressés et lettrés nous avons ; et tu sauras combien sont charmantes les heures que nous passons ensemble au jeu de paume, au jeu de dés, ou à de savantes conversations.

UN MAÎTRE CHRÉTIEN — Quelques-uns même, parmi ces voisins, sont des hommes remarquables. L'un d'eux est vraiment d'une haute moralité, et mérite d'être cité. Plus je l'approche, plus je l'admire.

Il s'appelle Vectius. Il est de naissance illustre. Il est veuf. Une fille unique est sa consolation ; il l'élève avec une tendresse de mère et toute la bonté d'un père. Il est guerrier : il aime la chasse ; et il en use, quoiqu'il ne veuille jamais manger de gibier. Certainement il ne le cède à personne pour élever des chevaux, dresser des chiens, porter les faucons. Bien qu'il lise souvent les psaumes et les chante plus souvent encore, il a dans ses vêtements la plus grande propreté ; ses ceintures sont même recherchées ; ses caparaçons éclatants. Mais, certainement, sa vie est plus morale que celle de beaucoup de moines qui portent la robe, et, parfois, en imposent à leurs contemporains.

Ce qu'il y a de plus remarquable, chez Vectius, ce n'est point tant sa sobriété, sa politesse, sa générosité, sa table ouverte à tout le monde, que la manière dont il traite ses serviteurs.

Envers eux, il n'use jamais de termes menaçants ; il ne dédaigne point d'adopter leurs conseils; il ne s'obstine point, si quelque faute a été commise, à en rechercher l'auteur, à vouloir à tout prix un châtiment, même celui d'un innocent. Ce n'est point par l'autorité, c'est par la raison qu'il gouverne son intérieur ; et, en vérité, l'on dirait moins qu'il est le maître que l'administrateur de sa propre maison. Son indulgence ne gâte pas ; sa sévérité, quand il la montre, n'a rien d'odieux.

Fig. 48. — Scènes de chasse
(d'après une mosaïque trouvée à Lillebonne).

Tel maître, telle maison. Toute la maison de Vectius se recommande par une conduite irréprochable. Tous ses serviteurs sont laborieux. Ses colons sont honnêtes, dévoués, obéissants ; tous sont satisfaits de leur patron. Ce ne sont certes pas ceux-là qui se révolteront, comme il est arrivé dans quelques régions.

En voyant la sagesse et la modération de cet homme, j'ai pensé que ce serait chose utile, pour l'instruction de tant d'autres, que de donner un aperçu d'une telle vie.

Viens donc avec nous. Tu le verras. Et je ne doute pas que tu ne tires de ta visite quelqu'un de ces beaux écrits que tu te plais à composer.

NEUVIÈME LECTURE

L'orfèvre Éloi

JEUNESSE D'ÉLOI

Nous avons tous chanté, quand nous étions petits, la chanson du grand saint Éloi.

Le grand saint Éloi
Lui dit : Oh ! mon roi !....

Mais qu'était-ce, au vrai, que le grand saint Éloi ? Voilà ce qui est moins connu.

Éloi, nous raconte son ami et disciple saint Ouen, était né en 588 à Cadaillac, un petit village à deux lieues de Limoges, vers le Nord. Eucher, son père, était un orfèvre renommé et qui travaillait pour la fabrique de monnaies royales, à Limoges.

Tout jeune, Éloi s'était montré fort adroit dans tout ce qu'il faisait. Ce petit bonhomme n'était pas, comme on dit, embarrassé de ses mains. Son père remarqua vite l'ingéniosité et la délicatesse dont il savait faire preuve dans les ouvrages difficiles. Heureux d'avoir un fils digne de lui, il l'envoya en apprentissage chez son bon ami Abbon, qui travaillait aussi comme orfèvre à la fabrique de monnaies de Limoges.

Est-il besoin de dire combien celui-ci fut content de son apprenti ? Il ne lui fallut, en effet, ni beaucoup de temps ni beaucoup de peine pour apprendre à Éloi toutes les finesses de son art. Mais il appréciait aussi le cœur droit et sincère, la grande prudence et la douce humeur de son ouvrier. Éloi parlait avec grâce et avec facilité : il était bon compagnon, mais il était aussi fort pieux. Il était assidu à l'église, et il écoutait avec grande joie et attention les lectures de l'Écriture sainte.

Fig. 50. — SAINT ÉLOI (Sculpture du XVe siècle provenant de l'église de Notre-Dame d'Armençon).

Il avait déjà trente ans, lorsqu'un jour de 620, il s'en vint en France, comme on disait alors, c'est-à-dire à Paris, dans l'Ile-de-France. Il voulait montrer son art, faire fortune aussi peut-être.

A Paris, Eloi trouva de l'ouvrage. Il s'était fait connaître à Bobbon, le trésorier du roi, le ministre des finances d'alors. Bobbon le prit pour travailler à la monnaie et à d'autres ouvrages de métaux. Il éprouva vite son habileté.

LA CHAISE DE CLOTAIRE — Le roi d'alors était Clotaire II, qui régna en effet de 614 à 628. C'était un prince doux, instruit et pieux. Il était plus préoccupé de bien orner son palais que d'assurer son autorité. Il avait imaginé une nouvelle manière de chaise, qu'il voulait faite d'or et de pierreries, selon son idée. Mais nul ouvrier, jusqu'alors, n'avait pu comprendre son dessein ou n'avait voulu se risquer à l'exécuter. Le trésorier Bobbon songea à Eloi. Il en parla au roi, lui dit qu'il croyait avoir trouvé l'homme qu'il cherchait.

Confiant en sa parole, le prince lui fit prendre dans son trésor une quantité d'or et de pierreries très considérable, pour qu'Eloi la mit en œuvre. Eloi travailla donc sur le modèle qu'on lui avait tracé, et de l'or qu'on lui avait donné il fit non pas une, mais deux chaises de la grandeur de celle qu'on lui demandait, toutes deux de même forme et où son art avait surpassé ce que le roi même avait rêvé.

C'est que « le bon orfèvre, nous dit saint Ouen, n'était point de mauvaise foi, comme la plupart des ouvriers, qui, pour pallier ou couvrir leurs larcins, allèguent ordinairement que la lime mordante a usé une partie du métal ou que le feu en a consumé une autre ». Le saint personnage, semble-t-il, n'avait point grande confiance dans les ouvriers : il y a eu, de tout temps, des gens pour lui ressembler.

Quoi qu'il en soit, une fois son œuvre achevée, Eloi la porta au palais, et présenta au roi la chaise qu'il avait commandée, mais sans parler encore de la seconde.

Le roi se récria d'admiration : oui, c'était vraiment la chaise qu'il avait imaginée, et aussi parfaite, aussi élégante qu'il la voulait. Il ordonna de payer sur-le-champ à l'ouvrier un salaire digne de ce travail.

NEUVIÈME LECTURE

Alors Eloi, faisant apporter du dehors, où la tenait un de ses compagnons, l'autre chaise, toute semblable, lui dit: « Sire, pour ne point perdre ce qui restait d'or, je l'ai employé à cette autre. »

Cette fois, le roi fut stupéfait et, avec lui, tous ceux qui l'entouraient. Clotaire n'en voulait pas croire ses yeux. Il ne pouvait penser ni qu'en si peu de temps Eloi eût pu faire les deux chaises, ni que l'or à lui remis eût été suffisant. On apporta les balances. Il y avait juste le poids de l'or et des pierreries, remis au bon ouvrier. Et ce ne fut certes pas un petit sujet d'admiration qu'il eût pu ainsi supprimer tout déchet, et en même temps travailler avec une délicatesse qui rendait l'ouvrage plus précieux encore par l'art que par la matière. « On peut, dit le roi à tous ceux qui l'entouraient, confier les plus grandes affaires à un homme de cette droiture et de cette fidélité. »

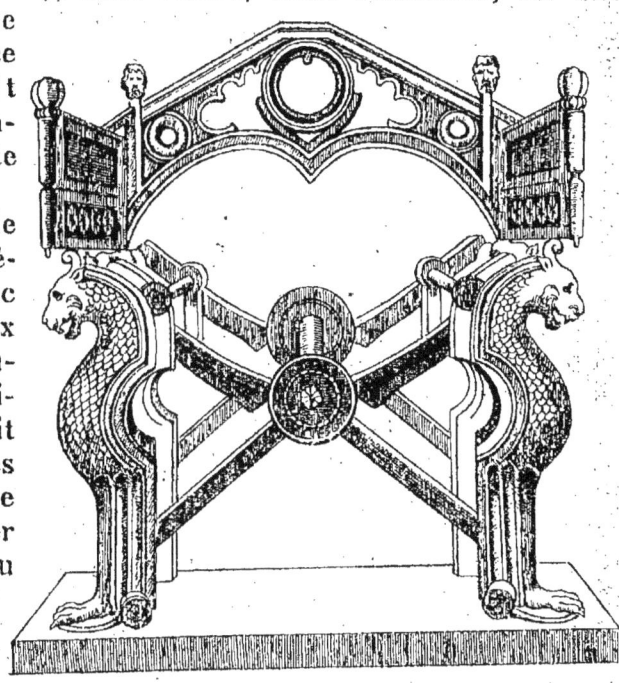

Fig. 51. — FAUTEUIL DIT DE DAGOBERT Ier (attribué à Saint Eloi). Ce fauteuil se trouve au cabinet des antiques. Les archéologues modernes pensent que c'est plutôt une chaise curule romaine, à laquelle le dossier et les bras auraient été ajoutés au Xe siècle.

ORFÈVRE ET MINISTRE

Et il les lui confia, en effet. Désormais, Eloi demeura au palais. Il y travaillait de sa profession, et de telle manière que tous l'estimaient et l'honoraient. Le roi prenait le plus grand plaisir à l'aller voir travailler. Mais ce qui le frappait le plus, c'était la modestie, c'était le désintéressement, l'innocence de mœurs et l'intégrité de cet homme extraordinaire. Il désira se l'attacher plus étroitement, et il le chargea de nombreuses affaires, même de négociations avec des princes étrangers. On sait qu'en ces temps lointains, en effet, les affaires privées du roi et les affaires d'Etat étaient souvent confondues.

Quand Clotaire II mourut, son fils Dagobert, qui régnait depuis six ans dans la partie du royaume qu'on appelait l'Austrasie, lui succéda. Il savait qu'il ne pouvait trouver de meilleur conseiller que l'orfèvre Eloi ; et il l'honora de sa confiance, au point de quitter souvent la compagnie des grands et des prélats pour venir s'entretenir avec lui. « Le bon roi Dagobert » avait été, tout d'abord, s'il faut en croire les historiens, un assez mauvais diable, souvent révolté contre son père. Mais les historiens aussi s'accordent à dire que les remontrances d'Eloi lui furent salutaires, et qu'il devint un bon roi.

Fig. 52. — Dagobert (d'après le recueil de Gaignères).

Ce fut vraiment alors, pendant dix ans, une situation tout à fait curieuse que celle de cet orfèvre-ministre. Car Eloi ne se contentait pas de guider le roi par ses fréquents conseils. Il continuait à travailler de son art. On lui remettait entre les mains, de la part du prince, autant d'or, d'argent et de pierreries qu'il en demandait, sans poids et sans compte, tant on était assuré de sa probité ; et, profitant de la générosité du roi, il s'en servait uniquement pour orner les autels, « pour la plus grande gloire de Dieu et de ses saints ».

Il restait ainsi l'homme pieux et dévot qu'il avait toujours été, mais il n'ennuyait pas les autres hommes de sa sainteté ; il ne cherchait point à se distinguer par ses habits et par ses gestes. Il portait, dit-on, un rude cilice sur le corps et une corde autour des reins. Mais, par-dessus, il portait, comme tout le monde à la cour, des habits de soie, ornés d'or et de pierreries. Il était de taille avantageuse ; il avait le port majestueux, et gardait une longue chevelure bouclée.

NEUVIÈME LECTURE

**LES MO-
NASTÈRES-
ATELIERS**

Chacun l'aimait; chacun lui donnait, pour les pauvres, pour les mendiants, qu'il avait toujours autour de lui, et surtout pour les monastères qu'il rêvait sans cesse d'établir.

Un des premiers qu'il fonda, ce fut celui de Solignac, dans son pays natal, à deux lieues de Limoges, vers le Midi, sur un fonds de terre que le roi Dagobert lui avait donné. Mais il en établit d'autres un peu partout, dans le Limousin, dans la Picardie, dans la France; et les hommes d'Église célébrèrent son souci d'arracher au diable et mener au ciel tant de mécréants et de méchants.

Mais ce qui est bien plus intéressant, c'est que l'habile ouvrier ne se contentait point de faire en bon chrétien le salut des captifs, des esclaves ou des mendiants; c'est qu'il les accoutumait au travail, au travail industriel, tant négligé à l'époque. Les invasions des Barbares, en effet, en bouleversant toute la vie de l'Europe occidentale,

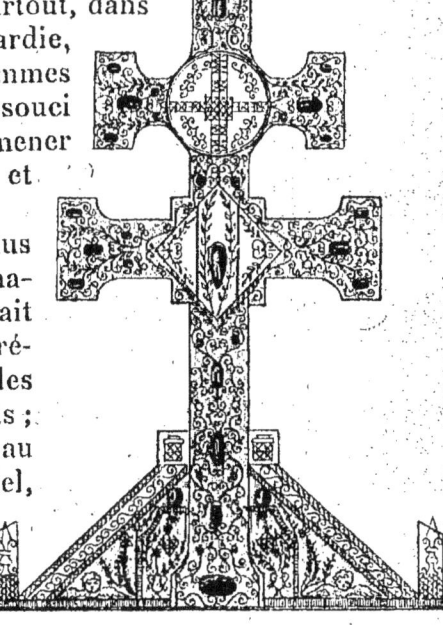

Fig. 53. — Croix d'autel (attribuée à saint Eloi).

avaient détruit la plupart des vieilles associations industrielles, des collèges d'artisans qui se rencontraient dans chacune des villes de l'Empire romain. Peu à peu les métiers les plus utiles avaient été délaissés. Maintenant, c'était sous la protection des saints, dans la paix des monastères, que l'on pouvait retrouver les artistes ou les artisans. Les moines du Moyen Age, en effet, ne passaient pas leurs journées et leurs nuits à chanter les psaumes ou à rêvasser. C'était au travail, au défrichement des forêts ou à l'ornement des manuscrits, qu'ils consacraient le meilleur de leur temps. Le ministre Eloi était de cet avis.

Il voulait bien de saints hommes; mais il voulait aussi de bons orfèvres, comme son ami saint Theau, qu'il dressa et qui fit les châsses de tant de martyrs. Ce fut une vaste fabrique que le monastère de Solignac. L'on y entendait bien les psaumes, mais ils scandaient le travail des orfèvres et leurs sons se mêlaient au bruit sec et net des petits marteaux.

Quand Dagobert mourut, en 628, Eloi était l'homme le plus réputé de France. On le disait saint ; on le disait habile. Il ne pouvait manquer d'être évêque.

Car, à cette époque, ce n'étaient point les gouvernements ni le pape qui s'occupaient du choix des évêques. Le peuple de la ville et les clercs disaient : « Nous voulons un tel pour évêque ! » et l'homme aimé était acclamé évêque.

La voix populaire appela Eloi à l'évêché de Tournai, et c'est à lui que revint l'honneur de convertir et de coloniser tout à la fois les populations encore païennes des Flandres.

Saint Ouen, dans son histoire, conte d'admirables miracles et d'étonnantes prophéties que fit alors l'illustre évêque. Mais ce sont là des récits bien difficilement croyables et qu'on ne peut vérifier.

D'ailleurs, la vie du saint ne nous intéresse guère. C'est celle du bon ouvrier qui est amusante. Saint Ouen ne le dit pas ; mais, dans un petit coin de son palais d'évêque, Eloi avait certainement un atelier d'orfèvre : jusqu'au bout, il demeura fidèle à son art.

Il mourut en 659, à l'âge de 71 ans.

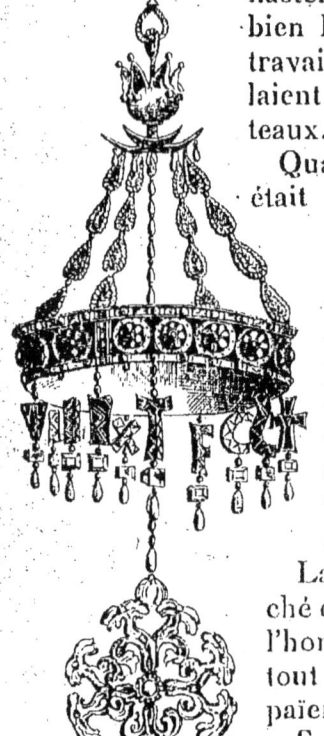

Fig. 54. — Couronne votive du roi Visigoth Suintila. Un des plus beaux exemplaires de l'orfèvrerie du VIIe siècle. La couronne est d'or plein, ornée de saphirs et de perles. Les lettres qui pendent forment ces trois mots : Suintilanus rex offeret (offrande du roi Suintila).

RÉFLEXIONS. ✙ Cette histoire de saint Éloi, que nous empruntons à la Vie des Saints, montre l'état de l'industrie à l'époque mérovingienne. L'Empire romain, à côté des grandes villas dont nous avons montré la vie, avait eu dans les villes une remarquable organisation du travail industriel. Le travail servile avait peu à peu disparu ; c'étaient de petits artisans de condition libre qui exerçaient les divers métiers. Ces artisans étaient organisés en collèges, c'est-à-dire en corporations. Ils avaient des privilèges, mais étaient soumis envers l'État à des obligations. L'exercice du métier était devenu une véritable fonction publique. Si l'on prend, par exemple, un boulanger du IV° siècle, le fils de ce boulanger est contraint de reprendre le métier de son père. S'il n'a qu'une fille, l'homme avec qui elle se marie est obligatoirement attaché à la boulangerie. Son héritage ne peut être aliéné. L'État avait d'ailleurs des ateliers dont les ouvriers, marqués au fer rouge, devaient le travail jusqu'à la mort. Les invasions barbares — l'exemple de saint Éloi le montre — libérèrent les ouvriers. Mais pendant sept siècles, la vie urbaine allait languir. L'industrie allait se réfugier dans les couvents. Ce n'est point du tout un hasard si le ministre-orfèvre, amoureux de son art, fonde de nombreux couvents. Il n'a pas d'autre moyen de le développer. L'histoire de saint Éloi, de l'atelier des monnaies de Limoges au monastère de Solignac, nous montre l'évolution qui se produit depuis la décadence de l'Empire jusqu'à la prospérité monastique du XI° siècle.

Fig. 55. — SIGNATURE DE SAINT ÉLOI (d'après la charte de fondation du monastère de Solignac). On lit exactement : In Chr[ist]i nomine Eligius ep[iscopu]s sub[scripsit], c'est-à-dire : « Au nom du Christ, Éloi, évêque, a signé ».

DIXIÈME LECTURE

Le fief de Fulcon.

L'ABBÉ ÉTAIT TRISTE

EN cette fin de l'année 1085, Philippe Ier, père de Louis le Gros, étant roi de France, Girard, abbé de Saint-Aubin, le grand monastère d'Angers, se sentait le cœur empli de tristesse. Il n'avait pourtant point eu de querelle avec quelqu'un de ses moines : il se sentait aimé d'eux, et ils vivaient tous en bonne intelligence, se conduisant en vrais chrétiens, afin d'aller, comme ils pensaient, au Paradis après leur mort. Les récoltes avaient été abondantes : les granges et les fruitiers étaient richement pourvus ; le beau troupeau de bœufs, dont les mugissements sourds se prolongeaient sous les voûtes du cloître, n'était décimé par aucune maligne maladie, et les coups de maillet qui résonnaient dans la tonnellerie faisaient entendre à tous que les vignobles angevins avaient été bien fournis de grappes. Aucun envahisseur, ni Français ni étranger, n'avait ravagé les domaines ; tous les serfs qui dépendaient de l'abbaye étaient paisibles et heureux. Ainsi aucun des maux, disettes, guerres, invasions, qui désolèrent constamment le pays, pendant cette période de notre histoire, n'avait frappé le monastère, et des étrangers auraient pu se demander vraiment pourquoi l'abbé Girard était triste.

Mais les moines savaient bien d'où venait l'affliction de leur chef.

Quelques années auparavant, en effet, on avait transporté au monastère les reliques de saint Aubin. Saint Aubin avait été un courageux et charitable évêque d'Angers, et les Angevins d'alors croyaient non seulement que son tombeau faisait des miracles, mais qu'il continuait après sa mort, par son intercession auprès de Dieu, de les protéger contre tous les maux. Ce sont là des croyances qui ont existé de tous temps : les habitants des villes grecques ou romaines, plusieurs centaines d'années auparavant, se croyaient ainsi protégés par Vénus ou par Jupiter.

Quoi qu'il en soit, depuis que les reliques du saint avaient été transportées en grande pompe à l'abbaye, les moines avaient décidé de bâtir à leur patron une demeure digne de lui. Leur monastère, comme tous les grands monastères du Moyen Age possédait naturellement, dans son domaine, de très nombreux serfs, exerçant des métiers divers. S'il ne comptait pas sur ses terres 2.500 maisons et plus de 14.000 serfs, comme la célèbre abbaye de Saint-Riquier en Ponthieu, du moins trouvait-il parmi les siens des représentants de tous les métiers, des maçons, des menuisiers, des charpentiers, des statuaires, des serruriers, qui, indépendamment de la taxe prélevée sur chaque maison, devaient fournir tous les ans des produits de leur travail. D'ailleurs, depuis qu'il était abbé, Girard excellait à bien voir les dispositions de chacun. Il était bon administrateur : de temps à autre, il assemblait tous les serfs, il disait à celui-ci : « Tu seras boulanger ! », à tel autre : « Tu seras cabaretier ! » à tel autre : « Tu seras menuisier », etc... Il fixait les jours où chacun devait être de service pour le monastère, et la quantité de pain qu'il recevrait, « car l'ouvrier, disait-il, mérite sa nourriture ».

Aussi, quand il s'était agi de construire pour saint Aubin

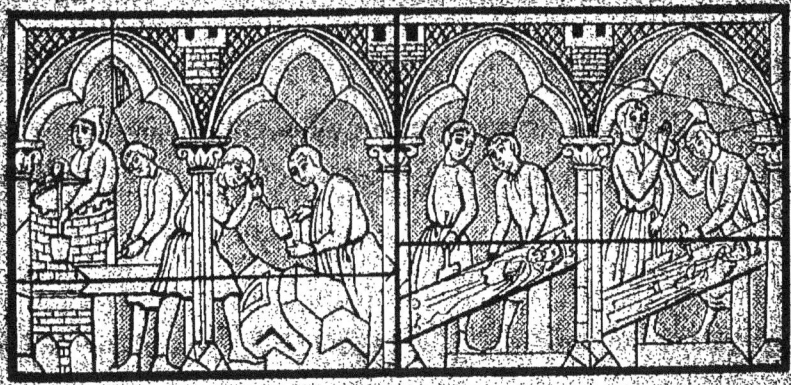

Fig. 56. — CONSTRUCTION D'UNE ÉGLISE d'après des vitraux de la cathédrale de Chartres). *De gauche à droite, maçons, tailleurs de pierres, et deux groupes de sculpteurs-statuaires.*

une grande et belle nouvelle église, n'avait-il pas été embarrassé.

D'ailleurs, tous les serfs s'étaient dévoués avec joie à cette œuvre. Non seulement les statuaires, les menuisiers, les maçons, les charpentiers, n'avaient plus voulu faire aucun autre travail ; mais les paysans mêmes, les laboureurs, étaient toujours prêts à prêter leurs charrettes et leurs bœufs, pour mériter eux aussi la bénédiction de saint Aubin. Ils charriaient l'eau, les pierres, le sable pour le mortier, et ils servaient constamment les maçons. Tous les autres, armuriers, selliers, foulons, tisserands s'ingéniaient à trouver les moyens de participer, selon leur art, au saint travail. Aussi, en peu d'années, sur l'emplacement de la vieille église qui menaçait ruine, le nouveau bâtiment avait-il été édifié.

« UN VERRIER ! UN VERRIER ! » Et maintenant, tout le gros œuvre était terminé ! Les murailles blanches dominaient les maisonnettes des artisans : la croix brillait au haut du clocher. Mais ce qui affligeait Girard, il faut le dire enfin, c'étaient les fenêtres nues et laides de la nouvelle église ; c'étaient les grands trous noirs béants qu'elles semblaient ouvrir, quand on la regardait de dehors ; et c'était, au dedans, la crudité de la lumière qu'elles laissaient passer. En un mot, ce qui désolait Girard, c'était l'absence de ces beaux vitraux qui sont l'orgueil des donateurs et l'instruction des fidèles. Ne trouverait-il donc pas, lui aussi, quelque artiste qui raconterait en belles couleurs la vie de saint Aubin ou qui dresserait dans toute la hauteur d'une fenêtre une magnifique échelle de Jacob, représentant les ancêtres du Christ ? — Mais le pieux abbé avait beau parcourir les quartiers où habitaient groupés les artisans de son abbaye : ils avaient tous fait ce qu'ils pouvaient, et quelle que fût leur dévotion, les pauvres ! ils ne pouvaient davantage. Pas un d'entre eux n'était verrier.

Sans doute, pensait Girard, il aurait pu choisir quelque jeune serf intelligent, et l'envoyer en apprentissage auprès de quelque maître renommé, dans un monastère où l'on peignait de beaux vitraux. Mais il aurait fallu, hélas ! bien des années avant que l'apprenti devînt maître à son tour, et Girard se faisait vieux, et il devait se hâter, s'il voulait laisser l'église parfaite, quand le Seigneur le rappellerait vers lui. Il

DIXIÈME LECTURE

n'avait plus qu'une ressource : prier, implorer son Dieu. Peut-être aurait-il pitié de lui. Peut-être exaucerait-il sa prière. Le bon abbé, matin et soir, le suppliait ardemment.

Un soir, enfin, il fut exaucé. Il était à peu près trois heures, quand un homme vint frapper à la porte de l'abbaye. Il était pâle ; il avait les traits fatigués, et ses vêtements étaient couverts de poussière. Il avait l'air noble et digne. Rien dans son extérieur n'annonçait un mendiant ; et le moine qui le reçut le prit d'abord pour un trouvère, pour un de ces nombreux chanteurs qui s'en allaient alors de château en château déclamer des poésies.

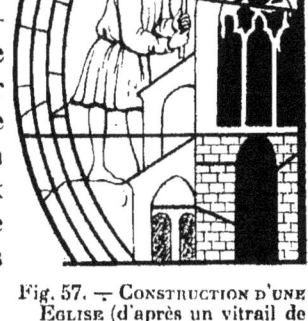

Fig. 57. — Construction d'une Église (d'après un vitrail de la cathédrale de Chartres).

Or, comme le moine l'interrogeait, l'homme expliqua qu'il venait du midi de la France ; que les monastères y avaient tous leurs verriers ; qu'il avait appris par un pèlerin le grand désir de l'abbé de Saint-Aubin et qu'il était venu ainsi, par la grande route.

Aussitôt, le moine courut prévenir l'abbé, sans prendre même le temps de dire au verrier, interloqué, qu'il allait bientôt revenir. Rouge, heureux, et remerciant déjà le Seigneur de l'avoir exaucé, l'abbé ne se fit pas attendre. De tous côtés, d'autres moines arrivaient, intrigués, curieux. Bientôt chacun sut l'affaire. Et ce ne fut plus qu'une voix dans le laborieux monastère : « Un verrier ! un verrier ! » Tous, à leur tour, rendaient grâces au Seigneur.

Fulcon — c'était ainsi que s'appelait le peintre — fut installé dans le quartier des armuriers. Il fallut quelque temps pour lui créer ou lui chercher tout ce que réclamait son art. Mais quelques semaines plus tard, chacun put admirer son savoir ; tous les sujets de l'abbaye — libres ou serfs — étaient dans la joie de voir ses œuvres, les beaux vitraux aux couleurs éclatantes et aux compositions bien ordonnées qu'il savait peindre.

L'ARTISAN FIEFFEUX

Alors l'abbé décida que les moines devaient s'assembler pour discuter avec lui des conditions de son travail. Fulcon, en effet, était un homme libre ; et il comprenait bien que les moines désiraient le garder toujours auprès d'eux. Quant à ceux-ci, bien certainement, ils désiraient le garder ; mais ils étaient économes de tous les biens de Saint-Aubin, et, malgré leur grand désir de posséder un bon verrier, ils se souciaient fort de ne pas le payer trop cher.

Aussi y eut-il à l'assemblée des moines une longue et curieuse discussion, le jour où l'on parla du sort de Fulcon. Beaucoup hésitaient à faire le sacrifice de plusieurs arpents de terre. Mais le bon abbé tenait à son idée : il leur montrait les fenêtres de la belle église déjà toutes garnies de superbes vitraux. Et ils consentirent à faire de Fulcon leur ouvrier fieffeux, c'est-à-dire ayant reçu un fief du monastère.

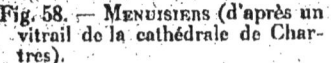
Fig. 58. — Menuisiens (d'après un vitrail de la cathédrale de Chartres).

Il faut bien comprendre, en effet, quelle devint alors la condition du verrier. Il était libre ; il n'était pas tenu au travail comme les serfs du monastère. Pour l'engager, il fallait passer avec lui un contrat, car on n'aurait guère compris, à cette époque, qu'un homme fût tout seul complètement indépendant. On sait comment chacun alors avait un suzerain, était le vassal ou le serf de quelqu'un.

Or, de même qu'un seigneur pouvait donner une terre à un chevalier, à un homme libre qui devenait ainsi son vassal, et qui, en échange de cette terre, devait l'assister dans les guerres ou dans un grand nombre de circonstances fixées à l'avance, de même Fulcon, l'habile ouvrier, devint le vassal de l'abbé de Saint-Aubin.

Voici comment fut établi le contrat :

DIXIÈME LECTURE

Fulcon s'engageait à faire les vitres des fenêtres et à peindre dans le monastère tout ce que commanderaient les moines.

En échange, il devait être considéré par eux comme un frère; il devait être nourri comme eux, chaque jour où il viendrait travailler à l'abbaye. En outre, il recevrait en fief un arpent de bonne terre, plantée de vigne, et une maison.

Mais il fut fixé qu'à sa mort, vigne et maison reviendraient à l'abbaye, à moins qu'il n'eût un fils, élevé dans son art et capable à son tour de servir saint Aubin.

Ce fut, je le répète, pour les bons moines, un dur sacrifice. Mais ne le devaient-ils pas à la gloire de leur saint patron ?

D'ailleurs, ils furent loin de le regretter. Les vitraux étaient beaux ; et l'on venait de toutes les campagnes à l'entour pour les admirer, à l'heure où le soleil levant jouait dans leurs pures couleurs.

Le séjour même du monastère était devenu plus riant. Partout de grandes fresques, bien composées, et où chacun se reconnaissait (car, selon l'usage des peintres, Fulcon prenait ses modèles autour de lui), rappelaient aux moines la vie de Jésus-Christ et sa Passion. Girard ne se lassait point de voir travailler l'artiste. Il était redevenu gai, et, après quelques années de prospérité et de paix, il mourut tranquille, content d'avoir offert

Fig. 59. — SAINT-TIMOTHÉE. Vitrail du XI⁰ siècle, un des plus anciens que nous ayons du Moyen Age. Il se trouve à Neuviller, en Alsace. On remarquera les lignes raides et grossières du dessin, l'absence d'expression dans la physionomie.

à saint Aubin l'œuvre belle qu'il avait souhaitée.

Mais, bien des années plus tard, Fulcon étant mort, le fils même qui lui avait succédé dans son fief et dans son art étant mort aussi, le petit-fils de l'artiste, un homme habile et entreprenant, fit payer chèrement aux moines les goûts artistiques de leurs prédécesseurs.

— La maison est à moi, dit-il, et la vigne.

Et il invoqua toutes sortes de bonnes ou mauvaises raisons pour les garder, de même qu'alors beaucoup de seigneurs, refusant de se soumettre aux conditions du vasselage envers leurs suzerains, prétendaient cependant garder les fiefs en toute propriété.

— Point de maison ni de vigne, si tu ne fais, toi aussi, de beaux vitraux et des peintures, comme ton ancêtre et ton père ! répliquaient les moines.

Et ils s'obstinèrent longtemps ainsi les uns et l'autre dans une discussion tenace.

Mais tout a une fin, même les procès féodaux. Moyennant quelques charretées de bois, chaque année sa vie durant, Fulcon le troisième consentit à rendre la vigne.

Et ainsi disparut le fief de l'illustre maître-verrier qui avait fabriqué pour l'église de Saint-Aubin ses admirables vitraux.

RÉFLEXIONS. — *Les quelques textes que nous avons trouvés pour la période du Moyen Age étaient déplorablement secs et pauvres. On nous pardonnera de les avoir un peu amplifiés. Tous les détails de notre récit sont cependant empruntés à des documents originaux. On trouvera l'histoire de Fulcon, qui en forme le fond, dans le livre de M. Fagniez, Documents relatifs à l'histoire de l'industrie et du commerce en France (tome I, Paris, 1898, p. 68). Quelques indications, données au cours du récit, en ont marqué déjà l'intérêt : à l'époque féodale, à côté des ouvriers serfs, qui dépendent d'un seigneur ou d'une abbaye, il y a des travailleurs libres, mais ils sont liés à ceux qui les font travailler, exactement comme un vassal est lié à son suzerain. Le vassal reçoit du suzerain une terre, en échange de laquelle il doit le service militaire. L'artisan libre reçoit de son client, sorte de suzerain industriel, une terre aussi, en échange de laquelle il lui doit son travail ou ses produits. Et de même que les vassaux tendirent à se considérer, au bout de quelques générations, comme les propriétaires des fiefs, de même les artisans fieffeux — comme le petit-fils de Fulcon — voulurent se constituer en propriétaires. Ce sont ces curieux rapports qu'il faut bien expliquer.*

⁕ ⁕ ⁕

ONZIÈME LECTURE

La révolte des serfs de Normandie

EN NORMANDIE

EN cette fin du xe siècle, toujours au temps des premiers Capétiens, comme le jeune Richard venait de succéder à son père dans le duché de Normandie, il arriva que les serfs de ce pays ressentirent presque soudainement toute l'étendue de leur misère. Des années, des années durant, leurs ancêtres, leurs pères, eux-mêmes, tous ils avaient souffert sans mot dire. Et ils n'avaient rien dit encore quand les terres avaient été données à Rollon, le Normand, l'étranger barbare venu de Scandinavie, et à ses guerriers. Mais ils pensaient alors que les temps étaient rudes pour tous ; ils se disaient que leurs seigneurs les défendaient, et leur rendaient service ; et ils espéraient toujours qu'un temps viendrait où il y aurait pour tous repos et paix.

Fig. 60. — VIGNERONS
(d'après un vitrail de la cathédrale de Chartres).

Or, depuis quelque cent ans, les seigneurs étaient certainement devenus un peu plus heureux. Lorsqu'ils ne se faisaient point la guerre entre eux, ils jouissaient de leurs beaux viviers, abondants en poissons, ou de leurs forêts, où courait le gibier ; ils avaient maintenant des vêtements luxueux, et possédaient de curieuses choses, achetées à des marchands, qui venaient de lointains pays ; mais ils n'étaient point devenus meilleurs à l'égard des pauvres villageois. De ces seigneurs — les serfs le savaient bien maintenant — ils ne pouvaient rien attendre que de mal. Ni leurs gains ni leurs travaux ne pouvaient avoir raison de leurs exigences. Coutumes anciennes, coutumes nouvelles, aide[s], services, réclamations, querelles : ils ne pouvaient avo[ir] une heure de répit, et leurs bêtes étaient toujours, comm[e] eux, prises à telle ou telle corvée. Null[e] garantie. Toujours l'arbitraire ! A[u] merci du seigneur ! Telle était la mis[é]rable condition qui continuait d[e] les accabler.

Souvent le soir, dans les cha[u]mières, à l'heure des veillées, o[u] bien plus tard encore, lorsqu'i[ls] rêvaient à demi, avant de se lai[s]ser aller au sommeil, les pauvres paysa[ns] faisaient repasser dans leur mémoi[re] toutes les saisons de l'année ; et i[ls] voyaient bien qu'il n'y en avait aucun[e] sans service ni corvée, aucune où ils fussent à peu pr[ès] tranquilles et délivrés de tout souci.

Fig. 61. — LA FENAISON. — Juin (1).

LA COMPLAINTE DES VILAINS

A LA Saint-Jean, pensaient-ils, il faut fau[cher les prés, tourner, retourner, p[uis] rassembler le foin, le tasser au milieu d[es] pièces, puis le porter au manoir, le jour q[ue] l'intendant fait savoir.

« Un peu plus tard, il faut sarcler, se rendre en troup[e] dans les champs, le sarcloir en main, à l'heure dite, et tr[a]vailler là, des heures durant, sous la surveillance des ge[ns] du château.

« Puis c'est le mois d'août, les interminables journé[es] sous le brûlant soleil, à couper le blé, à le mettre en bott[es], à le porter aux granges ; nos enfants mêmes à cette époq[ue] se trouvent appelés au travail. Et pendant ce temps no[tre] blé, à nous, pauvres laboureurs, demeure gisant par[mi le] champ, au vent, à la pluie, à la grêle, jusqu'à ce que no[us] en ayons fini avec celui du seigneur. Et quand enfin [...]

(1) Cette figure et toutes celles qui suivent font partie de la célèbre série connue [sous] le nom de calendrier d'Amiens. Ce sont des médaillons sculptés, dont chacun rappel[le un] travail spécial à un mois de l'année, et qui se trouvent au soubassement d'une des po[rtes] de la cathédrale d'Amiens. Il y a un calendrier semblable à Notre-Dame-de-Paris.

nôtre aussi est coupé et ramassé, alors vient, sur sa charrette, le champarteur, l'homme dur et rogue qui doit prélever sur notre propre récolte la part du seigneur. Ah ! gare à celui qui tente de lui ravir quelque gerbe : il n'a point d'égard à la misère, celui-là : devant tous, il lui fait honte et il le punit cruellement.

« Puis à Notre-Dame, en septembre, voici le temps du porcage : un pourceau sur huit doit être amené au seigneur, et ce ne doit pas être le plus laid. Telle est la règle pour ce mois-là.

Fig. 62. — LA MOISSON. — Juillet.

« Puis à la Saint-Denis, c'est maintenant le cens à payer, le dur impôt moyennant lequel le seigneur abandonne sa terre, et, avec le cens, tous les autres droits accoutumés. Encore un bien dur moment à passer ! Viennent alors les labours et les semailles ; il faut mettre le blé en terre ; il faut herser ; il faut rouler chacun un acre, pour le maître.

« Puis vient encore la Saint-André, Noël, le temps des cadeaux, le temps des gâteaux, des volailles à porter au manoir, alors qu'il n'y en a point au logis pour les petits enfants, et qu'il faut se refuser à soi-même les plus modestes douceurs.

« Et puis c'est de nouveau les semailles et le hersage, pour l'orge. C'est Pâques fleuries qui revient. Mais il n'est point de gai printemps pour qui doit servir et peiner. Il faut s'en aller à la forge ; il faut faire ferrer les chevaux, car il convient d'aller aux bois ramasser de nombreux fagots. Ainsi toujours, toujours, le maître a quelque chose à réclamer.

« Ah ! la sévère existence ! Travaille, travaille, toi et tes bêtes. Il faut de la pierre pour un nouveau bâtiment. Va la chercher. Les maçons sont diligents. Il importe que tu les serves et de pierre et de mortier, tous les jours qu'ils font métier. Travaille, travaille, et surtout paie !

« Paie au meunier, qui prélève sa part sur ta petite

récolte déjà diminuée, car tu dois aller moudre au moulin du seigneur, et là aussi il veut son dû. Paie à son fournier, orgueilleux et fier, qui donne du pain si mal cuit, mais qui est insolent et arrogant au moins à l'égal de son maître. Paie au seigneur encore, si tu maries ta fille, 3 sols : c'est le droit qu'il réclame et même bien plus.

Fig. 63. — Le battage des grains. — Août.

« ... Et de tout cela les nobles seigneurs rient; et ils se moquent des pauvres serfs : « Allez, allez! disent-ils entre eux, faites-les payer ; ils doivent s'acquitter de leurs dettes. Allez, prenez-leur leurs chevaux ; prenez les vaches et les veaux ; ne leur laissez rien pour eux; les vilains sont des traîtres et sont des menteurs. »

LA RÉVOLTE

Ainsi pensaient les pauvres paysans. Hélas! devraient-ils donc toujours supporter ces injures ? Devraient-ils donc toujours si cruellement souffrir ?

Un jour, on ne sut trop comment, à travers tout le pays, l'idée de la révolte vola de chaumière en chaumière. Ceux du bocage, ceux de la plaine, serfs ou francs, tous unanimes, ils sentirent le besoin de s'allier. Par vingt, par trente, par cent, pendant les nuits sombres, loin des routes où passaient les hommes des châteaux, dans les forêts et dans les landes qu'eux seuls connaissaient bien, ils tenaient leurs assemblées. Ils se disaient, ils se répétaient entre eux les maux déjà connus de tous. Ils se racontaient les dernières misères endurées, les dernières querelles, les plus récents châtiments subis. Et leur colère s'exaltait. Alors ils se juraient foi réciproque. Ils faisaient serment que désormais, par leur volonté au moins, ils n'auraient plus de seigneurs.

« Mettons-nous hors de leur atteinte, s'écriaient-ils en leurs farouches discours ; nous sommes hommes comme ils sont ; nous avons des membres, tout comme ils ont ; tout aussi grands corps nous avons, tout autant souffrir nous pouvons ; et il ne nous manque même pas un cœur, un cœur énergique et pur. Allions-nous donc par serment; défendons-nous, nous et nos biens ; et tenons-nous tous ensemble. S'ils veulent guerroyer contre nous, nous serons bien contre un chevalier trente et quarante paysans, habiles et bons combattants. Armons-nous d'arcs, de pieux, de haches; et s'il en est qui n'ont pas d'armes, eh bien ! qu'ils ramassent des pierres.

« A notre tour maintenant ! Ah ! nous pourrons aller au bois et couper les arbres à notre choix. Nous pourrons dans les viviers, nous aussi, prendre des poissons ; nous pourrons aux forêts faire de belles chasses ! De tout nous ferons nos volontés, des bois, des ruisseaux et des prés ! »

Fig. 64. — LA RÉCOLTE DES FRUITS. — Septembre.

Car c'était là vraiment ce qu'ils voulaient, non pas être libres au sens où l'entendaient des lettrés ou des hommes de lois, mais pouvoir chasser, pouvoir pêcher, pouvoir cultiver leurs terres sans que le seigneur intervînt sans cesse pour les en empêcher.

Dans leurs assemblées nocturnes, les paysans de Normandie répétèrent le serment de bien s'aider, de tenir ensemble. Pour être plus nombreux encore, ils décidèrent de prévenir ceux de tous les domaines, un à un. Des femmes, des enfants, messagers insoupçonnés, portaient la nouvelle de la commune révolte, et les plus habiles ou les plus hardis allaient recevoir les serments.

CRUELLE RÉPRESSION — Mais les villageois, depuis longtemps réduits à la servitude, se sentaient timides et lâches en face des seigneurs. Comment auraient-ils osé les frapper ou s'opposer à leurs armées ?

Quelques-uns proposaient de tout saccager et de tuer les seigneurs. « Montrons-nous bons et vrais chrétiens, répliquèrent les autres. Envoyons à nos maîtres des délégués choisis parmi nous. Exposons-leur notre misère. Peut-être nous donneront-ils quelque légère amélioration. »

Mais les seigneurs avaient peur. Et, comme ils avaient peur, ils se montrèrent cruels.

Fig. 65. — LE FOULAGE DES RAISINS. — Octobre.

Ce fut l'oncle du duc, ce fut le comte Raoul d'Ivri, qui reçut les délégués. Il se refusa à écouter ceux qui étaient déjà selon lui des révoltés. Il les fit arrêter; il leur fit couper à tous les mains et les pieds, et c'est dans cet état qu'il les renvoya vers leurs compagnons. Ceux-ci n'osèrent plus remuer et retournèrent à leurs charrues.

Ce fut la fin de la révolte à peine ébauchée. Cent ans plus tard seulement, quelques seigneurs commencèrent à affranchir leurs serfs. Au XIIe, au XIIIe siècle, nombreux sont ceux qui furent ainsi affranchis. Et l'on apprend dans toutes les histoires, que Louis X le Hutin, en 1315, rendit une ordonnance qui déclarait que, « selon le droit de nature, chacun doit naître franc », et qui ordonnait de « ramener à franchise » tous les serfs du royaume, c'est-à-dire de les rendre libres. Mais ce n'était point par humanité que les seigneurs et le roi affranchissaient ainsi leurs serfs : ils avaient besoin d'argent, et ils faisaient payer très cher aux paysans la liberté qu'ils leur offraient. Aussi beaucoup demeurèrent-ils en servitude. Plus tard, après la guerre de Cent Ans, beaucoup apprécièrent et achetèrent le droit de pouvoir se marier à leur gré, de pouvoir faire un testament à leur gré, et surtout de pouvoir choisir librement leur profession et leur lieu de résidence.

Fig. 66. — LES SEMAILLES. — Novembre.

Mais c'est seulement la Révolution de 1789 qui réalisa, à

ONZIEME LECTURE

peu près complètement, le vœu des vilains du xe siècle ; c'est elle seule enfin qui donna aux paysans le « libre usage des eaux et des forêts », et le droit de cultiver leurs terres, sans devoir corvées ni argent aux seigneurs.

RÉFLEXIONS ☙ Nous devions naturellement faire une place, dans la série de nos récits, à la condition des serfs au Moyen Age.
Nous avons écrit cette description en nous aidant de deux documents bien connus : 1º le Conte des Vilains de Verson *(Verson est un village qui dépendait de l'abbaye du Mont-Saint-Michel et dont les habitants un jour refusèrent d'acquitter les droits dus à l'abbaye) ; et 2º le passage célèbre du* Roman de Rou *que l'on a appelé quelquefois « la Marseillaise de l'an mil ». On trouvera les deux documents dans le livre de M. Léopold Delisle sur la condition de la classe agricole en Normandie au Moyen Age.*
L'histoire même de la révolte est empruntée à la Chronique des ducs de Normandie *par Guillaume de Jumièges.*

DOUZIÈME LECTURE

La réception du maître boulanger.

LES COR-PORATIONS   Ce matin-là, un matin de l'année 1285, l'année même où Philippe IV, surnommé le Bel, monta sur le trône de France, Roger Le Passeur, le boulanger, ou, comme on disait alors, le talemelier de la rue Beaubourg, s'éveilla joyeux. L'angelus sonnait encore dans le petit jour : il annonçait le dimanche, le dimanche tant attendu, où Roger devait être reçu maître dans son métier.

— Vite, debout, femme, cria-t-il ! C'est aujourd'hui le grand jour ; nous n'avons point trop de temps pour nous préparer.

Et la bonne ménagère, joyeuse elle aussi, s'empressa.

Fig. 67. — Un mariage au XIIIe siècle (d'après un manuscrit de la Bibliothèque nationale).

Il y avait déjà quelque cinq ans que Roger l'avait épousée. C'était chez Geoffroy Neveu, son oncle à elle, son patron à lui, qu'ils s'étaient connus ; et comme elle était gracieuse et bonne, comme il était un laborieux apprenti, et comme enfin ils s'aimaient, le vieux Geoffroy avait consenti à leurs fiançailles. Il estimait Roger ; et il pensait que, lui mort, il saurait fort bien continuer ses affaires et rendre sa nièce heureuse.

Mais un commerçant ne pouvait pas alors comme aujourd'hui céder son fonds au premier venu. Dans chaque ville, tous les marchands ou artisans d'un même métier étaient organisés en corporation. Chaque corporation avait ses règles précises, et pour exercer un métier, il ne suffisait pas, comme on disait, « d'avoir de quoi » ; il fallait encore savoir le métier, avoir accompli un temps déterminé d'apprentissage, et souvent même avoir témoigné devant les jurés, c'est-à-dire en quelque manière devant les chefs de la corporation, qu'on était capable de faire de bon travail. Dans beaucoup de cas, on devait en outre acheter le métier, c'est à-dire payer à un seigneur ou à quelque grand personnage le droit d'exercer la profession. Evidemment, tout ouvrier un peu habile pouvait espérer de devenir maître; mais, lorsqu'il n'était pas fils de patron, il lui fallait, comme Roger, avoir au moins la chance d'épouser une héritière, pour pouvoir à son tour s'établir.

COMMENT ON DEVENAIT PATRON-BOULANGER

DANS la corporation des boulangers, en particulier, celui qui voulait devenir maître devait remplir un grand nombre de conditions, et ce n'était qu'après beaucoup d'années et beaucoup de formalités qu'un artisan pouvait enfin parvenir à la maîtrise.

Ainsi, Roger, lorsqu'il était devenu le fiancé de Madeleine, avait d'abord terminé ses années d'apprentissage ; puis il avait eu à prouver aux maîtres talemeliers qu'il savait bien le métier ; il avait répondu à toutes leurs questions ; il avait vigoureusement pétri une belle fournée : et il avait été jugé bon ouvrier, digne d'exercer le métier. C'est alors que son mariage avait eu lieu, et le vieux était mort tranquille quant à l'avenir de sa nièce. A la mort de l'oncle, en effet, Roger, avec ses économies et le petit héritage recueilli par sa femme, avait pu acheter le métier, comme devaient faire les boulangers.

Tous les boulangers de Paris, en effet, se trouvaient placés sous la juridiction du grand panetier du roi; et tout nouveau talemelier devait payer à ce fonctionnaire le droit d'exercer la profession. C'était même une grosse part des revenus de sa charge. Le grand-panetier était le chef des boulangers de Paris, le chef de la corporation ; le « maître du métier » n'était que son lieutenant, et c'était lui encore qui choisissait les douze jurés chargés de veiller à l'application de toutes les règles et statuts du métier.

Roger, ayant donc acheté le métier, avait été accepté comme *novice* par les jurés. Il avait pu prendre, à son tour, un ouvrier, ou comme on disait alors, un varlet. Il avait choisi un de ses compagnons d'enfance, avec qui il avait naguère travaillé ; et c'est ainsi qu'il venait de passer sans trop d'ennui les quatre longues années de stage que l'on imposait aux nouveaux patrons, aux novices, avant de le recevoir maîtres.

C'étaient là souvent quatre rudes années pour les petits débutants comme Roger et sa femme. La boutique à remettre à neuf pour attirer ou regagner les clients que la négligence du vieux avait un peu éloignés, le varlet à payer, un apprenti à nourrir et à entretenir selon toutes les règles imposées aux maîtres, dans les statuts du métier... il fallait en vendre, des petits pains, pour subvenir à ces dépenses. Et sans compter encore les tailles, les contributions de toutes sortes, à la ville ou au roi, sans compter surtout les droits qu'il fallait payer pendant ces quatre ans, toujours au grand panetier : 25 deniers à l'Epiphanie, 22 deniers à Pâques, 5 deniers et une obole à la Saint-Jean-Baptiste, 6 sous à la Saint-Martin d'hiver, et encore 1 denier et 1 obole chaque semaine ! Ainsi l'exigeait toujours le statut du métier.

Fig. 68. — Une boutique au Moyen Age (d'après une reconstitution de Viollet-le-Duc).

Mais Roger Le Passeur avait été heureux. Jamais, pendant son noviciat, il n'avait fait attendre l'intendant du grand panetier, chargé de percevoir ces droits, et à chacune des échéances celui-ci avait attesté sur une coche de bois qu'il avait bien payé, en bonne monnaie sonnante. Jamais non plus le maître du métier, quand il venait, suivi d'un sergent du Châtelet et de plusieurs jurés, n'avait surpris à ses fenêtres de pains mal faits ; et c'est à peine si, un matin, venu presque au lever du jour, il avait trouvé un pain un peu rongé par les rats, ce qui était prévu et puni par le règlement du métier. Pains d'un denier, pain de deux deniers, gâteaux dorés ou échaudés, les jurés avaient chaque fois admiré tout le beau travail du novice. Et, la bonne renommée aidant, les clients étaient venus plus nombreux. Tel riche bourgeois de la rue qui naguère encore continuait de cuire chez lui, dans un four particulier, en disant que jamais tulemelier ne ferait pain comme le sien, avait même décidé d'acheter à Roger, et ils avaient passé marché pour six beaux pains coquillés (1) à fournir chaque jour.

LA PROCESSION — Les affaires allaient donc bien, et c'était tout vibrant de douces espérances que Roger allait ce matin-là prendre rang parmi les maîtres.

Il ne leur fallut pas longtemps, croyez-le bien, pour être prêts, lui et sa femme. Vêtus de leurs plus beaux habits, ils attendaient maintenant, dans l'arrière-boutique, l'heure où la confrérie viendrait les chercher pour les conduire solennellement chez le maître du métier.

C'était comme le matin de leur mariage. Dans la petite salle obscure, où le four, éteint depuis la veille « à l'heure où l'on allume les chandelles », répandait encore une douce chaleur, les voisins, joyeux aussi, venaient tous, pour les voir. Pierre le marchand d'épices, Guillaume le tonnelier, Thomas le marchand de drap, Hubert le tavernier,

Fig. 69. — Boutique d'épicier
(d'après un vitrail de la cathédrale d'Amiens, xiiie siècle).

tous les amis, leurs femmes, leurs enfants, étaient là, et les parquets de bois faisaient entendre de petits craquements

---

(1) On appelle pain coquillé celui dont la pâte est boursouflée par la cuisson.

sous ce poids inaccoutumé. Chacun voulait les admirer, chacun leur voulait parler.

— On va voir, disaient presque tous, comme tu casseras le pot de terre !

Car c'était, vous allez voir, un usage particulier aux boulangers, et dans tous les métiers, on en parlait souvent.

Mais au milieu de tout le bruit :

— Les voici ! les voici ! cria le varlet, le bon gindre, le vigoureux pétrisseur qui guettait depuis quelque temps par la fenêtre.

En effet, la confrérie arrivait. Les douze gardes jurés marchaient en tête, autour de la belle bannière de soie, brochée d'or, qui resplendissait au soleil, et tous les talemeliers, maîtres ou varlets, suivaient, l'air recueilli et fier.

Ils s'arrêtèrent devant la porte. Le premier des jurés invita Roger à venir avec lui chez le maître du métier. Alors, portant dans les bras un pot de terre neuf, rempli de noix et d'oublies, tel que l'exigeait la coutume du métier, Roger se plaça derrière les jurés. Et à travers les rues peuplées où tous les gens se mettaient aux fenêtres, la procession se rendit chez le maître du métier.

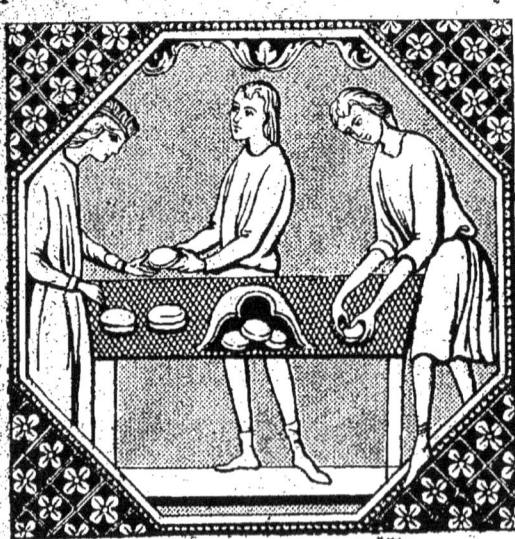

Fig. 69. — BOULANGERS FAÇONNANT LE PAIN
(Vitrail de la cathédrale de Bourges).

Celui-ci attendait devant sa porte, ayant à son côté le percepteur du grand panetier. Les jurés vinrent se ranger à l'entour, et, dans le grand cercle que formèrent tous les membres du métier et leurs premiers garçons, le novice Roger resta seul.

— Maître, dit-il après s'être incliné, j'ai fait et accompli mes quatre années.

Et ce disant, il lui présenta le pot rempli de noix et d'oublies.

LE POT DE NOIX

Alors le maître le prit, et, se tournant vers le percepteur :

— Est-il conforme à la vérité, dit-il, que Roger Le Passeur a fait et accompli ses quatre années ? Est-il vrai qu'il a régulièrement payé les redevances dues à Monseigneur le grand panetier ?

— Oui, cela est vrai, répondit le percepteur.

Alors le maître rendit à Roger son pot de terre. Et lui, de ses bras vigoureux de gindre, accoutumés à remuer la pâte, il lança le pot contre la muraille, tandis que tous les talemeliers, amusés de la vieille coutume du métier, et curieux de constater sa force, se penchaient les uns sur les autres pour mieux voir.

Ah ! ce fut un fameux coup et comme on en vit rarement de semblables dans le métier. Le pot de terre vola en miettes; les noix, les oublies furent projetées de tous les côtés.

Alors, acclamant le nouveau maître par mille cris joyeux, toute la compagnie se précipita, l'entraînant, l'enlevant presque, vers la maison du maître. Les garçons, les jeunes, les plus alertes, grimpaient en courant dans la grande salle où le festin était préparé, cependant que les plus âgés, se rappelant leur jeune temps et le jour où, eux aussi, ils avaient brisé leur pot, rejoignaient le maître, les jurés, et rentraient doucement.

Autour de la table tous se retrouvèrent. Le maître, selon l'usage, avait fourni le feu et le vin. Et, cette année-là, c'était de fameux vin. Quant au reste, sachez l'usage : chez les boulangers ce n'était point au nouveau maître, comme dans d'autres corporations qu'il incombait d'abreuver ses confrères ; chacun d'entre eux payait sa part, un denier de cotisation, et à ce prix le festin était beau.

Roger, rayonnant, était assis près des jurés. On trinqua beaucoup de fois, on dit beaucoup de bons mots, et le soir, la confrérie compta un maître de plus.

LECTURES HISTORIQUES

De Roger Le Passeur, et de tous ceux qui, comme lui, au temps jadis, brisèrent le pot, nous ne savons pas grand chose. A peine de-ci de-là, dans les vieilles chartes, un nom paraît. Et c'est ainsi que nous avons appris le sien. Au temps où les gens de Paris trouvaient que le pain était cher, en l'année 1315, ils avaient prié le prévôt de s'enquérir de l'affaire, et de voir si les boulangers ne ramassaient pas trop de sous. Roger Le Passeur fut nommé avec Pierre de Gournay pour défendre leurs confrères talemeliers et pour démontrer à tous que, s'ils avaient beaucoup de sous, on ne pouvait pas dire vraiment comme de la boulangère de la chanson, qu'ils ne leur coûtaient guère.

Fig. 71. — BOULANGERS AU FOUR
(Vitrail de la cathédrale de Bourges).

Voilà pourquoi j'ai su son nom. Mais ce qu'il faut retenir de notre histoire, ce sont les coutumes de la corporation. Quelques historiens aujourd'hui racontent qu'au Moyen Age tout ouvrier pouvait devenir maître, et ils prétendent que ce temps était moins dur que le nôtre aux artisans misérables. Il ne faut pas exagérer. Roger Le Passeur eut la chance d'être aimé par sa fiancée et protégé par un vieil oncle. Mais on a vu combien de formalités il dut remplir, combien de droits il dut payer pour parvenir à la maîtrise. Ce qui demeure vrai seulement, c'est qu'entre le vieil oncle et lui, entre lui et son compagnon, les relations étaient cordiales. Le maître et l'ouvrier vivaient en commun; leur sort était presque identique. Tel, maître aujourd'hui, pouvait demain redevenir ouvrier; et réciproquement l'employeur et l'employé étaient vraiment de la même classe.

RÉFLEXIONS. — *Cette courte description est simplement une mise en œuvres des statuts des boulangers, tels que nous les trouvons dans le Livre des métiers d'Etienne Boileau. Quant au nom de Roger Le Passeur, il nous a été fourni par un texte du temps de Louis X que cite M. Fagniez dans ses Etudes sur l'industrie à Paris aux XIIIᵉ et XIVᵉ siècles (p. 176).*

En ce qui concerne d'autre part le sens de notre récit, deux traits importants sont à noter. D'abord il faut marquer le caractère exact de la corporation, du corps de métier. C'est, on le sait, l'organisation qui groupe tous les artisans exerçant la même profession, quelle que soit son origine (collège romain, ghilde germanique, etc.) Cette organisation répond au besoin qu'éprouvent les gens d'un même métier de s'entendre contre ceux qui peuvent leur nuire, seigneurs, artisans ou marchands du dehors, mauvais fabricants et falsificateurs, etc...

Les droits que certaines corporations payaient encore au roi ou à des seigneurs rappelaient le temps où les artisans étaient serfs. Le droit payé pour s'établir était autrefois le prix dont les artisans engagés dans les liens du servage payaient à leur maître la liberté du travail.

Les règles de chaque métier étaient sévères. Elles avaient surtout pour objet d'assurer une bonne production.

Enfin nous avons tenu à bien marquer que, même au XIIᵉ siècle, il n'est pas exact qu'il fût donné à chaque ouvrier d'être successivement apprenti, compagnon et maître. Ceux qui n'étaient pas fils de maître, qui n'épousaient pas une riche héritière ou qui n'avaient pas une faculté d'économie remarquable, pouvaient travailler toute leur vie pour le compte d'autrui. Néanmoins, les frais d'établissement étant alors tout à fait peu considérables, tout ouvrier laborieux et un peu économe pouvait au XIIIᵉ siècle devenir patron. D'autre part, en raison de la vie commune, l'intimité et la camaraderie régnaient souvent entre maîtres et valets. Tous les travailleurs du XIIIᵉ siècle étaient, en somme, dans la situation de nos ouvriers qui tantôt travaillent au compte d'un patron, tantôt travaillent chez eux comme façonniers. Mais le corps de métier, nous le répétons, portait en lui des germes de monopole. Les fils de maître devaient souhaiter garder tout le commerce de leurs pères. De là des restrictions mises à l'accès aux métiers, un effort pour limiter le nombre des entreprises, et une décadence dans la situation des ouvriers.

TREIZIÈME LECTURE

Un jour de fête chez les orfèvres.

LA CONFRÉRIE

CHAQUE profession, chaque métier au Moyen Age était organisé en corporation. Mais à côté de la corporation, il y avait toujours, depuis le XIVe siècle, une ou plusieurs confréries.

On confond souvent confrérie et corporation. C'étaient cependant deux formes de sociétés entièrement distinctes.

La corporation avait pour mission de surveiller les maîtres, de vérifier s'ils fabriquaient de bons produits, s'ils ne se faisaient pas entre eux de concurrence malhonnête, s'ils traitaient bien leurs apprentis. Dans chaque profession, il n'y avait jamais qu'une corporation : le roi, gardien des bonnes règles industrielles, n'en aurait pas toléré deux.

Mais il pouvait y avoir plusieurs confréries dans un métier. Car les confréries n'avaient pour but que de célébrer particulièrement le culte d'un saint, du patron du métier, et d'organiser entre des membres du même métier des relations cordiales et presque familiales. Elles étaient un peu comme des sociétés de secours mutuels.

Chaque confrérie avait un patron : saint Eloi pour les orfèvres, saint Joseph pour les charpentiers et les menuisiers, saint Crépin et saint Crépinien pour les cordonniers, etc. Chacune dédiait une chapelle à son saint, et ornait soigneusement son autel. Chacune possédait un drap qui servait aux enterrements, un cierge qu'on portait aux

Fig. 72. — SCEAU ANCIEN DE LA CORPORATION DES ORFÈVRES DE PARIS. *Le personnage représenté est saint Eloi. On lit autour :* Confrérie des orfèvres de saint Eloi.

processions, enfin une bannière ou « bâton ». C'était sous prétexte de l'entretien du cierge ou du drap que l'on demandait de l'argent aux maîtres ou aux compagnons. Pour dire que quelqu'un était de telle ou telle confrérie, on disait par exemple : « Il est du cierge des boulangers » ou « : Il est du drap des chaussetiers. »

C'était pour chaque membre un strict devoir d'assister au mariage ou à l'enterrement d'un autre membre de la confrérie ou encore au baptême de ses enfants. Pour le pain bénit, pour la fête du saint patron du métier, pour l'entrée des rois et des reines, la confrérie se réunissait et s'efforçait de paraître avec dignité dans les processions.

Pour subvenir à ces frais, la confrérie réclamait à ses membres de nombreuses subventions. Les apprentis, à leur entrée, payaient une bienvenue. Les compagnons étrangers qui venaient travailler dans la ville devaient commencer par verser, au profit du cierge, tantôt une ou deux journées de travail, tantôt une somme déterminée. Les maîtres enfin devaient payer un droit en s'établissant. C'est que chaque confrérie tenait à briller entre toutes et à éblouir par son luxe les membres des autres métiers. Leurs fêtes étaient innombrables et magnifiques, et elles étaient souvent, au XVe siècle surtout, l'occasion de folles dépenses.

C'est une de ces fêtes que je voudrais décrire, celle des orfèvres de Paris, le 15 novembre 1403, quand ils dédièrent à leur grand patron saint Eloi la chapelle des Deux-Portes.

LA MAISON DES ORFÈVRES

Avoir, en effet, une maison à soi, une chapelle, une salle commune, et même, si c'était possible, un hôpital du métier, c'était le vœu de toute confrérie. C'était, depuis bien des années, le projet des nobles artisans qu'étaient les orfèvres de Paris. Mais les temps avaient été durs : depuis plus d'un demi-siècle, les guerres succédaient aux guerres, les émeutes aux émeutes. Après la défaite de Poitiers, en 1356, il y avait eu la révolution, faite par Étienne Marcel et les bourgeois de Paris ; après l'avènement du jeune roi, il y avait eu le soulèvement des Maillotins. Et, de tout cela, il était résulté beaucoup de misères dans toutes les communautés de métier.

Enfin, en l'année 1399, malgré les charités coutumières qu'avait faites la confrérie aux pauvres malades de l'Hôtel-Dieu ou aux prisonniers du Châtelet, malgré toutes les sommes versées aux veuves et aux orphelins et aux infirmes du métier, les six gardes qui administraient la caisse avaient pu rassembler l'argent nécessaire, et ils avaient acheté à Roger de Lapoterne, l'orfèvre de la rue des Deux-Portes, pour 400 écus d'or, son *Hôtel des Trois Degrés*, que les petits enfants connaissaient bien pour avoir souvent sauté du haut de ses trois marches. Au temps jadis, c'était là que s'élevait la chapelle de la Croix-de-la-Reine, et c'était là que la communauté voulait dédier à saint Eloi une neuve et belle demeure.

Fig. 73. — BOUTIQUE D'ORFÈVRE AU XV° SIÈCLE (d'après une miniature de manuscrit).

Ce fut certes une belle demeure. Depuis quatre ans bientôt que les maçons, les serruriers, les charpentiers, les menuisiers, les verriers y travaillaient, ils y avaient dépensé toutes les ressources de leur art.

Sur le devant, quand on entrait, on trouvait d'abord l'hôpital, une salle vaste et gaie, d'où l'on pouvait voir les passants qui se croisaient dans la rue. Déjà quatre lits étaient disposés, prêts à recevoir les pauvres affligés que le métier allait secourir.

Au-dessus, un bel escalier de bois conduisait à la salle commune, où s'assemblait la communauté ; elle était toute semblable, elle avait les mêmes vastes dimensions que la salle du bas, et, sur ses murs bien éclairés, on pouvait lire, en des cadres habilement ornés, année par année, les noms des prud'hommes de la corporation.

Enfin, tout au-dessus, c'étaient d'agréables chambres, où devaient loger le chapelain, son clerc, et tous les domestiques de la communauté. Car, pour desservir la chapelle et pour soigner les malades, la communauté avait voulu, elle aussi, avoir son chapelain, son clerc et ses serviteurs.

Tout cela n'avait pas été sans mal ; et les six gardes de l'année 1403 savaient ce qu'il leur en avait coûté de démarches, de négociations, de prières, pour obtenir de Monseigneur Pierre d'Orgemont, évêque de Paris, l'autorisation d'avoir, à eux, leur chapelain et leur clerc. Tout le chapitre et le curé de Saint-Germain l'Auxerrois auraient bien voulu, en effet, garder dans leur paroisse la riche fondation des orfèvres, car ils savaient que le métier était riche et généreux, et c'eût été vraiment une bénédiction que de servir si honnêtes gens. Mais les orfèvres avaient lutté ; contre les prêtres subtils, ils avaient intrigué à leur tour ; et comment l'évêque aurait-il pu résister à ces délicats artistes dont les chefs-d'œuvre ornaient tous les autels de sa métropole ? Le roi lui-même, quelques années auparavant, ne les avait-il pas tous anoblis ? Comment l'évêque aurait-il pu se montrer moins généreux que le roi ?

Le prudent prélat avait donc été sourd à la protestation du chapitre de Saint Germain, et, depuis trois jours déjà, les gardes des orfèvres montraient à qui voulait la voir la charte, scellée du sceau de l'évêque, qui leur donnait la permission attendue. L'évêque autorisait ses très chers gardes de l'orfèvrerie de Paris à avoir leur chapelle, à avoir leur hôpital, « à recevoir et entretenir, avec les aumônes, rentes et autres revenus de leur communauté, leurs confrères orfèvres, affaiblis par la vieillesse ou accablés sous le poids de la pauvreté et de la misère ». Bien plus, le bon évêque promettait des faveurs particulières, après leur mort, à ceux qui visiteraient l'hôpital et lui feraient des dons au profit des pauvres orfèvres.

FÊTE D'INAUGURATION

Aussi étaient-ils pleins de fierté et de joie, par cette fraîche matinée de novembre, les six gardes de la communauté et gouverneurs de l'hôpital de Saint-Éloi, Jean Demancrois, Jean de Boinville, Robert Boisselin, Pierre de Saint-Maur, Jean Hébert et Olivier Sarrasin, lorsqu'ils s'avançaient en procession, derrière la bannière de la confrérie, entre les deux longues files des maîtres, des varlets et des apprentis. Tous avaient revêtu les longues robes de velours rouge, à collet et à manches pendantes, qu'ils avaient coutume de porter lors des grandes entrées royales, lorsqu'ils marchaient à la tête de tous les métiers. Et, sur le parcours, les spectateurs s'émerveillaient de leur grande croix d'argent dorée qui pesait dix-huit marcs cinq onces, de leur bannière rouge à l'image d'or, et de leur énorme cierge orné de rubans.

A la porte de la chapelle, le desservant attendait. La procession pénétra ; et malgré la sainteté du lieu, malgré la piété de tous, un murmure monta sous la nef : chacun voulait témoi-

Fig. 74. — ARMES DE LA CORPORATION DES ORFÈVRES DE PARIS. Sur la banderole, on lit distinctement la devise : In sacra inque coronas. (Vases sacrés et couronnes.)

gner à son voisin toute son admiration. Au-dessus de l'autel étincelant de pierreries, les armes du métier resplendissaient : de gueule (c'est-à-dire sur fond rouge), à la croix dentelée d'or, accompagnée de deux coupes et deux couronnes. Deux anges, peints par un habile artiste, semblaient les porter, et l'inscription latine, inscrite sur une banderole : *In sacra inque coronas* (dans les vases sacrés et dans les couronnes), rappelait à tous le double travail que les ouvriers du métier avaient coutume de faire, pour la majesté des princes et pour la gloire de Dieu. « *Orfèvre ne déroge pas,* » dit le vieux proverbe, c'est-à-dire : un homme noble peut exercer le travail d'orfèvre, sans devenir par là même un roturier. Tous les membres du métier se souvenaient de leur noblesse et se sentaient heureux d'orgueil, en voyant la puissance de leur corporation.

De toutes parts, d'ailleurs, des merveilles sollicitaient les regards. Sur les vitraux, les maîtres verriers avaient retracé la vie de saint Éloi, son apprentissage chez Abbon, l'histoire de ses deux chaises, son élection comme évêque, et les miracles qu'il accomplit.

Fig. 75. — ATELIER D'ORFÈVRE, d'après une gravure de Jost Amman (XVIᵉ siècle).

Autour de l'autel, les grands chandeliers d'argent, qui appartenaient à la confrérie et qui pesaient plus de cinq marcs chacun, encadraient le tabernacle ; et les draps de soie à l'image de saint Éloi retombaient de la sainte table.

Tous étaient heureux de retrouver là les richesses qu'ils aimaient depuis leur enfance. Varlets et maîtres étaient également émus.

LES HYMNES DE SAINT ÉLOI

Alors l'office commença, un long office à notes, comme on disait, c'est-à-dire une messe solennelle où furent chantées selon la coutume les hymnes du métier. C'étaient des hymnes en latin, très simples et très curieuses ; et beaucoup sans doute ne savaient plus trop ce qu'elles voulaient dire. Mais c'étaient les vieux airs qu'ils avaient toujours entendus aux fêtes de la communauté ; et ils leur semblèrent cette fois encore plus graves et plus émotionnants. Certains connaissaient le sens, et ils l'expliquaient aux autres. Le vieux chant faisait allusion à la vie de l'orfèvre-évêque ; et il comparait sans cesse son métier et sa fonction.

« L'ouvrier, disait l'hymne, était devenu évêque ; et l'évêque était comme un orfèvre de l'esprit. Sa parole, elle frappait chaque coup, à bon escient, comme son *marteau*. Son application, elle était constante comme le feu de son *fourneau* ; l'inspiration divine vivifiait sa parole comme le *soufflet* active la flamme, et son obéissance à Dieu était toute semblable à la soumission de son *enclume*. » Voilà ce que contaient les hymnes de saint Eloi, et les orfèvres se sentaient pleins de dévotion et d'espérance, lorsqu'ils les entendaient ensemble.

Enfin le chapelain prêcha, et fort éloquemment : il dit une fois encore les vertus de saint Eloi et celles de tout le métier. Pouvait-il dire autrement ? Il rappela aux varlets — et quelques-uns des maîtres mêmes pouvaient en faire profit — que les confréries étaient faites « pour le salut de leur âme », et non pour leur damnation. Ce qui voulait dire sans doute, à qui le savait entendre, qu'il ne faudrait point trop boire, dans le festin qui suivrait, et qu'il faudrait se lever, aussitôt les grâces dites.

Fig. 76. — Les orfèvres parisiens portant la châsse de Sainte-Geneviève (d'après une gravure du temps de Louis XIII). Cette gravure est donc un peu postérieure au temps de notre récit. Mais les orfèvres représentés portent la couronne de roses comme ils la portaient déjà au XIVe siècle, dans les processions.

Mais ce ne sont là pas choses qu'on entend facilement, aux jours de fête de saint Eloi. La messe dite, les orfèvres firent bonne chère ; ils célébrèrent leur saint patron par force coups de bon vin ; ils rirent beaucoup et chantèrent ;

TREIZIÈME LECTURE

t, ce soir du 15 novembre, en quelques coins de Paris, les sergents du guet recueillirent de bons compagnons orfèvres qui décrochaient les enseignes ou faisaient farces accoutumées. Ainsi finissaient beaucoup de fêtes, au bon vieux temps... comme aujourd'hui.

RÉFLEXIONS. — *Le fond de notre récit nous a été fourni par le livre de P. Lacroix sur l'Histoire de l'orfèvrerie-joaillerie ; des détails, par quelques-unes des pièces publiées par M. Fagniez dans l'ouvrage que nous avons cité sur l'Industrie à Paris aux* XIIIe *et* XIVe *siècles.*

Nous avons tenu à bien mettre en garde, dans le récit même, contre la confusion si souvent faite entre le métier ou corporation, et la confrérie. Nous n'y revenons pas. Il nous faut ici insister sur un autre trait : si les maîtres seuls avaient part à l'administration du métier, dans la confrérie, au moins à l'origine, maîtres et varlets avaient mêmes obligations et mêmes avantages. Mais l'évolution qui se produisit dans la corporation ne tarda pas à se faire sentir aussi dans la confrérie. Au fur et à mesure que la maîtrise devint moins accessible, les ouvriers se trouvèrent de plus en plus relégués dans une condition inférieure, à l'intérieur même de la confrérie. De là, des revendications qu'ils formulèrent au XVe *et au* XVIe *siècle ; de là des institutions de garantie qui leur furent accordées, comme celle des bayles-compagnons, c'est-à-dire des administrateurs, ouvriers, de certaines confréries du Midi ; de là enfin la constitution de confréries ouvrières indépendantes. Dans la confrérie comme dans la corporation, l'égalité des patrons et des ouvriers ne fut que passagère, presque exceptionnelle : les deux classes ne devaient pas tarder à se différencier.*

QUATORZIÈME LECTURE

Les Maillotins

LE PEUPLE NE VOULAIT PLUS PAYER

C'ÉTAIT en l'année 1382. Il y avait déjà quelque dix-huit mois que le roi Charles V était mort. Il avait été, au jugement des historiens, un bon roi. Il avait fait de grands travaux ; il avait empêché les Anglais de piller son royaume et il avait reconstitué une armée. Mais ses sujets avaient appris, comme nous avons appris nous-mêmes, qu'on n'a point d'armée sans argent, et ils avaient été contraints de lui payer force impôts.

Or, tant lever de lourds subsides, réduire ainsi le pauvre peuple au désespoir, n'était-ce pas une honte pour un roi ? « Sûrement, disaient les Parisiens, lorsqu'il s'était vu sur le point de mourir, ce roi Charles, si sage, si prudent, avait dû ordonner d'abolir les impôts, pour ne pas être sévèrement jugé par Dieu et tourmenté du diable en l'autre monde. »

Le bruit avait ainsi couru dans les boutiques, et on avait répété aux Halles que le défunt roi, à l'article de la mort, avait aboli les impôts. Lorsque le prévôt des marchands et les délégués des métiers, après la belle entrée du jeune roi Charles VI, étaient allés crier leur misère devant les princes, ses oncles, le duc d'Anjou, malgré sa mauvaise volonté, avait reconnu que le bruit qui courait était vrai. Il avait déclaré qu'on ne lèverait plus de taxes pour l'entrée et la sortie des marchandises. Quelques jours plus tard, des juifs usuriers avaient été massacrés. Le petit peuple des métiers avait ainsi montré qu'il en avait assez de tous ceux qui suçaient son argent.

Mais les Parisiens demeuraient inquiets. Car ils savaient que le duc d'Anjou méditait toujours de rétablir les taxes. A la mort du feu roi, ce méchant prince avait fait main basse sur tous les meubles, toute la vaisselle, tous les joyaux. Il voulait certainement s'enrichir avec l'argent du pauvre monde. On disait qu'il projetait de donner encore de magnifiques fêtes, comme celle de l'entrée du roi, où, dans les rues tapissées comme les murs d'une église, des fontaines artificielles avaient versé une eau limpide, et du lait, et du vin. Mais si les gens du peuple aimaient les belles fêtes, ils ne pouvaient consentir de lourdes taxes, pour les payer.

A sept reprises déjà, pendant le cours de l'année 1381, le duc avait convoqué les nobles, les évêques, les notables, bref tous ceux qui ne souffraient point préjudice des impôts ou qui espéraient s'en enrichir, et il leur avait demandé d'approuver de nouveau une taxe de douze deniers par livre de marchandise. Nobles et évêques avaient consenti : le sacrifice, en effet, ne leur coûtait rien, puisqu'ils ne payaient pas les taxes.

Fig. 77. — UNE PROCESSION AU XVe SIÈCLE (d'après un manuscrit du XVe siècle). Les porteurs du dais, sont des orfèvres, reconnaissables à leurs couronnes de roses. La ville est Paris. A gauche est la célèbre maison des Piliers, qui tenait lieu d'Hôtel-de-Ville. Au fond par-delà la Seine, la Cité.

Mais les gros bourgeois eux-mêmes étaient disposés à voter les taxes par amour de la paix et pour ne pas engager une querelle avec le noble duc.

C'est que les gros bourgeois étaient devenus, depuis déjà bien des années, à Paris comme dans les autres grandes villes d'Europe, des gens paisibles et dévoués aux puissants. De plus en plus ils se séparaient du pauvre monde. Jadis, au temps des communes, les grands marchands ou les représentants des métiers les plus riches avaient lutté avec les simples artisans contre l'insolence des seigneurs. Naguère encore, ils s'étaient montrés courageux, avec le prévôt des marchands, Etienne Marcel. Désormais, ils avaient peur des petites gens, peur des compagnons ou même des maîtres des métiers inférieurs, et ils étaient disposés à s'entendre contre eux avec les nobles ou les princes royaux.

Ces gros bourgeois savaient bien qu'ils ne pourraient pas convaincre le peuple de Paris de laisser rétablir les impôts. Ils avaient voulu cependant user de tous les moyens : ils avaient prié deux sages hommes, deux bons conseillers du roi, personnages vertueux et aimés de tous, Pierre de Villiers et Jean Desmarets, d'aller trouver encore les petites gens et de les persuader de payer. Les Parisiens, pensaient-ils, écouteraient ces deux hommes. Mais leur espoir avait été déçu.

Fig. 78. — Gens de métier (d'après une miniature d'un manuscrit du xive siècle.)

— Non, non ! Pierre de Villiers, avaient répondu les petites gens, nous vous aimons bien, mais nous ne voulons plus payer ; nous ne paierons plus jamais. Seulement, dites bien aux gros marchands qui vous envoient, que nous les surveillerons, et que s'ils consentent les impôts, nous les punirons, eux aussi.

Ainsi grandissait, chaque jour, dans la ville, la méfiance du menu peuple, des artisans, des varlets, des apprentis. Il y avait partout des réunions nocturnes : les hommes y parlaient haut, en fronçant le sourcil, et ils disaient d'étranges et violentes choses contre les nobles, les prêtres où les riches marchands. Certains racontaient que les ouvriers des métiers mécaniques de Rouen s'étaient rebellés, qu'ils avaient élu roi un bourgeois ventru surnommé le Gras, et qu'ils l'avaient obligé à ordonner le meurtre des percepteurs d'impôts. D'autres encore lisaient des lettres qui arrivaient de Flandre et racontaient que les Gantois étaient entrés en guerre contre Louis de Mâle, leur comte détesté. Et l'on rapportait enfin qu'en Angleterre il en était de même. « Partout, disait-on, les pauvres gens se soulèvent contre les nobles et les princes. Ah! que le duc d'Anjou ne s'avise point de rétablir les subsides. Les gens de Paris sauront lui montrer qu'ils ont du courage, eux aussi. »

LA RÉVOLTE DES PARISIENS

En dépit de toute cette agitation, le duc avait cependant décidé de frapper un grand coup le dernier jour de février 1382. A l'heure où il y a beaucoup de monde autour des Halles, un crieur, aux couleurs du roi, parut. Il était monté sur un vigoureux et ardent cheval, et tel qu'ont coutume d'en avoir plutôt chevaliers que crieurs. Il sonna, assembla la foule. Il dit d'abord mille choses comiques pour attirer, puis il raconta, en criant de toutes ses forces, qu'on avait volé des plats d'or dans le palais, et que le roi promettait pardon, éloges ou récompense à celui qui les rapporterait. Dans la foule chacun riait : « Etait-ce bien là chose croyable? Le roi n'avait-il donc point et ses juges et ses sergents pour retrouver un voleur? Tu nous la bailles belle, crieur! » Et chacun de plaisanter.

Fig. 79. — BOUCHER ASSOMMANT UN BŒUF (d'après un vitrail de la cathédrale de Chartres), XIII° siècle.

L'autre alors, les voyant tout curieux et amusés, et discutant vivement entre eux, piqua tout à coup son cheval, et cria, en s'enfuyant, qu'on lèverait l'impôt le lendemain.

Une clameur de colère lui répondit; quelques-uns voulurent s'élancer à sa poursuite. Mais le cheval était bon, l'homme était déjà loin. « C'est un mensonge, disaient certains; c'est une farce sinistre. » Et d'autres expliquaient qu'on avait voulu sans doute éprouver si le peuple résisterait comme il le disait. Mais tous étaient d'avis qu'il fallait prendre garde. Bientôt la nouvelle se répandit par la ville. La nuit, des réunions nouvelles eurent lieu; et dans les arrière-boutiques, de terribles serments furent de nouveau échangés.

Or le lendemain, premier jour de mars, dès le matin, il y eut, de vrai, des percepteurs sur le marché. L'un d'eux osa se déclarer; il demanda un sol à une vieille femme qui vendait du cresson. Aussitôt ce ne fut qu'un cri sur toute la place : le percepteur fut saisi et assommé.

Alors, la colère populaire se déchaîna. C'en était trop, cette fois : il fallait empêcher à jamais les collecteurs d'être seulement tentés de lever les subsides. Furieuse, la foule se précipita vers la maison des Piliers qui était alors comme l'Hôtel de Ville de la cité parisienne. En quelques instants, tous s'emparèrent des piques, des épées, des lourds maillets de fer tout neufs qui devaient servir, s'il était besoin, à la défense de la ville. Ils les essayèrent sur la tête des collecteurs; partout, ils les cherchèrent, ils les traquèrent. L'un d'eux s'était réfugié à l'église Saint-Jacques, et tenait la statue de la Vierge embrassée; il fut égorgé sur l'autel. Puis les Maillotins (c'est ainsi que s'appelèrent les révoltés, à cause des maillets dont ils s'étaient armés) pillèrent les maisons de leurs victimes; ils tuèrent encore des juifs et saccagèrent leurs biens, mais ils ne purent forcer le monastère de Saint-Germain-des-Prés, où quelques-uns, croyaient-ils, s'étaient réfugiés. Des boutiques furent pillées et aussi des celliers, où le vin coula en abondance,

Fig. 80. — CHARCUTIER (d'après un vitrail de Notre-Dame de Semur), XIVᵉ siècle.

Sur le soir, le Châtelet fut forcé. Les révoltés voulaient délivrer les prisonniers pour dettes, ceux qui avaient souffert de la rapacité des usuriers et des nobles, et aussi les prisonniers de l'évêque.

A ce moment, un souvenir revint : Aubriot était là, dans un cachot du Châtelet. Hugues Aubriot, c'était le conseiller du feu roi Charles V, c'était l'ancien prévôt de Paris, qui avait beaucoup prêté aux nobles et que les nobles avaient tenté de faire pendre pour ne point le rembourser. Mieux encore, Aubriot était l'ennemi des prêtres, un railleur, un blasphémateur qui avait foulé aux pieds tous les privilèges de l'Université, et que l'évêque venait de faire condamner à la pénitence perpétuelle. Quelques-uns, sans doute, parmi les hommes du peuple, avaient eu à souffrir de sa sévérité. Mais, ils en étaient assurés, ce serait seulement contre les nobles et les prêtres qu'Aubriot serait sévère dorénavant. Le peuple le délivra et l'acclama comme son capitaine.

La nuit qui tombait alors fut une nuit de fêtes et d'alarmes. Tandis que les Maillotins buvaient et chantaient, leur capitaine se retira d'abord dans sa maison, puis, pressentant le sort qui l'attendait presque fatalement, il s'enfuit bien vite en Bourgogne, son pays natal. L'évêque, les nobles, les principaux bourgeois, le prévôt même, s'étaient enfuis aussi, dès le matin, dissimulant leur peur,

Fig. 81. — Charron et tonnelier (d'après un vitrail de la cathédrale de Chartres), xiiie siècle.

sous le vain prétexte qu'ils ne voulaient avoir aucun rapport avec des hommes révoltés contre leur roi. Mais les riches artisans, les maîtres des métiers les plus riches, de ceux qu'on appelait les six corps, n'avaient pu s'enfuir. Inquiets à leur tour pour leurs demeures, ils résolurent de prendre les armes ; par petites escouades, ils furent plus de 10.000 qui passèrent la nuit à garder les rues, attentifs aux chants joyeux qu'ils entendaient de toutes parts résonner dans les ténèbres.

Ils étaient là, timides et méfiants, redoutant pour eux-mêmes quelque nouveau pillage, eux qui auraient pu entraîner toutes les forces populaires, eux qui auraient pu dire comme autrefois, à ces hommes hardis et simples ce qu'il fallait faire.

Seul, le vieux Jean Desmarets, qui avait été dans sa jeunesse partisan d'Etienne Marcel, et qui restait encore l'ami et le conseiller des petites gens, leur dit au moins ce qu'il fallait ne pas faire, et arrêta leurs excès.

LES PRINCES ATTENDENT LEUR VENGEANCE

Cependant le roi, irrité, revenait en hâte vers Paris. Il avait châtié les Rouennais et leur roi de comédie. Allait-il de même châtier les Parisiens, renverser leurs portes de ville, décapiter les émeutiers, et reprendre toutes les franchises ?

L'Université et Desmarets encore intervinrent. D'autres bourgeois vinrent supplier que « l'ardeur imprudente d'une populace inconsidérée ne tournât point au détriment des gens de bien ». Le roi promit amnistie. Porté dans sa litière à travers les rues, Jean Desmarets annonça la bonne nouvelle, mais il pria, il supplia à son tour ses bons amis les artisans d'obéir aux volontés du roi. Il ne put empêcher que quelques coupables ne fussent jetés, cousus en un sac, en Seine, secrètement, pendant la nuit. Mais, du moins, les Parisiens ne furent pas contraints de payer gabelle ni aides. Et moyennant 100.000 francs d'or, les gros bourgeois qui craignaient pour eux-mêmes purent rétablir leur douce paix avec le roi. Ils avaient vu dans la campagne leurs propriétés pillées et brûlées par les soldats du duc d'Anjou ; dans la ville, des Maillotins avaient marqué leurs portes à la craie, et semblaient les menacer de prochaines vengeances ; ce fut avec grande joie et soulagement qu'ils chantèrent le *Te Deum*, lorsqu'au son de musiques mélodieuses le petit roi rentra dans Paris.

Mais c'est chose bien précaire que parole de gouvernant. Les oncles du roi avaient cédé : ils avaient, une fois encore, renoncé à tous impôts, mais uniquement parce que la révolte grondait dans les Flandres, et parce que le duc d'Anjou, le néfaste conseiller, voulait partir, tranquille, guerroyer en Italie. Ils n'attendaient qu'une occasion pour revenir sur leur parole.

Or, quelques semaines à peine après la révolte des Maillotins, le duc de Bourgogne, l'autre oncle, conduisait le petit roi au massacre des Flamands. Les chevaliers français parvenaient à vaincre les révoltés des grandes communes du Nord. Et dans la plaine de Roosebeck, le duc pouvait montrer au jeune Charles VI, à cet enfant de 14 ans, d'esprit faible et de cœur étroit, les milliers et les milliers de corps humains, transpercés ou étouffés, qui gisaient là. Il lui disait qu'il était, lui, l'auteur de ce hideux carnage, puisqu'il avait donné le signal du combat. Ivre de sang, le jeune roi, ayant appris qu'on gardait à Courtrai, depuis la défaite de Philippe le Bel, cinq cents éperons de chevaliers français, ordonnait qu'on mît la ville à sac et qu'on la brûlât. Dans son triomphe orgueilleux, qu'allait-il faire de Paris ?

Fig. 82. — Marchand de draps (d'après un vitrail de la cathédrale de Chartres), XIIIᵉ siècle.

Paris était demeuré sage, comme le lui avait demandé, au départ, le duc de Bourgogne. Paris ne s'était point soulevé. Quelques-uns sans doute en avaient eu la velléité ; mais Nicolas le Flamand, un vieux et riche marchand drapier, jadis ami d'Etienne Marcel, et le bon Jean Desmarets les avaient dissuadés de commencer mal à propos chose dont ils pourraient se repentir. Peut-être avaient-ils eu tort, car la révolte alors eût été prudence.

LA DURE RÉPRESSION

Lorsque le roi arriva, en effet, les Parisiens, pour faire montre de leur puissance et pour lui prouver que c'était volontairement et non par faiblesse qu'ils avaient respecté leur engagement envers lui, résolurent de le recevoir solennellement. Tous ceux qui pouvaient porter des armes s'assemblèrent dans la plaine Saint-Lazare en longues files : il y avait un corps d'arbalétriers, un corps armé d'épées, un corps armé de maillets, de ces dangereux bâtons de fer propres à défoncer les nobles heaumes et les beaux bassinets des chevaliers. Ils étaient bien là, vingt mille Maillotins, défiant sans aide le plus haut seigneur du monde.

Fig. 83. — Charles VI rentrant à Paris après la révolte des Maillotins (d'après une miniature d'un manuscrit de la Bibliothèque nationale).

Mais la noblesse, victorieuse à Roosebeck, ne craignait plus les bourgeois. Les gens d'armes jetèrent bas les barrières : les portes, arrachées de leurs gonds, servirent de chaussée aux chevaux du roi. Et le gamin royal, faisant son personnage, sa lance sur la cuisse, ne saluant personne, se rendit à Notre-Dame.

La noblesse victorieuse avait retrouvé son audace. Alors ce fut un temps de proscriptions et d'exécutions. Un orfèvre d'abord, puis un marchand de drap, furent mis à mort, puis une centaine d'honnêtes gens, coupables seulement d'avoir contenu les violents, de ne s'être pas enfuis, tremblants, devant le peuple soulevé. Nicolas le Flamand fut décapité, et aussi, au milieu des larmes de tous, le courageux et bon Jean Desmarets.

— Demandez merci au roi pour vos forfaits, lui dit-on devant le bourreau.

— J'ai bien et loyalement servi deux rois avant ce jeune maître qui n'est point responsable : je ne demande merci qu'à Dieu, répondit-il.

Enfin, on machina une scène de clémence : devant une tente magnifique, où siégeait le petit souverain, entouré de ses oncles, la foule parisienne vint supplier ; elle entendit le chancelier lui rappeler tous ses crimes depuis le roi Jean, depuis les États généraux qui avaient suivi Étienne Marcel ; elle entendit longuement ce ministre maudire ses trahisons, réclamer contre elle les plus durs supplices. Les femmes qui avaient leurs maris en prison sanglotaient et se lamentaient. Les oncles du roi, comme il était convenu à l'avance, se jetèrent à ses pieds, et il fit grâce.

Il fit grâce ; mais désormais les crieurs publics purent annoncer, à son de trompe, que les anciens impôts, augmentés de nouveau, seraient payés par tous. Les chaînes des rues furent portées à Vincennes, et toutes les corporations, placées sous le contrôle du prévôt du roi, ne purent plus désormais élire leurs jurés ni leurs maîtres. Plus d'assemblées de métiers ni de confréries ; à peine le droit de se rendre ensemble à l'église et d'en revenir.

Un peu plus tard, il est vrai, en 1388, les corporations recouvrèrent quelques-uns de leurs privilèges. Mais plus que jamais les gens des hauts métiers et les petits artisans se sentirent séparés, et souvent, dans la même boutique, le compagnon et son maître furent hostiles l'un à l'autre.

RÉFLEXIONS. ❦ *Cette révolte parisienne des Maillotins montre bien comment au XIV*ᵉ *siècle la division s'accentua entre la bourgeoisie riche et les corps les plus humbles ou les ouvriers. C'est le grand fait social de l'époque. La révolte des Maillotins opposa surtout politiquement des maîtres et des ouvriers. Les récits suivants nous montreront comment s'affermit en même temps le privilège économique de la classe des maîtres.*

Les principaux traits de notre récit ont été extraits de la Chronique du Religieux de Saint-Denis.

QUINZIÈME LECTURE

L'apprenti du couturier.

Aux XII° et XIII° siècles, dans chaque corporation, tout le monde vivait en bonne intelligence. Il y avait des règles sûres à peu près observées. Maîtres, ouvriers, apprentis, connaissaient bien leurs droits et devoirs.

Mais, au cours des luttes du XV° siècle — l'histoire des Maillotins l'a bien montré déjà — on sentait la formation de classes différentes ; et à l'intérieur de chaque profession les intérêts s'opposaient.

Tout d'abord, les apprentis n'étaient plus l'objet des mêmes soins ni de la même bienveillance de la part des maîtres.

Les vieux règlements très sévères, qui avaient fixé autrefois les obligations des patrons, n'avaient point été abrogés. Ceux-ci devaient toujours, comme autrefois, donner aux jeunes gens des contrats d'apprentissage écrits, indiquant nettement : le nom des contractants ; les noms des témoins ; la cause du contrat ; la durée, qui variait, en fait, de deux à sept ans ; les obligations réciproques ; quand il y avait lieu, le droit d'entrée.

Ils devaient toujours, ainsi que le prévoyaient les vieux statuts, bien traiter les jeunes gens et les bien instruire dans le métier.

Mais les jurés ne veillaient plus à l'application des vieilles règles. Les pâtissiers de Paris envoyaient les apprentis vendre des gâteaux par la ville au lieu de leur enseigner la manière de les faire ; les compagnons imprimeurs en faisaient leurs souffre-douleurs, et les lassaient en les envoyant constamment en course. Ils n'apprenaient plus le métier. Par surcroît, ils étaient souvent mal nourris et maltraités ; aussi, malgré les châtiments dont on les punissait, les escapades d'apprentis devenaient-elles de plus en plus nombreuses.

Une petite pièce, une farce de la fin du XV° siècle, la Farce du couturier met en scène un couturier, ou si l'on veut, un tailleur, avec son apprenti. Nous allons la résumer. Ce sera plus vivant encore qu'un récit. Malheureusement nous avons été contraint de traduire les vers anciens en français moderne. Dans la plupart, le rythme s'est trouvé brisé, et les rimes mêmes ont souvent disparu. Nous avons gardé cependant la disposition typographique de la poésie, afin de demeurer le plus près possible du texte. Nous nous excusons de ces adaptations si déplaisantes pour les lettrés.

La scène représente l'atelier du couturier. Le maître et l'apprenti Esopet, sont au travail. Mais on voit aussi la rue et les passants.

QUINZIÈME LECTURE

I

LE COUTURIER.

Esopet, pour que je ne l'oublie,
donne-moi sur mon établi
mes ciseaux, mon fil et
mon dé,
afin que, si j'étais demandé
pour aller tailler un habit,
rien ne me fasse défaut.
J'ai vu le temps
— il est bien passé —
où le travail lassait le couturier...
Mais aujourd'hui tout est
plus froid qu'un glaçon.

ÉSOPET.

Eh ! c'est parce que vous ne faites
rien à la façon du temps présent.

Fig. 84. — Tailleur (début du xvii⁰ siècle).

LE COUTURIER.

Qu'est-ce donc que je fais, garçon ?

ÉSOPET.

Eh ! vous taillez toujours des jaquettes
comme au temps des robes à pompettes.
Si vous ne taillez pas comme on veut maintenant,
il faudra fermer la boutique.

LE COUTURIER.

Ah ! par Dieu, il n'y a pas dans la ville
de couturier plus habile que moi

pour tailler un habit convenable,
un véritable habit de fête,
et chacun, aussi, reconnaît mon art
à découper une robe.

ESOPET.

Et c'est pour cela que je suis devenu votre apprenti ;
et que je le suis, depuis deux ans déjà,
sans rien toucher !

LE COUTURIER.

Je pense bien !
A quoi donc me sers-tu ? A rien,
si ce n'est à garder la boutique, lorsque d'aventure
on me demande en ville,
pour aller chercher de la couture.

ESOPET.

Au moins reconnaîtrez-vous que je vous sers
à enfiler les aiguilles !

LE COUTURIER.

Ah ! les apprentis de nos jours
sont maintenant plus fiers que les maîtres.
Prends garde ! si j'empoigne un bâton rond,
je te ferai bien tirer tes guêtres.
... Mais je suis triste vraiment que personne
ne me mette en ouvrage pour besogner,
car j'ai tant besoin de gagner !
Voici le pain qui est enchéri !
Il y a ce garçon que je nourris !
Et il est tellement friand et gourmand
qu'il mangerait plus qu'un Allemand !
En son habit, il ne peut seulement se tourner,
tant il est gras !

ESOPET.

C'est donc que cela engraisse de jeûner !
Car, par ma foi, je n'ai pas vu, à la maison,
mettre le pot-au-feu, de toute la semaine.

QUINZIÈME LECTURE 121

Voilà bien de quoi avoir la panse pleine,
et ce patron prétend que je suis à l'aise.

LE COUTURIER.

Esopet, n'ayons point de noise :
puisque tu veux apprendre le métier,
puisque tu veux apprendre à tailler, à coudre, à reprendre,
il te faut avoir bon courage.

ÉSOPET.

C'est bientôt dit : « il faut attendre »...
Mais je crois que voici de l'ouvrage.

II

En effet, voici venir un gentilhomme et sa chambrière ; le gentilhomme veut que sa chambrière se marie ; il lui a donné de l'étoffe ; il ne lui reste plus qu'à aller chez un couturier. Et dans la rue, tandis qu'ils avancent, il le lui conseille.

LA CHAMBRIÈRE.

J'ai déjà un couturier tout trouvé.

LE GENTILHOMME.

Eh bien ! donc, vous lui parlerez,
et ainsi vous discuterez de la façon de vos vêtements.

LA CHAMBRIÈRE (*qui aperçoit Esopet sur le pas de porte*).

C'est le maître de ce garçon, Esopet.

LE GENTILHOMME.

C'est fort bien.
Nous lui porterons le drap,

Fig. 85. — LE COURTISAN ET SA DAME. *Cette gravure et les trois suivantes sont reproduites d'après le joli recueil intitulé* Habits de France *et conservé à la Bibliothèque nationale. Ce recueil contient une série de costumes du règne de Louis XII. C'est, pour ainsi dire, l'œuvre de notre couturier qu'il nous montre*

et nous le ferons tailler devant nous;
car couturiers et couturières
ont toujours à faire des bannières,
à ce que j'ai entendu autrefois
raconter.
Ils ne se font certes pas faute de rogner sur le drap de
 leurs clients.

LA CHAMBRIÈRE.

Bien, j'y vais
en me dépêchant.

III

Cependant Esopet et le maître travaillent.

LE COUTURIER (*chantant*).

Ils mènent bonne vie et bon ébattement,
Les gentils couturiers, quand ils ont de l'argent.

ÉSOPET.

Ah ! voilà mon maître re-
parti à chanter !

LE COUTURIER.

Qu'as-tu encore à raconter ?
Je puis chanter et déchanter, si
c'est mon plaisir.
Toutes tes réflexions ne m'en
empêcheront pas, par exemple !

(*Esopet sort.*)

IV

Fig. 86. — UNE SERVANTE ALLANT AU MARCHÉ.

Mais voici la chambrière revenue.

LA CHAMBRIÈRE (*à elle-même*).

Pour qu'il me fasse robe belle,
je porterai au couturier
cette perdrix, avec une aile
de chapon, que je lui donnerai.
(*Au couturier.*) .... Dieu vous garde, maître !

QUINZIÈME LECTURE

LE COUTURIER.

Dieu vous garde, belle !
Que vous faut-il ?

LA CHAMBRIÈRE.

Il faut, Sire, que vous soyez
mon couturier ; mais je voudrais
que ce fût bien fait.

LE COUTURIER.

Que je voie d'abord
si vous êtes capable de bien porter
un beau vêtement.
Oui, votre taille est élancée et droite.
Quand une fois vous serez bien habillée,
je serais bien surpris si on ne se bat pas
pour vous avoir en mariage.

LA CHAMBRIÈRE.

Faites-moi donc un ouvrage
qui soit bien séant et plaisant.
Voyez, je vous donne
une perdrix et une portion d'un chapon,
qui est bien gras, j'en réponds.
Mais gardez-en quelque lopinet
pour votre garçon Esopet,
puisqu'il ne se trouve pas ici.

Fig. 87. — DAMOISELLE DE PARIS.

C'est un bon garçon que je connais,
et qui doit, lui aussi, avoir quelque plaisir.

LE COUTURIER.

Ah ! c'est tout un. Quand même il serait ici,
Esopet ne mange point de chapon ni de perdrix.
Il est si difficile à nourrir !

Que cela ne vous inquiète pas ; allez me chercher votre drap.

LA CHAMBRIÈRE.

Toutefois, beau sire,
sur votre âme, croyez-vous bien
que votre garçon ne saurait
manger un bon morceau, si on le lui donnait ?

LE COUTURIER.

En aucune manière. S'il va chez vous,
gardez-vous bien de lui donner seulement
un morceau de venaison.

LA CHAMBRIÈRE.

C'est bien ; il y a d'ailleurs foison
de bœuf, de mouton et de porc.
Allons, je vais chercher mon drap,
et nous boirons à plein hanap
de bon vin, soit vieux, soit nouveau.

LE COUTURIER.

Et par monseigneur saint Marceau,
Esopet n'en aura pas.
Il est vraiment trop gourmand ;
qu'il se repaisse de pain et d'eau,
s'il veut ; ces bonnes choses seront
pour moi.

(*Le couturier sort.*)

V

Mais voici le tour d'Esopet, qui revient.

LA CHAMBRIÈRE
(*sans le voir*).

Le couturier me taillera

Fig. 88. — LE VINAIGRIER.

mes robes de bonne façon.
... Mais n'est-ce point son garçon qui vient ?
Si fait ! — Hé ! Esopet, viens un peu.
N'es-tu point le petit varlet du couturier ?

ESOPET.

Oui. Pourquoi ?

LA CHAMBRIÈRE.

Beau sire, dis-moi, par ta foi,
Ne manges-tu jamais de venaison ?

ESOPET.

Par Dieu, voici une bonne histoire :
celui-là serait bien dégoûté,
qui ne mangerait point de venaison.
Pourquoi donc n'en mangerais-je point,
si la chose venait à point,
et qu'on m'en offrît à manger ?

LA CHAMBRIÈRE.

Comment ! j'ai donné à ton maître
une perdrix et une cuisse
de gras chapon. Par saint Sulpice !
la perdrix était tout entière,
et je lui ai dit, de cette manière,
qu'il t'en gardât une portion,

Fig. 89. — Boutique de tailleur hollandais
(d'après une estampe du XVIIᵉ siècle).

et qu'il ne fût pas seul à en manger.
Mais il m'a dit et assuré,
par grand serment qu'il a juré,
que tu ne manges jamais de perdrix.

ESOPET.

Est-ce vrai ?

LA CHAMBRIÈRE.

Je te le promets.
Et crois bien qu'il la mangera
tout seul et ne t'en gardera
pas un morceau.

ÉSOPET.

Or, loué soit Dieu !
Mon beau maître, vous allez vous en souvenir.

Et la petite pièce raconte, en effet, la vengeance de l'apprenti. Comme le gentilhomme vient s'informer auprès de la chambrière du marché qu'elle a conclu avec le couturier, celle-ci lui présente Esopet. Esopet vante les qualités de son maître comme couturier ; mais il avertit le gentilhomme qu'il est atteint d'un mal terrible. « Quand ce mal le prend, dit-il, il veut manger tout le monde, et on n'a raison de lui qu'en lui donnant une volée de coups. » Puis il ajoute qu'on reconnaît son mal quand on le voit aller de-ci de là, chercher partout quelque chose et taper sur la table.

Alors, au moment où le gentilhomme arrive, Esopet cache la craie qui sert aux tailleurs à dessiner sur les pièces de drap les formes à découper et cache aussi les ciseaux. Naturellement, quand le couturier veut prendre mesure et tailler, il cherche partout sa craie et ses ciseaux, et frappe sur l'établi, pour que le choc, faisant sonner les ciseaux, lui révèle leur présence. Alors le gentilhomme se précipite sur lui et le roue de coups.

— Mais je ne suis pas fou ! s'écrie le couturier.

— C'est votre garçon qui nous l'a dit, répond le gentilhomme.

— Viens çà, gars infâme, maudit ! s'écrie le couturier. Où as-tu donc trouvé ceci, d'aller dire à ces gens ici que parfois je devenais fou ?

— Et où avez-vous donc trouvé, réplique Esopet, que je ne mangeais point de perdrix ? Je vous l'ai rendu, Dieu merci, ainsi comme je l'entendais.

C'est lien pour lien, conclut-il.

Et le gentilhomme philosophe ajoute :

Fais à autrui ce que veux qu'on te fasse.

Ainsi finit la petite histoire, et il faut avouer, comme on dit familièrement, qu'elle n'est point méchante. Mais elle apprend un peu ce dont se plaignaient les petits apprentis ; et les pièces de théâtre ou les poésies d'alors parlent si rarement d'eux qu'il faut bien prendre ce qu'on trouve.

SEIZIÈME LECTURE

Une grève à Lyon au XVIe siècle.

PLAINTES DES OUVRIERS IMPRIMEURS

Au printemps de 1539, les compagnons typographes de Lyon entrèrent en lutte avec leurs maîtres.

Depuis la fin du xve siècle, depuis le temps où des imprimeurs venus d'Allemagne avaient apporté leurs presses à Lyon, cette grande ville était devenue comme la capitale de l'imprimerie dans la chrétienté. Il n'y avait point de cité où l'on fît plus d'ouvrages et en plus de sciences : de tous les pays français et même de l'étranger, on venait acheter des livres à Lyon. Chez Jean de Cambrai, chez Sébastien Gryphe, chez Denis de Harsy ou chez Maci Bonhomme, les érudits de Suisse, d'Allemagne et d'Italie se rencontraient. Ils aimaient à se réunir ainsi dans les boutiques des maîtres imprimeurs, et les étudiants venaient entendre le poète Maurice Scève disant ses vers, ou le savant Etienne Dolet, imprimeur lui-même, brusque et passionné, se déclarant avec force à la fois contre les catholiques et contre Luther.

Fig. 90. — MARQUE DE L'IMPRIMEUR ETIENNE DOLET. *Elle représente « la doloire (la hachette) tenue par une main sortant d'un nuage, à droite, et frappant le tronc rugueux d'un arbre couché à terre ». Etienne Dolet est aujourd'hui plus célèbre comme savant et comme victime de l'intolérance religieuse — on sait qu'il fut brûlé vif — que comme imprimeur.*

Mais si les poètes et les savants jouissaient ainsi de l'amitié des maîtres imprimeurs, et les trouvaient excellents hommes, au fond de leurs ateliers, « au fond de leurs poêles », comme ils disaient, les compagnons, les ouvriers imprimeurs n'étaient point contents.

« A-t-on jamais vu — disaient-ils souvent, lorsqu'ils venaient de peiner, de longues heures durant, autour des presses, ou lorsqu'ils avaient levé des centaines et des centaines de lettres — a-t-on jamais vu un métier où les maîtres aient subjugué et asservi leurs compagnons comme ont fait les nôtres ?

« Aux maîtres imprimeurs toutes les richesses, toutes les joies. Les érudits les flattent ; les princes les honorent ; et, en grand repos de corps et d'esprit, doublant et triplant quelquefois leur argent au bout de l'année, ils parviennent toujours à une heureuse vieillesse.

« Toi, compagnon, peine, mon pauvre ! Il faut que tu rendes par jour tes 3.350 feuilles ; il faut que tu fasses tes seize ou dix-sept heures d'ouvrage, depuis deux heures après minuit jusqu'à huit ou neuf le soir ; il faut qu'au prix de ta sueur et de ton art merveilleux, au prix de ton sang même, tu acquières quotidiennement les grandes et belles fortunes qui honorent tes maîtres. Et si tu peux supporter jusqu'au bout les fatigues extrêmes d'une si rude condition, alors, chargé de femme et d'enfants, tu traîneras une misérable vieillesse ; tu n'auras, pour tout loyer et récompense, que la pauvreté, la goutte ou toutes les maladies que tes travaux incroyables t'auront apportées. »

Ainsi se lamentaient sur leur sort les typographes lyonnais. Mais c'étaient là des plaintes qu'on entendait déjà dans beaucoup de métiers. Les maîtres n'étaient plus bienveillants comme autrefois ; de père en fils, ils avaient accumulé de belles fortunes ; et beaucoup d'entre eux ne voulaient plus travailler, assis à l'atelier ou debout devant l'établi, avec les simples compagnons.

Peut-être cependant les typographes, comme tant d'autres, auraient-ils pris leur mal en patience, s'ils n'avaient subi par surcroît, certains ennuis immédiats et intolérables.

Passe encore, en effet l'inégalité des compagnons et des maîtres ; passe même l'anxiété pour la vieillesse, si du moins les salaires sont convenables ! Mais les maîtres imprimeurs prenaient d'innombrables apprentis, qui, en échange de leur simple nourriture, abattaient grosse besogne, et ils ren-

SEIZIÈME LECTURE

voyaient maintenant, en les réduisant à la plus noire misère, de pauvres compagnons qui avaient déjà usé une partie de leurs forces dans le métier. Ou bien, ils contraignaient les autres à travailler à plus bas salaires.

Pis encore ! Selon la coutume, ils devaient à leurs ouvriers « pain, vin et pitance », comme on disait ; or, de jour en jour, ils faisaient sur cette nourriture des économies déshonnêtes : mauvais vin, mauvaise viande, — lorsqu'il y avait viande — et petites parcelles de pain, tel était le lot du compagnon. C'était le maître qui à table faisait les parts ; c'était lui qui parcimonieusement, et avec un air d'avarice mauvaise, taillait la grosse miche. Et lorsque les compagnons se plaignaient de ne pas avoir assez, il déplorait à son tour leur gloutonnerie, et il leur disait qu'il aimerait mieux les payer davantage que d'avoir la charge de les nourrir !

Fig. 91. — Marque de l'imprimeur Sébastien Gryphe (Le griffon rappelle le nom de Gryphe)

Enfin, lesdits maîtres se montraient de plus en plus exigeants et ils refusaient d'ouvrir les poêles et boutiques, quand les compagnons voulaient besogner. Naguère, encore, à la veille de fêtes qui intéressaient la confrérie, ceux-ci laissaient le travail et s'en allaient se préparer tout à leur aise, quitte à rattraper le temps perdu en travaillant un jour férié. Chaque ouvrier avait ainsi quelque liberté. Mais maintenant les maîtres voulaient que chacun fût au travail, à leur volonté et caprice : ils prétendaient même empêcher de prendre part aux mariages, baptêmes et enterrements des confrères.

EN GRÈVE

A la fin, c'en était trop. Les typographes avaient décidé de faire un tric.

Le *tric*, c'était ainsi qu'au XVIe siècle on appelait la grève.

La grève n'était pas, à vrai dire, une chose entièrement nouvelle. Déjà, quelquefois, au Moyen Age, lorsque des maîtres s'étaient montrés ou trop exigeants ou trop malveillants, des ouvriers s'étaient entendus entre eux pour arrêter le travail. Mais depuis quelques années, à plusieurs reprises, des compagnons avaient ainsi fait céder leurs maîtres. Et les imprimeurs lyonnais décidèrent d'user du moyen.

Un jour donc, vers la fin d'avril, tous ensemble et subitement, les compagnons lyonnais laissèrent les ateliers : la confrérie avait donné le mot d'ordre. Nul ne vint à l'ouvrage, et l'on n'entendit plus craquer les grandes presses sous l'effort des bras robustes. Puis, par troupes, à l'imitation des gens de guerre, les

Fig. 92. — UNE IMPRIMERIE AU XVIe SIÈCLE, d'après une gravure de Jean Stradanus (1523-1605).

confrères firent la police du *tric*. Ils avaient des bannières, des enseignes qui leur servaient de signes de ralliement : ils avaient un capitaine, des lieutenants, des chefs de bande ; et ils parcouraient les rues en troupes bien conduites, atelier par atelier, soit de jour, soit de nuit, veillant à ce que personne ne travaillât.

Les apprentis, les méchants petits gars que leurs parents avaient livrés aux patrons et qui par leur travail au rabais, rendaient involontairement la vie si dure aux compagnons, étaient tentés de travailler. Les patrons les menaçaient, et certains avaient consenti à besogner, la nuit, à la place des ouvriers. Mais les confrères faisaient bonne garde à l'entour des ateliers; ils regardaient par les fentes des fenêtres ou des portes, s'ils apercevaient de la lumière, et comme ils avaient découvert quelques traîtres qui travaillaient, ils les avaient battus d'importance. Le prévôt et ses sergents avaient voulu intervenir, mais les compagnons avaient fait tout comme les étudiants de Paris : ils avaient rossé le guet et il y avait même eu, un jour, effusion de sang.

Les apprentis n'y étaient point revenus, ni les lâches confrères qui avaient voulu travailler quand même, et qui pour leur grande honte avaient été exclus de la confrérie.

Aussi, pendant plusieurs semaines, dans les ateliers, les presses et les formes inactives se couvrirent de poussière. Les patrons faisaient démarche sur démarche auprès du sénéchal pour faire cesser la grève. Ils ne voulaient point consentir à améliorer la nourriture des ouvriers, ni à ouvrir les boutiques pour leur permettre de besogner quand il leur plairait; mais ils représentaient que la grève portait grand dommage et détriment à la chose publique, et que la ruine de l'imprimerie à Lyon serait une perte pour tout le royaume. Le sénéchal était bien marri de cette lutte, mais il ne savait trop comment intervenir.

Cependant les compagnons se trouvaient réduits à la misère. La « bourse » de la confrérie n'avait pas assez d'argent pour assurer la vie de tous. Ils étaient tombés comme indigents à la charge de la *Grande Aumône*, le grand bureau de bienfaisance lyonnais, qui, depuis la famine de 1531, distribuait des secours

Fig. 93. — Un fondeur de caractères, au XVIIe siècle. *Il est en train de prendre le plomb fondu, dans la casserole, et de le verser dans le moule.*

à tous les pauvres de la ville. Mais, depuis quatre mois bientôt que durait la grève, les fonds de la Grande Aumône à leur tour se trouvaient épuisés, et Jean Donlon, avec les autres recteurs chargés de l'administrer, était venu prévenir le sénéchal qu'elle ne pouvait plus entretenir les femmes et enfants des compagnons imprimeurs qui ne besognaient pas.

LA SENTENCE DU SÉNÉCHAL — Alors, le 31 juillet, le sénéchal se décida à intervenir énergiquement. Il fit venir par devant lui les délégués des maîtres et des ouvriers, et il rendit une sentence. Il ordonna aux maîtres de fournir à leurs ouvriers meilleure nourriture et de revenir en cela aux modes et usages de cinq ou six années en arrière ; il reconnut ainsi que vraiment les pauvres compagnons étaient lésés et qu'ils ne s'étaient pas plaints à tort.

Mais le sénéchal du roi de France ne pouvait tolérer que des gens du commun, des ouvriers se soulevassent, comme avaient fait les typographes. Ce n'était qu'aux gens de guerre du roi qu'il appartenait de porter poignards et épées et de former des troupes armées. Il n'y avait plus d'ordre public possible, déclarait le sénéchal, si des ouvriers formaient des monopoles et décidaient brusquement ensemble la cessation du travail. Surtout il redoutait que l'exemple des imprimeurs ne fût suivi par d'autres compagnons. Si des séditions et des mutineries se multipliaient ainsi, ce ne pourrait être qu'au grand dommage de la chose publique. Aussi, le sénéchal, tout en accordant aux compagnons une partie de ce qu'ils demandaient, avait-il décidé de se montrer tout à fait sévère envers eux.

Il leur défendit de former désormais des réunions de plus de cinq personnes; il leur défendit, sous peine de bannissement ou d'amendes, de former des monopoles et coalitions. Il leur défendit de porter des armes et d'user de violence contre des apprentis ou des ouvriers qui voudraient travailler, même en cas de *tric*. Il déclara que les maîtres ne pouvaient être contraints de laisser travailler leurs ouvriers selon les désirs de ceux-ci, et il permit auxdits maîtres d'avoir autant d'apprentis qu'ils voudraient.

Ainsi, les compagnons typographes, après le long effort de la grève, se trouvaient replacés sous un joug plus dur encore que par le passé. Les patrons les devaient mieux nourrir sans doute ; mais le sénéchal viendrait-il goûter à leur soupe ? — Ce qui était clair, c'est que les maîtres pouvaient faire tout ce qu'ils voulaient, et qu'eux n'avaient même plus la ressource de s'unir pour se défendre.

Obstinément, pendant des années et des années, ils tentèrent d'obtenir justice auprès du roi : ils décrivirent leurs misères, ils montrèrent que les vrais artistes imprimeurs, c'étaient eux, eux seuls, et non pas ces commerçants qui passaient le jour à bavarder dans leurs boutiques, cependant qu'ils peinaient dans les poêles, autour des presses.

Mais au XVIe siècle, moins encore qu'aujourd'hui, il n'y avait de justice pour les compagnons imprimeurs, et lorsqu'en 1573, trente-quatre ans après la première lutte, le roi rendit une *Déclaration* définitive sur leur sort, il leur fut encore défendu de refuser ensemble le travail et de se concerter et unir entre eux. Les maîtres seuls avaient ce droit. Les maîtres étaient gens riches et puissants ; aux maîtres allaient les faveurs des princes.

Aussi, secrètement, comme ils se sentaient de plus en plus négligés, et méprisés dans les corporations comme dans les confréries, les compagnons de tous métiers persistèrent-ils à s'unir, pour tenter d'adoucir leur condition.

RÉFLEXIONS. ❦ *C'est au livre de M. Hauser : Ouvriers du temps passé, que nous avons emprunté le récit de cette grève. Elle ne fut d'ailleurs que le premier épisode d'un très long conflit qui ne se termina qu'en 1573. Les plaintes que nous plaçons dans la bouche des compagnons imprimeurs sont empruntées à la requête collective qu'ils présentèrent au Parlement en 1572. Comme nous l'avons indiqué, les grèves, ou plus exactement les ententes entre ouvriers pour faire céder leurs patrons par refus du travail, n'avaient pas été inconnues du Moyen Age. Mais elles devaient fatalement devenir plus fréquentes, au moment où les ouvriers sentaient qu'il leur était de plus en plus impossible de jamais devenir maîtres ; et elles devaient être d'autant plus nombreuses, dans un métier, que ce métier exigeait plus de capitaux et de travail concentré entre quelques mains. C'était précisément le cas de l'imprimerie.*

DIX-SEPTIÈME LECTURE

Les épreuves de Bernard Palissy.

Au Moyen Age, la plupart des grands artistes ne se distinguaient pas des artisans. A peine sait-on le nom de quelques maçons, de quelques statuaires ou verriers. Presque tous les artistes de génie qui ont travaillé dans les cathédrales sont aussi ignorés aujourd'hui que les plus simples ouvriers.

C'est au XVIe siècle seulement que la vie des artistes commença d'être différente de celle des artisans. C'est au XVIe siècle qu'ils cessèrent d'être les hommes d'un métier pour devenir les protégés des princes, les commensaux des rois de France.

Mais beaucoup d'entre eux commencèrent par être des artisans, et souvent fort malheureux. Beaucoup cherchèrent péniblement les procédés de l'art qui devait les rendre tout à fait illustres. Parmi ces chercheurs obstinés, il n'en est pas de plus célèbre que Bernard Palissy.

Il a lui-même raconté ses peines dans un petit traité intitulé De l'art de la terre, et qui revêt la forme d'un dialogue entre Théorique et Pratique. Nous citons ici presque textuellement le récit qu'il a fait. Rappelons seulement en quelques mots quelle fut sa vie.

Il était né vers 1510, dans un village du Périgord. Peintre sur verre et géomètre, il connut dans sa jeunesse la vie nomade d'un compagnon. Il voyagea dans tout le sud de la France. En 1539, ses voyages terminés, il se maria et se fixa à Saintes ; c'est là qu'il connut toutes ses épreuves. En 1548, le connétable de Montmorency, venu en Saintonge, put enfin admirer les résultats de son travail de céramiste, travail qui lui avait coûté tant de peine. Le connétable lui fit d'importantes commandes. Mais Palissy, âme ardente et passionnée, s'était converti au calvinisme que l'on prêchait alors en France. En 1562, très menacé, il fut sauvé par l'intervention de la reine Catherine de Médicis. Il obtint le titre d'inventeur des rustiques figurines du roi : il orna de poteries les jardins royaux, et fut protégé. Il s'était établi à Paris. En 1588, son protestantisme le fit enfermer à la Bastille. Il échappa à une condamnation presque certaine, en mourant de mort naturelle, en 1589.

On ne peut lire, sans émotion, le récit rempli de tristesse qu'il a écrit sur ses débuts. Entre les misères quotidiennes des pauvres compagnons et les souffrances du grand artiste, qui pourrait dire quelles ont été les moins insupportables ?

DIX-SEPTIÈME LECTURE

PREMIÈRES RECHERCHES

Je n'avais pas beaucoup de bien. Je savais simplement dessiner. Et comme j'étais souvent appelé, dans mon pays, à faire des plans pour les procès, on me croyait même plus savant que je n'étais en réalité. Pour des commissions de ce genre, j'étais d'ailleurs fort bien payé. Aussi n'ai-je point tout abandonné de ce métier jusqu'à ce que j'aie été assuré de pouvoir vivre par l'art de la terre.

J'ai connu cependant bien des peines et des souffrances. J'étais chargé de femme et d'enfants. Et le récit de ce que j'ai enduré est plus propre à faire reculer qu'à tenter quiconque songerait à prendre ce métier.

Sachez donc qu'il y a vingt-cinq ans passés déjà qu'un jour on me montra une coupe de terre, tournée et émaillée, et d'une telle beauté, que je décidai de chercher le moyen d'en faire de semblables. Je me souvenais que quelques-uns s'étaient souvent moqués de moi, en me voyant peindre des images

Fig. 94. — PORTRAIT DE BERNARD PALISSY.

sur verre. Je voyais ainsi que ces produits de mon art n'avaient plus grande vogue dans notre pays. Je me pris à penser que, si je trouvais le moyen de faire des émaux, je pourrais utiliser ma connaissance de la peinture et faire de beaux vases de terre ou autres objets de belle façon qui sûrement plairaient. Alors, sans avoir égard à mon ignorance absolue des terres argileuses, je me mis à chercher le moyen de faire les émaux comme un homme qui tâtonne dans les ténèbres.

Je choisis donc et me procurai des matières dont je pensais qu'elles pourraient me donner quelque chose. Je les broyai, je les pilai : je dépensai beaucoup de temps, beaucoup d'argent, variant les quantités et les combinaisons. Je ne recueillai de tout cela que déception et tristesse. J'envoyai mes vases à une poterie. Le four était trop peu chaud. Mais le savais-je ? Je rejetai le blâme sur les matières, et je cherchai encore.

Mais déjà mes pauvres ressources s'épuisaient. Je dus me remettre à la peinture sur verre. La venue en Saintonge des commissaires royaux qui venaient pour établir le service de la gabelle, c'est-à-dire de l'impôt sur le sel, me fournit aussi du travail : je dressai, en effet, les plans des marais salants, et je gagnai quelque argent.

Alors je repris mes expériences. J'essayai maintenant de me servir des fours des verriers ; mais ceux-là étaient trop chauds, et ils faisaient fondre les pièces. Des mois, des mois entiers, je cherchai en vain comment obtenir l'émail blanc. Ma recherche dura deux années.

Je commençai à perdre courage et j'avais décidé de ne plus tenter qu'une épreuve, une dernière épreuve, à la verrerie, lorsque, ce jour-là, une de mes pièces, après quatre heures de feu, se trouva fondue, mais blanche, polie, luisante, telle, en un mot, qu'elle me causa une joie immense. Il me sembla que j'étais devenu une nouvelle créature. J'étais sans doute incité ainsi à de nouvelles recherches ; mais comment pourrai-je arriver à obtenir ce bel émail blanc, sans que la pièce qu'il devait recouvrir fût déformée ou fondue ?

Fig. 95. — FOUR DE BERNARD PALISSY, *découvert au cours des fouilles des Tuileries en 1865. On y a trouvé des débris de plats célèbres de Palissy.*

Alors, pendant sept ou huit mois, je façonnai de nouvelles pièces, puis je me mis à construire un four semblable à celui des verriers. Ah! ce fut un labeur indicible ; il me fallait maçonner tout seul, détremper moi-même mon mortier, tirer l'eau, l'apporter, aller chercher la brique, sur mon dos, puisque aussi bien je ne pouvais payer personne pour m'aider dans ce travail.

Enfin je pus faire cuire mes vases en première cuisson ; mais il me fallut encore un mois pour broyer les matières qui m'avaient donné le beau blanc d'émail que j'avais obtenu un jour au four des verriers. Enfin je pus en recouvrir mes pots et recommencer ma seconde cuisson. J'allumai le four par les deux gueules, comme j'avais vu faire aux verriers, et j'attendis. Mais ce fut une chose bien malheureuse qui advint pour moi. J'eus beau demeurer six jours et six nuits devant le four, sans cesser de brûler du bois par les deux gueules : il ne me fut pas possible de faire fondre l'émail.

LA MISÈRE DU CHER-CHEUR   J'ÉTAIS maintenant comme un homme désespéré. Tout étourdi de travail et de peine, je m'avisai cependant que dans mon émail il y avait trop peu de la matière qui devait faire fondre les autres, et je me mis alors à broyer et piler encore ladite matière, sans laisser refroidir mon four. J'avais ainsi double peine : piler, broyer et entretenir le feu. Puis, quand j'eus composé mon émail, je fus obligé d'aller acheter des pots pour l'éprouver, puisque j'avais perdu tous ceux que j'avais faits. Je recouvris donc de mon émail ces nouveaux vases et je les plaçai dans les fourneaux, en continuant à maintenir le feu.

Mais alors il m'advint un nouveau malheur et qui me donna grande peine : le bois manquait. Je fus contraint de brûler les étais qui soutenaient les plantes de mon jardin; puis je fus contraint de brûler les tables et le plancher de la maison.

J'étais en une angoisse que je ne saurais dire ; car j'étais tout tari et desséché à cause du labeur et de la chaleur du four. Il y avait plus d'un mois que ma chemise n'avait séché sur moi.

Et au lieu de me consoler, de m'encourager, on se moquait de moi. Ceux-là mêmes qui auraient dû me soutenir allaient crier par la ville que je faisais brûler le plancher ; ainsi me faisait-on perdre tout crédit et passer pour fou. D'autres disaient même que je cherchais à faire la fausse monnaie.

Et je m'en allais par les rues, tout baissé, comme un homme honteux. J'avais des dettes en plusieurs endroits. J'avais deux enfants en nourrice, et je ne pouvais payer leurs mois. Personne ne me secourait. Bien au contraire, tous se moquaient de moi en disant : « Il n'a que ce qu'il mérite, s'il meurt de faim, puisqu'il délaisse son métier. » Toutes ces réflexions m'arrivaient aux oreilles, quand je passais par la rue. Toutefois, il me restait un espoir : les dernières pièces s'étaient assez bien comportées, et je comptais en savoir bientôt assez pour gagner ma vie. J'en étais, hélas! encore bien éloigné.

Quand je me fus reposé un peu de temps, avec regrets de ce que nul n'avait pitié de moi, je me dis à moi-même : « Qu'est-ce qui t'attriste, puisque tu as trouvé ce que tu cherchais? Travaille à présent et tu rendras honteux tes détracteurs. » Mais je me disais d'autre part : « Tu n'as pas de quoi poursuivre ton affaire. Comment pourras-tu nourrir ta famille et acheter les choses nécessaires avant que tu puisses jouir de ton labeur? » Or, tandis que je discutais ainsi tristement avec moi-même, l'espérance me donna un peu de courage.

Fig. 96. — HANAP, FAÏENCE DE BERNARD PALISSY. (Musée du Louvre)

Pour abréger et gagner du temps, au lieu de faire toute la fournée de ma main, je me décidai à prendre un potier, qui me fit des vases selon mes dessins, cependant que je travaillais de mon côté à gagner quelques sous. Mais c'était chose pitoyable. Comme je n'avais rien à la maison, j'étais contraint de nourrir ce potier dans une taverne, à crédit.

NOUVELLES DÉCEPTIONS

Quand nous eûmes travaillé six mois et que la besogne fut faite, il me fallut lui donner congé faute d'argent. Je fus obligé de lui donner mes propres vêtements comme salaire. Et je me mis alors tout seul, comme auparavant, à bâtir un nouveau four. Comme les matériaux me faisaient défaut, je me mis à démolir celui que j'avais construit, afin d'utiliser les briques. Mais le mortier et la brique s'étaient liquéfiés et pétrifiés, de sorte qu'en démaçonnant, je fus blessé et coupé en tant d'endroits que je fus contraint de manger mon potage avec les doigts enveloppés de linge. Puis il me fallut bâtir le nouveau four, une fois encore apporter l'eau, le mortier, la pierre, sans aucune aide ni repos.

Et ce furent encore une fois des accidents de cuisson, des accidents inattendus, tout nouveaux pour moi et qui me faisaient perdre toute contenance. Le mortier dont j'avais maçonné le four était rempli de cailloux ; sous l'action du feu, ils éclatèrent et les éclats vinrent se fixer sur les pots. J'avais emprunté le bois et les matériaux ; j'avais donné espoir à mes créanciers. Quelques-uns même étaient venus me voir désenfourner. Grande fut ma honte quand je tirai les pièces. Certains voulaient me les acheter telles quelles. Pour mon honneur, je ne le voulus pas. Je mis en morceaux toute ladite fournée ; j'étais malade, désespéré. Je dus prendre le lit, plein de mélancolie.

Fig. 97. — Plat de Bernard Palissy.

Je n'avais même plus les moyens de subvenir à ma famille ; je ne trouvais en ma maison que reproches. Au lieu de me consoler, l'on m'adressait des malédictions ; mes voisins, qui avaient entendu parler de toute cette affaire, disaient que je n'étais qu'un fou, que j'aurais tiré plus de huit francs du travail que j'avais brisé, et tous ces racontars ajoutaient encore à mes douleurs.

Quand je fus demeuré quelque temps au lit, je me dis qu'un homme qui serait tombé dans un fossé aurait comme devoir de chercher à se relever. Je me mis donc, moi dont le cas était tout semblable, à refaire quelques peintures, et de-ci de-là à regagner un peu d'argent. Je me disais aussi que toutes mes pertes et mes aventures étaient terminées, et que rien ne pouvait plus m'empêcher de faire de bonnes pièces. Je me remis encore une fois à travailler comme auparavant à l'art qui m'attirait si vivement.

Mais, hélas! non, mes malheurs n'étaient point terminés. Cette fois, la cendre en voletant tomba sur mes vases qui devinrent rudes, mal polis. Je les enfermai dans des manchons de terre. D'autres fois, les pièces mal disposées dans le four ne cuisaient pas régulièrement. Enfin, comme je tentais maintenant des pièces rustiques, c'est-à-dire à diverses couleurs, je connus de nouvelles déceptions. Le vert des lézards était brûlé avant que la couleur des serpents fût fondue, et celle-ci à son tour était brûlée avant que le blanc fût fondu.

Toutes ces fautes m'ont causé un tel labeur et une telle tristesse d'esprit qu'avant d'avoir pu enfin rendre mes émaux fusibles à un même degré de feu, j'ai bien cru descendre jusqu'à la porte du sépulcre. En l'espace de plus de dix ans je me suis trouvé si maigre, qu'il n'y avait plus apparence de bosse aux bras ni aux jambes; mes jambes étaient toutes d'une venue, de sorte que les liens avec lesquels j'attachais mes bas me tombaient avec les bas dès que j'avais un peu marché.

Fig. 98. — Plat émaillé de Bernard Palissy. (Musée du Louvre)

L'ARTISTE ET L'OPINION PUBLIQUE

MALGRÉ les moqueries, malgré les ennuis et les tristesses, je continuai cependant mon affaire de telle manière que je commençais à recevoir enfin assez d'argent. Mais souvent la pluie et la gelée gâtaient mon œuvre. Je n'étais nullement abrité dans mon travail; il me fallait refaire mon four, installer un peu mon atelier.

Mais alors, chaussetiers, cordonniers, sergents, notaires et vieilles femmes, à qui mieux mieux, sans considérer que mon art ne pouvait s'exercer sans grand emplacement, allaient racontant que je ne faisais que faire et défaire, et me blâmaient de ce qui aurait dû plutôt les inciter à la pitié, puisque j'étais contraint d'employer l'argent nécessaire à ma nourriture pour ériger les commodité qu'exigeait mon travail. Et qui pis est, ces moqueries et persécutions venaient de ceux mêmes de ma maison, qui étaient déraisonnables à ce point qu'ils auraient voulu que je fisse ma besogne sans outils.

Tout cela m'affligeait à l'extrême.

Je suis resté plusieurs années n'ayant pas de quoi faire couvrir mes fours. J'étais toutes les nuits à la merci de la pluie et du vent, sans avoir aucun secours, aide ni consolation, sinon des chats-huants qui chantaient d'un côté et des chiens qui hurlaient de l'autre. Parfois il s'elevait des vents et des tempêtes qui soufflaient de telle sorte sur le dessous et le dessus de mes fours, que j'étais contraint de quitter tout là, avec perte de mon labeur; et il m'est arrivé plusieurs fois qu'ayant tout quitté, n'ayant rien de sec sur moi à cause des pluies qui étaient tombées, je m'en allais coucher à la minuit ou au point du jour, accoutré comme un homme que l'on aurait traîné par tous les bourbiers de la ville; et, en m'en retournant ainsi, j'allais titubant, sans chandelle, tombant de côté et d'autre, comme un homme qui serait ivre de vin, et rempli de grandes tristesses, d'autant qu'après avoir longuement travaillé, je voyais mon labeur perdu. Or, lorsque je me retirai ainsi souillé et trempé, je trouvais en ma chambre une seconde persécution pire que la première, qui me fait à présent émerveiller que je ne sois pas mort de tristesse.

Mais j'étais sûr de mon art; et je pouvais désormais espérer un moins rude avenir.

DIX-HUITIÈME LECTURE

L'initiation du compagnon chapelier.

CHEZ LA MÈRE

DANS un petit cabaret, de la rue du Coq-Héron, à Paris les compagnons chapeliers étaient tous réunis en cet après-midi d'automne de 1609. Jean Demaires, le jeune apprenti de Pierre Grandin, chapelier de la rue Coquillère, devait être reçu compagnon.

Jean était un fier apprenti et un bon garçon : tous s'accordaient à reconnaître en lui une fine main, et tous pensaient que le chef-d'œuvre qu'il achevait alors, en fin d'apprentissage, serait sûrement une merveille.

Fig. 99. — LE CHAPELIER
(d'après le recueil de Jost Amman).

Or Jean avait depuis longtemps décidé de partir en ce printemps de 1609, et de voyager à son tour de ville en ville, pour apprendre des procédés nouveaux, et pour ramasser quelques sous Les compagnons du métier n'avaient pas eu de mal à lui persuader qu'il devait être des leurs. Et c'est ainsi qu'ils étaient assemblés ce jour-là pour l'initier à leurs mystères.

Mais il nous faut dire tout de suite ce qu'était un compagnonnage.

Au Moyen Age, les corporations ou les confréries comprenaient à la fois les maîtres, les ouvriers, les apprentis. C'était le temps, nous l'avons vu, où tous vivaient en assez bon accord ; où, avec un peu de chance au moins, de bons compagnons pouvaient au moins espérer de devenir maîtres.

Mais, nous l'avons vu aussi, depuis lors, les mœurs avaient bien changé. Les patrons enrichis gardaient pour leurs fils leurs fructueuses boutiques. Ils conservaient jaloument leurs privilèges. Ils multipliaient les droits à payer et les conditions à remplir pour empêcher leurs ouvriers d'acheter le métier. Ils exigeaient d'eux, en fin d'apprentissage, des chefs-d'œuvre difficiles. Surtout, ils les méprisaient et les maltraitaient.

C'est ainsi que les ouvriers avaient été conduits à s'unir et à se défendre. Comme, de plus en plus, ils avaient coutume de voyager beaucoup, de faire, comme ils disaient, « leur tour de France », pour se perfectionner dans leur métier, ils avaient fondé des sociétés, des compagnonnages, qui leur permettaient de trouver une aide fraternelle dans toutes les villes où ils passaient. En arrivant dans chaque ville, ils allaient à un cabaret particulier, désigné à l'avance, et dont la tenancière s'appelait la mère des compagnons. Là, le nouvel arrivant trouvait ses camarades, il apprenait comment on travaillait dans le métier, chez quel maître il pouvait trouver du travail. Et, en attendant d'en avoir trouvé, il mangeait et logeait chez la mère.

Mais ces sociétés étaient secrètes. Comme les compagnons s'entendaient souvent pour faire hausser les salaires et pour obtenir des maîtres rigoureux quelques concessions, ils devaient se méfier des autorités royales. On se rappelle avec quelle sévérité le sénéchal de Lyon avait interdit toutes ententes. Il fallait aussi se méfier des méchants, des traîtres, ou de ceux qui voulaient soutirer de l'argent à leurs frères. Aussi n'était-on reçu compagnon que si l'on était bon ouvrier, honnête, dévoué aux amis. Et pour que le secret fût bien gardé, de nombreuses cérémonies et mystères avaient été institués.

Pour devenir compagnon, il fallait donc être initié. Et c'était à l'initiation, à la réception de Jean que ce jour-là tous les compagnons chapeliers avaient été conviés.

DEVANT LE PRÉVÔT — Il était deux heures quand Jean arriva. Dans la salle claire, les compagnons riaient et plaisantaient ; la « mère » et sa fille allaient de table en table, versant le vin dans les verres vides. Un silence se fit quand chacun pensa à la cérémonie sérieuse qui allait avoir lieu. Un peu ému, troublé, Jean se sentit encouragé pourtant, dès l'entrée, par le sourire ami de quelques-uns qu'il connaissait. D'ailleurs, son parrain était là, et sa marraine. C'étaient Simon Lenfant, le vieil ouvrier qui lui avait enseigné le métier, et sa femme.

— Allons, fils, dit Simon, maintenant que tu es là, nous allons pouvoir entrer. Viens avec nous.

Entre les compagnons qui s'étaient levés et qui les entouraient, Jean, guidé par Simon et sa femme, s'en vint alors frapper trois coups à une porte de chêne que l'on voyait au fond de la salle. Quelqu'un vint ouvrir; ils entrèrent et la porte fut refermée.

Jean savait bien ce qu'il devait trouver dans la salle : son parrain l'avait averti, comme il convenait. Mais il eut cependant comme un frisson de surprise, et il hésita à retrouver les objets symboliques qu'on lui avait enseignés et qu'il devait désigner.

Au milieu de la salle, en effet, se trouvait une vaste table recouverte d'un drap blanc. Sur la table, une grande croix était étendue : au centre, une couronne, faite d'une serviette entortillée, était posée; sur les deux bras deux assiettes étaient placées. Dans chacune, il y avait un chandelier avec une chandelle allumée. Sur chaque bras de la croix il y avait encore un couteau, et un couteau aussi au bas. Un morceau de bois, des cordes, une serviette ployée, un verre renversé, une salière, pleine de sel, et sous la salière trente deniers d'argent, un bassin et une aiguière, deux verres, l'un plein de vinaigre et l'autre plein de fiel, un coq, des dés : tous ces objets se retrouvaient çà et là sur la table, et Jean savait bien ce qu'ils signifiaient.

Fig. 100. — Chandelier du XVIIᵉ siècle (d'après le *Dictionnaire de l'Ameublement*, de Havard).

Derrière la table se tenait le prévôt des compagnons, le chef de la société, et à côté de lui, son lieutenant et son greffier. Le prévôt tenait à la main une baguette ornée de trois rubans, un blanc représentant l'innocence du Seigneur, c'est-à-dire de Jésus-Christ, lorsqu'il subit la passion, un rouge représentant son sang, un bleu ses meurtrissures. Tous trois portaient des habits qui ressemblaient à ceux des prêtres, et Jean se sentait plus ému qu'au temps même de sa première communion.

Comme on le lui avait indiqué, il avança d'un pas et dit : « Honneur à Dieu ! » Puis il fit un second pas et dit : « Honneur à la table ! » Et il avança d'un pas encore et dit : « Honneur à mon prévôt ! »

Alors le prévôt vint à sa rencontre. Jean l'embrassa et dit :
— A Dieu ne plaise que ce baiser soit tel que celui de Judas !
— Qui suis-je ici ? demanda alors le prévôt.
— Vous représentez Pilate qui jugea le Seigneur.
— Qui représente le lieutenant ?
— Il représente le prêtre Anne.
— Qui représente le greffier ?
— Il représente Caïphe.

Puis Jean dut répondre à toutes les questions : il expliqua que la serviette entortillée était la couronne d'épines que portait Jésus-Christ quand il fut supplicié ; que les deux chandelles allumées représentaient le soleil et la lune ; que les trois couteaux étaient les trois clous qui avaient servi à clouer le Christ sur la croix ;

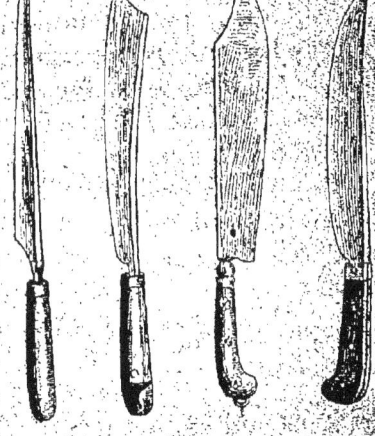

Fig. 101. — Couteaux du XVIIe siècle (d'après le *Dictionnaire de l'Ameublement*).

que le morceau de bois était la lance dont il avait été frappé au côté ; que les cordes étaient le fouet dont il avait été battu ; que la serviette ployée représentait les tenailles qui avaient servi à arracher les clous de la croix ; la salière, la colonne à laquelle il fut attaché pour être fouetté, et les trente deniers, les trente deniers pour lesquels Judas l'avait trahi. Le bassin et l'aiguière rappelaient le sang et l'eau que Jésus sua au jardin des Oliviers. Le coq était celui qui chanta, lorsque Pierre renia son maître, et les dés, ceux avec lesquels les gardiens jouèrent sa robe entre eux.

C'est ainsi que les compagnons chapeliers avaient établi leurs rites et leurs mystères. Comme ils étaient tous chrétiens, ils imitaient naturellement les cérémonies de leur religion, et ils s'inspiraient des récits qu'elle leur enseignait. Ils s'inspiraient surtout de la Passion de Jésus-Christ, et ils en reproduisaient tous les détails ; car ils comparaient ses souffrances aux leurs. Ils se disaient qu'ils étaient de nouveaux Christ, chacun dans leur corporation, et qu'ils étaient tourmentés, martyrisés par leurs patrons comme l'avait été leur Dieu.

C'est tout cela qu'au cours de ses réponses le nouveau compagnon devait expliquer. Et Jean l'expliqua fort bien, ainsi que toutes les autres choses sur lesquelles il fut ensuite questionné.

Il sut dire, par exemple, que le coffre qui était dans le coin de la chambre représentait l'arche de Noé, que le buffet était le tabernacle de Jacob, que le lit était la crèche où était né Jésus-Christ et que le haut de la cheminée était le gouffre de l'enfer.

A toutes les questions il avait répondu comme les compagnons répondent. Il connaissait donc le sens de leurs mystères. Il devenait digne d'être parmi eux.

LE BAPTÊME

Soudain un coup retentit à la porte.
— Qui est là ? dit le prévôt.
— *Benedicite*, répondirent des voix.
Un second coup fut frappé.
— Qui est là ? dit encore le prévôt.
— *Dominus*, répondirent les voix.
Et un troisième coup fut frappé.
— Qui est là ? dit encore le prévôt.
— *Consummatum est*, fut-il répondu.
C'étaient les mots par lesquels les compagnons avaient coutume de se faire reconnaître, pour pouvoir entrer dans la salle d'assemblée.

Alors le prévôt ouvrit la porte, et de la salle voisine tous les compagnons entrèrent.

— Que cherchez-vous ici ? leur demanda le prévôt.

— Dieu et les apôtres, répondirent-ils.

Alors le prévôt se retira derrière la table, comme derrière un tribunal, et il s'assit sur une haute chaise qui la dominait.

Aussitôt, criant et gesticulant, les compagnons se précipitèrent sur Jean. En un clin d'œil ses vêtements furent mis en désordre ; il fut lié, garrotté et amené devant le prévôt, comme Jésus le fut jadis devant Pilate.

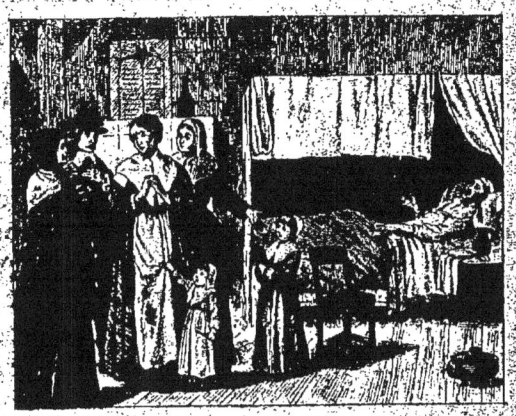

Fig. 102. — Un intérieur au début du XVIIe siècle (d'après la *Visite aux malades*, d'Abraham Bosse, célèbre graveur du temps de Louis XIII).

— Qui représentez-vous maintenant ? lui demanda le prévôt.

— A Dieu ne plaise, répondit-il, que je représente Notre-Seigneur.

Comme Jésus, il subit donc la passion. Mais il avait été éprouvé ; il avait montré qu'il connaissait bien tous les rites de la secrète association ; l'heure était venue de le recevoir.

Alors eut lieu le baptême. Simon et la marraine s'approchèrent de lui. Ils le firent asseoir dans la cheminée, sur une haute chaise qui représentait les fonts baptismaux. Ils lui attachèrent une serviette au cou et en tinrent chacun un bout. Puis, contrefaisant les cérémonies du baptême, ils lui mirent dans la bouche du pain, du vin et du sel; ils lui répandirent de l'eau sur la tête et lui poussèrent trois fois la tête contre la cheminée, en lui donnant le nouveau nom qu'il devait porter dans le compagnonnage.

Enfin Jean fut délivré, et il déclara comme tous les autres

avant lui : « Je n'ai mangé morceau si salé ni bu coup de vin si serré ; trois coups à la cheminée mon parrain et ma marraine m'ont fait frapper, à quoi je reconnais être bon compagnon passé. »

C'était la formule finale : les chapeliers comptaient un nouveau compagnon. Et ils le fêtèrent toute la soirée par force buveries et chansons.

Assis près de son cher Jean, le vieux Simon, son parrain, ne sentait plus les années, et de sa voix chevrotante, il ne se lassait pas de chanter les vieilles chansons ouvrières.

Mais, à quelques semaines de là, le pauvre vieux fut moins gai. Jean partait, le cœur gros, un peu, comme il l'avait décidé, pour le voyage du tour de France. C'est que le moment était bon. Grâce aux efforts du roi Henri et de son ministre Sully, la prospérité était revenue dans le royaume. Jean avait chance de trouver de l'ouvrage.

Fig. 103. — SULLY (d'après une médaille en argent de Dupré).

DÉPART POUR LE TOUR DE FRANCE

Un matin les compagnons le conduisirent sur la grande route. Sac au dos (un beau sac neuf que lui avait bien garni la marraine), il se sentait déjà impatient d'aventures. Le vieux Simon à qui il donnait le bras avait peine à suivre son pas. Tous les amis marchaient derrière.

C'est ainsi que le petit cortège arriva au premier croisement des chemins. Là devait avoir lieu la séparation. Simon prit dans sa poche un verre qu'il avait apporté ; il l'attacha à une branche d'arbre et tous ceux de la compagnie jetèrent une pierre au verre, comme jadis les Juifs lapidèrent saint Étienne qui fut le premier martyr. Quelques-uns furent adroits : le verre fut cassé.

Alors Jean les embrassa : « Mes compagnons, dit-il, je prends congé de vous comme les apôtres firent de Notre Seigneur, lorsqu'il les envoya partout prêcher l'Évangile ; donnez-moi votre bénédiction ; je vous donne la mienne. »

Il dit un dernier adieu au vieux Simon qu'il ne devait

DIX-HUITIÈME LECTURE

plus jamais revoir, et il s'engagea d'un pas ferme sur la grande route, sans se retourner.

RÉFLEXIONS. — Le document qui nous a fourni la matière de ce récit est une délibération de la Faculté de théologie de Paris, délibération du 14 mars 1655, condamnant les pratiques du compagnonnage. La description qu'elle donne de ces pratiques a un grand intérêt pour l'histoire ouvrière. Ces coutumes étaient naturellement antérieures à 1655 ; nous nous sommes permis de situer notre récit en 1609, en raison du relèvement de l'industrie française à cette époque.

Nous avons marqué au cours même du récit les raisons qui avaient donné naissance au compagnonnage : la coutume du tour de France et le besoin de se grouper entre ouvriers. Nous n'y reviendrons pas. Il faut bien marquer pourtant que le compagnonnage eut souvent le caractère d'une association de défense professionnelle : il arrivait aux compagnons de s'entendre pour mettre une ville en interdit ou pour décréter la grève. Dans ce dernier cas, les ressources de l'association leur permettaient de tenir longtemps le chômage. D'où l'hostilité violente des patrons et leurs demandes réitérées aux pouvoirs publics d'interdire ces pratiques illégales. D'où aussi la conscience obscure d'une opposition de classes, qu'exprime bien la symbolique empruntée à la passion du Christ.

DIX-NEUVIÈME LECTURE

A la manufacture.

OUVRIER, FILS DE PAYSAN

Ce matin-là, le 23 janvier de 1680, quand l'Angelus sonna, François Duval sauta du lit en hâte. La veille, avec ses frères, ses cousins, ses amis, tout le village, il avait fêté la Saint-Vincent. Selon l'antique tradition, les vignerons de Champigny avaient enterré sur la place des bouteilles du vin de l'année ; ils avaient dansé sur la terre fraîchement remuée ; ils avaient chanté leurs vieilles chansons ; puis ils avaient, tous ensemble, mangé et bu pendant une grande partie de la nuit. Et maintenant, tout le village dormait, tous les bons paysans briards allaient ronfler jusqu'au plein jour.

Mais lui, François, devait partir. Il y avait déjà trois ans qu'il travaillait à la manufacture de draps d'or et d'argent que le roi avait établie à Saint-Maur, de l'autre côté de la Marne, et si, pendant l'hiver, il n'y avait point de veillée du matin, au moins devait-il se trouver dès la pointe du jour à la porte de la manufacture.

Car le règlement était terriblement sévère. Dans toutes les manufactures qui se trouvaient établies avec privilège du roi, le grand ministre Colbert, si appliqué à développer la prospérité du royaume, ne voulait point qu'on souffrît la fainéantise et la négligence, qu'il reprochait aux maîtres des corporations. Si, à l'exemple de Sully, il établissait ainsi, en dehors des corps de métiers, de grandes fabriques auxquelles le roi donnait des primes et toutes sortes de privilèges, c'est qu'il espérait obtenir, surtout pour les produits jusqu'alors peu fabriqués en France, un travail plus actif et mieux surveillé. Chez Van Robais, à

Fig. 104. — Portrait de Colbert.

Abbeville, les 1,700 ouvriers étaient commandés et conduits avec autant de sévérité qu'une compagnie des gardes du roi. Chez Fournier, à Lyon, ils étaient nourris et logés, comme en une immense caserne. Et à Saint-Maur même, les « ordres » (c'est ainsi qu'on appelait les règlements d'atelier) étaient durs et minutieux. Partout les manufacturiers qui avaient la confiance du ministre exigeaient un travail intense.

C'en était fini des bons temps où, chez leurs petits patrons, les ouvriers venaient quand il leur plaisait, chômaient des fêtes fréquentes, et jamais ne se surmenaient.

François Duval, quant à lui, ne souffrait point trop de sa condition. Il était fier de travailler à la manufacture.

Il était assez habile, et il lui semblait qu'il l'était encore bien davantage, quand il se retrouvait parmi ses parents cultivateurs. Accoutumé de bonne heure à l'obéissance, il supportait sans trop de peine le sévère règlement de la manufacture. Il était docile envers les maîtres et brutal avec les servants. Comme il semblait d'une condition autre que celle des paysans, quelques filles du village rêvaient de se marier avec lui, ce qui flattait son orgueil.

En ce lendemain de fête, pourtant, son sort lui paraissait moins beau!

Il lui pesait de partir, et ce petit désagrément, après la fête de la veille, lui semblait vaguement d'une importance étrange. Il entendit dans la chambre du haut Ernest,

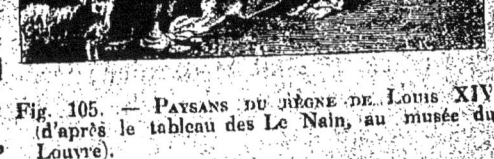

Fig. 105. — Paysans du règne de Louis XIV (d'après le tableau des Le Nain, au musée du Louvre).

son frère, qui se retournait sur son lit, pour dormir un nouveau somme. Maussade, la tête lourde, il tira ses vêtements de travail du coffre de cuir bouilli où il les avait rangés : il acheva de s'habiller, prit sur la table de bois blanc son couteau, sa

clef et les quelques deniers qu'il gardait en poche ; il ouvri[t]
la porte, sortit, et il descendit vers le pont qu'il deva[it]
traverser. Sur la rue, pas une fenêtre ne brillait. Da[ns]
toutes les maisons, le sommeil régnait en maître. Franço[is]
songea que, pendant la journée, il ne s'en trouverait poi[nt]
beaucoup à besogner, et qu'il y aurait nombreuse visi[te]
chez Broyant, le cordonnier, là où l'on se réunissait, l[es]
jours où l'on travaillait peu.

Il tenta de se secouer. « Allons ! dit-il, un peu de courag[e.]
Mais c'est diablement ennuyeux tout de même que de n'avo[ir]
pas un moment de répit, et de ne pouvoir travailler à s[a]
guise, tranquillement, comme les artisans du village ou l[es]
cultivateurs au lendemain d'une fête. »

Un vent froid et humide soufflait. Il traversa le pont su[r]
la Marne, il traversa Campinot, le hameau qui se trouva[it]
de l'autre côté de la rivière, et, après une demi-heure d[e]
marche à travers le bois de chênes, par le sentier accoutu[-]
mé, il parvint à la manufacture.

RÈGLE-
MENT DE
MANUFAC-
TURE

Il était temps. La boue avait ralenti sa mar[-]
che. A la porte de sa *boutique* — c'étai[t]
ainsi qu'on appelait chacun des ateliers — l[es]
valets attendaient, leur besogne préparatoir[e]
terminée : c'étaient eux, en effet, qui, chaqu[e]
matin, nettoyaient et préparaient tout pour le travail. L[e]
maître et les compagnons avaient commencé de se laver le[s]
mains, dans les seaux d'eau qui se trouvaient à la porte, e[t]
dans lesquels le règlement prescrivait de se laver avant d'en[-]
trer. François dit bonjour rapidement, tristement : il ava[it]
décidément des idées noires, ce jour-là. Il attendit son tour[,]
se lava, s'essuya les mains au torchon déjà mouillé et noirc[i,]
puis entra. Il était le dernier ; les camarades étaient déj[à]
assis à leurs métiers. Lentement, l'air distrait, il tira de s[a]
poche la clef de son tiroir, l'ouvrit, prit les fils qu'il ava[it]
demandés l'avant-veille. Il s'aperçut qu'il n'avait plus qu'u[n]
très faible nombre d'épingles. Sans dire mot, il sonna, et l[e]
commis accourut.

— A qui manque-t-il quelque chose ici ? demanda celu[i-]
ci sur un ton rogue.

— À moi, dit François, je n'ai plus d'épingles.
— Mais je croyais que vous m'aviez demandé samedi tout ce qui vous manquait.
— J'avais oublié.
— Oui ; vous songiez déjà à la Saint-Vincent, à la fête ; je suis bien certain qu'en dépit de notre règlement, vous ne vous serez guère diverti honnêtement hier, et que l'on ne vous aurait pas rencontré au logis vers les dix heures.
— Que vous importe ? grommela François devant le commis, un peu surpris de le sentir moins docile. Ne suffit-il pas qu'on nous ait supprimé toutes les bienvenues ou conduites qui sont le repos des compagnons ? N'aurons-nous plus même le droit de prendre part aux vieilles fêtes de nos pères ?
— Allons, allons, François ! dit un vieux maître, sans lever le nez de dessus son métier. Tu t'es mal levé, ce matin, sois calme. Tu sais comme on est sévère ici.

François se tut. Le commis lui apporta les épingles. Il reposa son travail, fit machinalement le signe de la croix, comme il est prescrit au règlement, et il commença son labeur.

Dans l'atelier on n'entendit plus bientôt que le bruit régulier du travail. La salle était bien disposée ; le jour, pâle et incertain, y versait tout ce qu'il avait de clarté. Une chaleur sèche emplissait la pièce. Un grand poêle brûlait au milieu.

François travaillait nerveusement. Il aurait voulu jurer,

Fig. 106. — L'Église de Saint-Maur.

manifester à tous son agacement : il lui semblait que cela le soulagerait. Mais il se rappela que le règlement défendait « de jurer, ni blasphémer le saint nom de Dieu, ni parler irrévérencieusement des choses saintes ». Il eut un sourire de mépris et se tut. D'heure en heure, le servant venait remplir le poêle, attiser le feu. François, qui se sentait l'esprit décidément mal tourné ce matin-là, ne pouvait s'empêcher de penser que ce charbon était à lui, à ses camarades, qu'il avait dû, l'autre semaine, recueillir les cotisations de tous pour l'acheter, et il s'irritait à la pensée que la manufacture refusait de les chauffer.

A un moment, un compagnon qui fredonnait tout bas un cantique, pour bercer son travail, et qui peu à peu haussait la voix, fut rappelé à l'ordre par un maître. Il était défendu de chanter, défendu même d'exhaler sa plainte monotone comme faisaient les vieux tisserands.

Et le travail continuait, ininterrompu, intense, étouffant les réflexions. Et toujours le règlement était là, impérieux, agaçant, pour entraver toute parole, tout geste de liberté. La matinée parut à François interminable.

A midi, enfin, la cloche sonna. C'était l'heure du dîner. Tous se hâtèrent vers les portes. Dans le petit cabaret où ils prenaient ordinairement leurs repas, ils se retrouvèrent comme de coutume les sept compagnons de la même boutique. François se dérida un peu.

Il finit par raconter les farces de la Saint-Vincent, ses aventures de la veille, naturellement ; les gars de Chennevières, le village voisin, étaient encore cette fois descendus pour le bal, mais on ne leur avait point permis de danser avec les filles du pays ; François conta leur fuite ridicule, sous une grêle de cailloux, et il en oubliait presque l'algarade du commis et toute la misère de la manufacture, quand ils entendirent sonner la cloche.

L'heure était écoulée. Il fallait rentrer, il fallait aller reprendre le travail, et il le faudrait reprendre encore après le souper jusqu'au soir dix heures, puisqu'aussi bien c'était le temps où l'on veillait, depuis la Nativité de Notre-Dame jusqu'au jeudi de la semaine sainte.

UNE RIXE

Ils se levèrent tous, dirent au revoir à l'hôtesse et, d'un pas rapide, cependant que François continuait son histoire avec des gestes animés, ils retournèrent à la boutique.

Ils avaient franchi la porte, ils se réinstallaient à leurs métiers que François contait toujours, avec volubilité.

— Oui, disait-il, imaginez qu'ils remontaient la côte en courant dans les sentiers, sous une grêle de pierres, lorsque un deux perdit sa casquette. Il s'arrêta brusquement et il se retourna pour venir

Fig. 107. — Un tisseur à son métier
(d'après l'*Encyclopédie*).

la ramasser, mais nous voyant tout proches, il reprit sa course avec furie. Alors Desterne a ramassé la casquette et il l'a rapportée comme souvenir de cette Saint-Vincent.

Les compagnons écoutaient, souriants, toute cette histoire, et ils ne se pressaient pas de reprendre le travail, quand soudain la porte se rouvrit. Le commis entrait.

— Eh bien ! dit-il, maîtres et compagnons, vous ne vous ennuyez pas ici !

— Nous aurions bien tort, reprit François, nerveux et comme hors de lui.

— Que voulez-vous dire ? Avez-vous oublié le règlement qui est écrit là-bas, le règlement qui vous a été lu bien des fois, et que vous devez observer toujours docilement ?

— O toi, le chien, répliqua François, en donnant au commis le sobriquet dont tous l'appelaient communément, tu nous fais par nous énerver à nous rappeler ainsi sans cesse ton règlement ! Mais nous ne savons que trop comment tu observes, toi, le règlement ! Est-ce qu'on ne t'a pas vu souvent promener des étrangers dans les boutiques et même dans celle-ci, bien que cela soit défendu ? Est-ce que chacun ne sait pas que tu as donné du fil et des épingles à des femmes de Saint-Maur, après avoir accusé des compagnons comme moi de les avoir dérobés ! Ah ! en voilà assez, à la fin ! On ne peut rien faire dans la manufacture, sans qu'aussitôt tu ne le rapportes au directeur. On te trouve à tous les coins, toujours prêt à faire du mal... Par la mort-Dieu ! tu vas sentir toute la force de mon poing !

Tout pâle en face de cette révolte soudaine, le commis reculait prudemment vers la porte. Mais déjà les compagnons et les maîtres intervenaient. François était ramené à son métier. L'autre s'esquiva.

Quelques heures plus tard, François était appelé chez le directeur. Il avait juré, il avait blasphémé, il avait interrompu le travail pendant plusieurs heures, il avait appelé par son sobriquet le commis détesté, il avait voulu le frapper : le règlement punissait toutes ces fautes. Comme il avait été jusqu'alors bon ouvrier, il ne fut pas renvoyé ; il subit seulement une très lourde amende, qui fut versée selon la coutume, à l'hôpital de la Charité de Charenton. Mais lorsqu'il eut, avec perfection et diligence, fini la pièce qu'il avait commencée, il demanda de lui-même à se retirer et il partit travailler chez des maîtres moins riches, où l'on gagnait moins, mais où l'on pouvait prendre au moins quelque liberté, célébrer toutes les fêtes, recevoir ou conduire les compagnons du Devoir, et sacrifier à l'amitié.

Car le surmenage de la manufacture, le travail intensif et obsédant, auquel nos ouvriers d'aujourd'hui sont pour la plupart accoutumés, semblaient pesants aux ouvriers du XVIIe siècle. Malgré des salaires souvent plus hauts, ils ne pouvaient s'adapter aux règlements terribles qui les privaient encore des maigres joies jusque-là accordées.

RÉFLEXIONS. — *Depuis le XVe siècle, où nous les avons laissées jusqu'en 1789, les corporations subsistent. Leurs vices, simplement s'accroissent : accaparement du privilège de maîtrise par les familles patronales, lutte des patrons entre eux et des ouvriers entre eux, etc.*

Mais, à côté du système corporatif, d'autres formes surgissent. Des artistes-artisans, comme Bernard Palissy, obtiennent du roi des brevets, des lettres royales, en dehors des privilèges de métier. D'autre part Henri IV, puis surtout Colbert, développent les manufactures.

Les manufactures obtiennent des privilèges, comme nous l'avons dit, et ne sont pas soumises aux règles des métiers.

Ce que nous avons tenté de montrer dans notre récit, c'est la situation de l'ouvrier de manufacture, ce sont aussi les sentiments que provoquait chez lui cette situation. Ce récit n'est qu'une mise en œuvre du règlement d'atelier de la manufacture de draps d'or et d'argent établie à Saint-Maur-les-Fossés. On en trouvera le texte dans l'Histoire des classes ouvrières avant 1789, de M. Levasseur (Tome II, p. 423).

Colbert et ses collaborateurs exigeaient surtout dans les manufactures un travail tout à fait intense. Ils exigeaient de la classe ouvrière qu'elle fût soumise et docile ; ils créaient pour ainsi dire une mentalité qui devait rendre plus facile le triomphe du machinisme moderne. C'est avec lui — on ne l'a pas assez remarqué — qu'apparaît le surmenage.

En tous cas, comme l'éprouvent aujourd'hui encore certains paysans attirés à l'usine, la discipline et le travail forcé parurent dès l'abord intolérables aux artisans. De nombreux conflits le montrèrent.

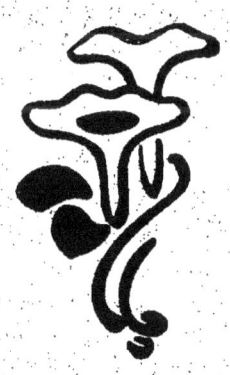

VINGTIÈME LECTURE

La suppression des maîtrises.

RÊVES OUVRIERS

— ALLONS, es-tu prêt, Jean Martin ? criait de la rue le sellier-carrossier Pierre Vas-selier. On t'attend, sais-tu ? Et il faudrait bien arriver à la *Bonne Galette* avant midi !

— Je viens, je viens ! répondit Jean par la fenêtre ouverte. Laisse-moi prendre mon argent. Car sans argent rien à faire.

— Prends-en beaucoup, repartit l'autre.

Et les amis qui l'accompagnaient dans la rue se mirent à rire.

Ils étaient là, en effet, cinq compagnons, deux boulangers, un sellier, un garçon de cave, un cordonnier, qui avaient coutume de se retrouver chaque jour dans un petit cabaret du bas de la rue Saint-Jacques, et qui avaient décidé de fêter, par une solide beuverie à Bagnolet, près Paris, la suppression des jurandes, maîtrises et communautés, qui venait d'être décidée.

C'est qu'il y avait beau temps, en effet, qu'ils l'attendaient cette suppression. Si les deux boulangers et le sellier n'y étaient pas très intéressés, étant tous trois de pauvres hères qui n'avaient point trouvé dans les bas de laine de leurs grand'mères de quoi faire construire un four ou acheter à l'avance des fers, des bois ou des cuirs coûteux, il n'en était point de même de Jean Martin, le garçon de cave, ni de Paul Daire, le cordonnier. Ces deux-là n'étaient point beaucoup plus riches que leurs amis. Mais il ne leur fallait point d'outils coûteux : avec son alêne et ses formes, Paul se chargeait de faire de bons souliers pour les ouvriers du faubourg Saint-Marcel, et Jean savait bien que les marchands de bière ou de vin, qui avaient apprécié chez son patron même sa fière gaîté ou son habileté à attirer le client, lui consentiraient quelque avance. Seuls, les droits de maîtrise et toutes les tracasseries, toutes les taquineries, que les maîtres avaient accumulées pour empêcher les compagnons d'ouvrir boutique en face des leurs, les avaient contraints de rester ouvriers jusqu'à ce jour.

aussi, dans leurs réunions amicales, pendant les soirées où ils jouaient aux dés, autour de quelques verres, la conversation est-elle souventefois revenue sur ce sujet. Ils avaient naguère beaucoup discuté à propos de l'édit de 1767. Cet édit avait établi dans chaque corps d'état un certain nombre de brevets, en faveur des compagnons ou

Fig. 108. — ATELIER DE SELLIER-CARROSSIER
(d'après l'*Encyclopédie*).

aspirants qui n'avaient point les sommes nécessaires pour acheter les coûteuses lettres de maîtrise. La royauté avait besoin d'argent; elle spéculait sur les ambitions des ouvriers. Ni Paul ni Jean n'avaient pu acheter les brevets.

Mais, depuis que l'on avait annoncé que le ministre du Roi, M. Turgot, avait préparé un grand édit portant suppression des jurandes et maîtrises, et autorisant un chacun à ouvrir boutique ou atelier, dans son métier, nos cinq compagnons ne parlaient plus que de cela, de l'échoppe de Paul, du cabaret de Jean, des frais d'installation, des gains possibles, du petit coin d'indépendance et de fierté où les trois autres amis pourraient venir librement respirer.

Un bourgeois philosophe qui fréquentait le salon de Mme Geoffrin, salon célèbre de l'époque, et qui connaissait l'abbé Morellet, avait bien voulu prêter le texte du projet d'édit à Paul, un jour que celui-ci lui avait rapporté une paire de souliers. Et Paul s'était efforcé de faire naître des prétextes pour retourner chez le client, causer avec lui, savoir comment se déroulait la querelle entre les partisans de M. Turgot et ses adversaires.

C'est ainsi que nos amis avaient appris l'opposition du Parlement qui soutenait les maîtres, la condamnation d'une brochure de M. de Condorcet sur la corvée, sur les travaux exigés des paysans pour les routes, et que M. Turgot voulait supprimer en même temps que les jurandes, puis les protestations des maîtres au Parlement, puis le lit de justice, c'est-à-dire la venue personnelle du roi pour contraindre le Parlement à enregistrer l'édit, et finalement sa publication, malgré les grands discours inutiles et pompeux de M. le chancelier Séguier ou du président d'Aligre.

Fig. 109. — Portrait de Turgot (d'après Cochin fils).

Mais maintenant, c'était fait et bien fait! Les édits étaient publiés; chacun allait pouvoir ouvrir boutique à son gré, pourvu qu'il eût de quoi. Plus de chefs-d'œuvre, plus d'examens, plus de droits; les clients sauraient bien reconnaître les plus capables. Quand Paul aurait ouvert son échoppe, quand Jean aurait ouvert son cabaret, leurs patrons, disaient-ils, verraient qui faisait leur fortune.

UNE PARTIE DE CAMPAGNE   Lorsque l'édit avait été publié, les cinq compagnons avaient décidé de le fêter tous ensemble, à la campagne, à Bagnolet. Malheureusement, la partie ne s'était pas arrangée tout de suite. Pierre avait été malade; il avait fallu attendre. Et c'était seulement par ce beau dimanche d'avril qu'ils avaient pu mettre à exécution leur projet.

Ils partirent, le bâton à la main, les provisions dans un sac que Jean portait sur son dos et qu'il devait donner ensuite au plus vaillant. Ils passèrent près de la massive prison de la Bastille; ils plaisantèrent dans le faubourg Saint-Antoine avec des compagnons ébénistes qu'ils connaissaient et avec des marchandes de poissons qui raillaient Jean portant son sac. Puis, ayant franchi la limite de l'octroi, ils traversèrent les champs et parvinrent, avec un solide appétit, à la *Bonne Galette*, une petite guinguette entre Montreuil et Bagnolet, parmi les vergers et les grands jardins des horticulteurs.

— Allons, bonne hôtesse, cria Jean en arrivant. Il faut préparer un très bon déjeuner. Aujourd'hui, nous sommes des maîtres !

La bonne hôtesse s'empressa.

Un lapin sauté fit la joie des six amis ; un vin blanc léger arrosa.

On but surtout à la santé de M. Turgot. Et l'on conta encore longuement de l'édit libérateur, de l'échoppe au cabaret.

— Pourvu que cela dure, mes pauvres, déclarait Pierre Ollier ! Je vous l'ai souvent rappelé, moi qui suis déjà vieux et qui n'ai plus d'espoir. En 1755, il y a quelque vingt ans, quand j'étais apprenti, on n'en avait point tant fait. On avait seulement décidé d'ouvrir les corporations, de les rendre plus accessibles. Et dans la boutique il y avait des compagnons qui se réjouissaient ! Mais, vous savez, les maîtres ont des appuis puissants. Ils ont bientôt supprimer ce qu'ils ont fait proclamer qu'il n'y aurait plus de maîtrises nouvelles. Et les règles des pauvres compagnons ont été brisées.

— Oui, repartit Jean, mais aujourd'hui M. Turgot est là, le roi le soutient.

— Es-tu bien sûr qu'il le soutiendra longtemps ? reprit Pierre.

— Oh ! je ne fréquente pas à la cour, dit Jean, en riant, mais tout le monde dit que le roi est bien bon !

— Trop bon ! trop faible ! repartit Paul. Moi aussi je suis

Fig. 110. — Le marché aux poissons (d'après la collection des *Costumes et mœurs* de la Bibliothèque nationale).

parfois inquiet. Et mon bourgeois m'a dit que la résistance était vive à la cour... Enfin qui vivra verra ! Nous sommes là pour nous réjouir. Il ne faut pas penser au pis. Pierre, verse-nous encore un verre de ce petit blanc, et toi, Jean, chante-nous la chanson que tu as entendue et achetée hier au Pont-Neuf. Ne te fais point prier. Tu nous l'as promis, commence. »

LA CHANSON DU JOUR

Jean ne se fit point prier. A pleine voix, joyeusement il entonna la chanson :

Enfin j'ons vu les édits
Du roi Louis seize ;
En les lisant à Paris
J'ons cru mourir d'aise.
Nos malheurs ont eu leur [...]
Chantons le verre à [...]
[main]
Vive Louis seize,
O gué !
Vive Louis seize !

Et les quatre autres reprirent au refrain :

Vive Louis seize,
O gué !
Vive Louis seize !

Puis Jean reprit :

Je n'irons plus au chemin
Comme à la galère,
Travailler soir et matin
Sans aucun salaire !

Fig. 111. — Une cuisine au XVIIIe siècle.

Le roi, je ne vous mens pas,
A mis la corvée à bas,
Oh ! la bonne affaire,
O gué !
Oh ! la bonne affaire !

— Ah ! oui ! dit Pierre, la bonne affaire ! Je les ai vus souvent, sur le Tour de France, les pauvres paysans, cassés

charriant les cailloux, obligés d'amener leurs voitures et
chevaux, alors que le travail pressait tant ! Ceux-là aussi,
je t'assure, peuvent se réjouir ! Continue, frère !

On dit que le Parlement,
D'un avis contraire,
Aux vœux d'un roi bienfaisant
Était réfractaire ;
Du peuple pauvre et souffrant
Le père il se dit pourtant.
Le beau fichu père,
O gué !
Le beau fichu père !

Qu'à son âge notre roi
Paraît déjà brave !
Il veut que chacun chez soi
Vive sans entrave
Et que j'ayons tous bientôt
Lard et poule à mettre au pot
Et du vin en cave,
O gué !
Et du vin en cave !

— Oui ! beaucoup de vin, crièrent à l'unisson les deux
boulangers !
Mais Jean continuait, avec passion cette fois, tourné vers
Paris, comme en une bravade au maître insolent resté là-
bas :

Il ne tient qu'à nous demain,
Avecque franchise,
D'aller vendre bière et vin
Tout à notre guise ;

— Ça, c'est pour toi, dit Paul en passant.

Chacun peut de son métier
Vivre aujourd'hui sans payer
Juré ni maîtrise,
O gué !
Juré ni maîtrise.

— Bravo ! bravo ! crièrent tous les autres en chœur. Encore une fois ce couplet-là, nous voulons tous le savoir.

Jean le reprit, ardent et fier. Et tous n'eurent point de mal à l'apprendre, tant il leur faisait de plaisir !

ÉPILOGUE ACCOUTUMÉ Mais quelques semaines, hélas ! devaient suffire à briser leur joie. Le roi était faible, comme le craignait Pierre ; il abandonna le ministre populaire aux rancunes et à l'égoïsme des privilégiés. Les maîtres des corporations, les nobles, les parlementaires, tout ce monde avait intrigué. Et, avant même que Jean eût eu le temps de trouver la petite boutique où il pourrait s'établir, au milieu des pleurs de tout le petit peuple, M. Turgot tombait en disgrâce.

Le 23 août 1776, un édit rétablissait les corporations et même prescrivait d'en établir dans des villes où il n'y en avait jamais eu. Mais le coup était porté. Ceux qui, comme Jean ou Paul, avaient longtemps attendu de pouvoir quitter leur condition d'ouvrier, et qui avaient salué l'édit de M. Turgot comme un édit libérateur, allaient se lancer avec ardeur dans l'action révolutionnaire. Par la loi de 1791 la Révolution devait combler leurs vœux.

Fig. 112. — LA GUINGUETTE (d'après la collection des *Costumes et mœurs* de la Bibliothèque nationale).

RÉFLEXIONS. — Il est peu de ministres réformateurs aussi célèbres que Turgot. C'est par sa politique méthodiquement poursuivie que la Révolution française aurait pu être évitée. L'intérêt de notre récit, écrit d'après les Mémoires secrets de Bachaumont (IX, 69, 21 mars 1776) est de montrer à quel point, au XVIIIe siècle, les privilèges de corporation pesaient sur la vie ouvrière. Les ouvriers sans doute alors devenaient de plus en plus préoccupés des salaires ; mais dans les métiers non industrialisés, la question de l'accès à la maîtrise restait à l'ordre du jour. Les contemporains attestent que l'édit de Turgot fut accueilli avec enthousiasme.

La plainte des paysans de Vaires.

MISÈRES DES CAMPAGNARDS

Il y a bien longtemps que nous n'avons rencontré dans nos récits les paysans de France. C'est que leur histoire n'abonde pas en aventures. Un vieux proverbe dit que les peuples heureux n'ont pas d'histoire... il faut compléter : les classes misérables, elles non plus, n'ont pas d'histoire.

Depuis que le paysan avait été affranchi du servage, depuis qu'il avait acheté au roi ou à ses seigneurs la liberté de circuler et le droit d'avoir une famille, il n'était pas devenu matériellement beaucoup plus heureux. Les droits seigneuriaux, innombrables, continuaient de l'entraver dans sa besogne quotidienne, ou de lui ravir la

Fig. 113. — La moisson au XVIIIe siècle
(d'après l'*Encyclopédie*).

meilleure part de ses récoltes. Lorsque l'année était mauvaise, il était souvent réduit à la plus noire des misères. A l'époque de Richelieu, telles étaient les souffrances que, malgré la sévérité royale, des révoltes avaient éclaté. A la fin du règne de Louis XIV, après toutes les guerres malheureuses de la succession d'Espagne, les paysans mouraient littéralement de faim. Au XVIIIe siècle, la disette fut presque constante dans les campagnes. En 1740, Massillon, évêque de Clermont-Ferrant, envoyait à Fleury ce rapport pénible :

« Le peuple de nos campagnes vit dans une misère affreuse, sans lits, sans meubles, la plupart même, la moitié de l'année, mangeant du pain d'orge et d'avoine, qui fait leur unique nourriture, et qu'ils sont obligés d'arracher de leur bouche et de celle de leurs enfants pour payer les impositions... C'est à ce point que les nègres de nos îles sont infiniment plus heureux, car en travaillant ils sont nourris et habillés avec leurs femmes et leurs enfants, au lieu que nos paysans les plus laborieux du royaume ne peuvent, avec le travail le plus dur et le plus opiniâtre, avoir du pain pour eux et leur famille et payer les subsides. »

Le marquis de Mirabeau disait aussi un peu plus tard : « On croira jusqu'à la catastrophe affamer toujours impunément. »

Chacun sait comment la catastrophe vint. Incapable de subvenir avec les ressources habituelles des impôts aux folles dépenses de la cour et aux charges de ses dettes, la royauté fut obligée en 1789 de convoquer les Etats généraux. Au début de cette année-là, les habitants de toutes les paroisses furent invités à rédiger leurs cahiers de doléances et à nommer leurs députés. Une immense espérance s'empara de tous les cœurs. Les plus misérables crurent à un allègement de leurs maux.

Fig. 114. — LE BATTAGE AU FLÉAU AU XVIII° SIÈCLE (d'après l'Encyclopédie).

Or, parmi tous les paysans du royaume, on en aurait trouvé difficilement, en cette année 1789, de plus malheureux que ceux de la paroisse de Vaires, dans la Brie.

M. de Gesvres, un seigneur de moyenne noblesse, y faisait valoir 400 arpents de belles terres. Deux fermiers soutenaient et servaient ses intérêts. Mais les seize pauvres familles qui composaient avec eux toute la paroisse étaient vraiment dans une détresse inimaginable. Si l'on en exceptait Potin, qui possédait une maison et trois arpents de terrain, et qui payait une rente à Monseigneur le duc de Gesvres, aucune de ces familles ne possédait rien. Elles étaient logées, parquées plutôt dans de petites chaumières, toutes basses, que leur louait le seigneur duc. Il n'y avait pas moyen d'y nourrir aucun bétail, de petite ni de grande espèce, et l'on ne pouvait même point y élever quelques volailles comme font la plupart des paysans. Les pères travaillaient tous au compte des deux fermiers ; ils gagnaient 20 sous, parfois 24 sous par jour. Mais comment faire vivre avec cela des familles de six ou de huit enfants, quand le pain coûtait 44 sous les 12 livres, le sel 14 sous la livre, et le beurre 24 sous ?

LES VŒUX DES PAYSANS DE VAIRES
Il y avait bien sans doute à Vaires, comme dans les autres pays, des terres communes, appartenant à la paroisse, c'est-à-dire à tous les habitants. C'étaient cent trente arpents de beaux prés, dont les pauvres paysans auraient pu profiter, s'ils avaient eu au moins quelque bétail. Mais à quoi donc ces prés pouvaient-ils bien leur servir, puisqu'encore une fois ils ne pouvaient pas loger de bétail ?

Peut-être aurait-on pu faire comme dans des paroisses voisines, à Noisy-le-Grand, à Campan, à Thieux, et dans d'autres encore, où les pauvres habitants, tous, d'accord, s'étaient partagé les terres communes. Chacun avait reçu sa part. Les uns l'avaient mise en labour, d'autres en saussaie et d'autres en pré, d'autres encore en pépinière d'arbres, et ils avaient tous très bien réussi.

Mais ici, à Vaires, les deux fermiers de M. de Gesvres s'y opposaient, et pour cause ! Eux seuls, en effet, envoyaient leurs bestiaux sur ces prés, eux seuls en tiraient du foin, sans compter même qu'ils s'étaient emparés secrètement de vingt arpents de terres communes, et que sans payer aucun tribut ils en tiraient de bon grain.

Les pauvres journaliers savaient cela. Ils voyaient d'année en année, le grand propriétaire leur ravir leurs droits, empiéter sur leurs biens communs. Mais comment auraient-ils pu lutter contre un seigneur aussi puissant ?

Souvent, pendant les longues veillées d'hiver, lorsqu'ils

étaient réunis plusieurs familles ensemble, à la lumière d'une même chandelle, ils avaient parlé et reparlé de ces choses. Mais qui donc pouvait et voudrait leur venir en aide, qui donc leur permettrait à eux, misérables, de se partager les terres ?

Quand ils avaient fini de parler et qu'ils entendaient le vent mugir dans les grands peupliers ou secouer les portes mal closes, il leur semblait que l'espoir ne leur était pas permis, et les vieux hochaient la tête.

Un jour cependant il vint du nouveau. Il y avait quelque temps déjà que les charretiers qui revenaient de Paris et s'en retournaient vers Meaux racontaient d'étranges choses: le roi et ses ministres étaient embarrassés; les impôts, les lourds impôts que les collecteurs exigeaient chaque année si impérieusement, ne suffisaient plus à toutes les dépenses, aux pensions des seigneurs ni aux fêtes de Versailles, et l'on voulait demander à tous les ordres, réunis en Etats généraux, de répondre aux désirs du roi et de voter de nouvelles charges. Mais les riches bourgeois des villes, les prêtres et même des seigneurs demandaient ce qu'ils appelaient des garanties; ils ne voulaient plus que l'argent versé au roi fût gaspillé en folles dépenses; ils demandaient une constitution, c'est à dire des règles permettant de surveiller les ministres, de bien contrôler l'administration, et ils demandaient aussi une convocation périodique, fréquente, des Etats généraux, pour que la nation connût ses propres affaires. Lorsqu'ils entendaient ces choses, les paysans de Vaires regrettaient

Fig. 115. — Un moulin a vent au XVIIIᵉ siècle
(d'après l'*Encyclopédie*).

chaque jour davantage de n'être pas instruits, de ne pas savoir lire, car ils en auraient su plus long et ils auraient mieux compris tout ce qui se préparait et qui peut-être allait faire leur bonheur.

Enfin, un dimanche de février 1789, au prône, le curé annonça que les habitants étaient conviés par le roi à s'assembler, à rédiger un cahier de plaintes et de vœux, et à nommer leurs députés.

Fig. 116. — Un maréchal ferrant au XVIIIe siècle (d'après l'*Encyclopédie*).

Ce fut une émotion et grande joie pour tous. De nouveau, dans toutes les chaumières, le projet de partage fut agité. « Nous voulons avoir les terres, nous voulons avoir les communs ! » c'était la phrase qu'on entendait partout.

LA RÉDAC-
TION
DU CAHIER

Au jour fixé, eut lieu la réunion. Ils savaient bien tous ce qu'ils voulaient demander. Mais que diraient les deux fermiers de M. de Gesvres ? C'était là ce qui les préoccupait.

Lorsqu'ils furent réunis, longtemps avant l'heure fixée pour l'assemblée, ils les virent venir tous les deux, l'air un peu narquois et hautain sans doute, mais avec une petite pointe d'inquiétude qui leur donna courage.

Potin, le plus heureux et le plus instruit de tous, était aimé. On le laissa conduire l'assemblée.

— Vous savez, dit-il, pourquoi nous sommes convoqués. Il faut que nous rédigions notre cahier de doléances. Notre seigneur le roi veut savoir tout ce que souhaite le pauvre peuple, et nous nommerons un d'entre nous pour aller à l'assemblée du bailliage.

— Mais tu iras, toi, Potin, s'écrièrent plusieurs à la fois. Tu sais lire, et tu sauras bien dire ce que nous voulons.

— Oh oui ! je le sais : je devrai dire tout d'abord que nous voulons les terres communes.
— Oui, dit le vieux Jean-Baptiste Clerc, le plus âgé de la paroisse ; oui, Potin, il faut que tu dises que nous voulons les terres communes, ainsi qu'on a fait à Noisy ou à Thieux. Si le roi nous permet de nous mettre ainsi en possession de cesdits terrains, et de cultiver librement chacun notre part, nous voulons bien payer par arpent

Fig. 117. — Costumes des députés des trois ordres aux États Généraux. De gauche à droite, député du Clergé, député de la Noblesse et député du Tiers.

4 livres de rente par an, et ainsi nous ferons une fondation d'une somme de cent livres pour avoir un maître d'école. Car tu sais lire, toi, Potin. Cela est avantageux de savoir lire. Eh bien ! nos enfants sauraient lire ! Ils seraient élevés dans la crainte de Dieu et dans l'instruction qui est due à l'homme. Le restant servirait à soulager la paroisse en cas d'accident, en cas d'incendie ou de ravagement d'eau ; ou bien encore on pourrait soulager les veuves et les orphelins, et aussi les malades.
— Oui, c'est bien cela que nous voulons, déclarèrent tout de suite quelques autres. Le maître d'école d'abord ! Car, quand nous serons instruits, nous saurons comment améliorer notre sort.
— Et puis, ajouta Pierre Letrémy, il faut demander aussi que sur lesdits terrains nous puissions construire comme il nous plaira. Cela nous exemptera de payer quarante livres par an...
— Et d'être dépendants des seigneurs comme nous le sommes, ajouta un autre.
— Tu comprends bien, Potin, reprit le vieux Jean-Baptiste, ce qu'il faut montrer. Avec chacun notre part de

communs, nous pourrions avoir du fourrage pour nourrir deux vaches et un cheval, nous pourrions avoir des poules et avoir des jardins qui nous produiraient de beaux légumes. Il faut bien dire cela au bailliage pour que notre député le redise au roi. Le roi est bon. Il nous accordera ce que nous demandons. Nous aurons ainsi une partie des aliments qui sont nécessaires à la vie, et nous vivrons bien mieux que nous n'avons pu faire jusqu'à présent. Tu dois bien le comprendre, Potin, toi qui es un peu plus heureux que nous.

— Oui, oui, dit Potin ému. Je tâcherai de bien dire tout cela, et je vais m'efforcer de l'écrire.

— Il faudrait voir cependant, dit un des deux fermiers. Est-il bien bon que les terres communes qui appartiennent à tous soient ainsi distribuées à un chacun? Si vous pouvez un jour avoir des vaches, vous serez bien contents de disposer de larges pâturages pour les faire paître.

Fig. 118. — LE RÉVEIL DU TIERS-ÉTAT (d'après une estampe révolutionnaire). Le Tiers-État enchaîné se réveille. Le noble et le prêtre s'enfuient effrayés. Au fond, la Bastille, et les troupes populaires qui vont s'en emparer.

— Oui, mais avec quoi acquerrons-nous des vaches? interrompit Potin. Ce n'est certes pas avec ce que nous gagnons à travailler pour vous.

— Vous feriez mieux de vous taire, dit soudain violemment le vieux Jean-Baptiste. Chacun sait bien, dans le village, comment peu à peu, sans aucun tribut, vous vous emparez des terres communes, et comment, sans payer de rente, vous savez jouir de notre bien. Eh bien! nous voulons dire au roi combien la petite populace des paroisses est lésée. N'est-ce pas, Potin, que tu le diras sur le cahier?

Le fermier n'osa point reprendre la parole. Il sentait bien que tous, dans l'assemblée, étaient d'accord avec le vieux.

désormais confiant en son droit. Et il ne se risqua même point à le menacer. Il n'osa pas dire, comme il avait accoutumé, qu'il se plaindrait à M. de Gesvres. Il sentait que la révolte grondait dans tous les cœurs.

Ainsi fut rédigé, en pleine confiance et espérance, le cahier des pauvres paysans de Vaires. Le soir, autour des tables, on but quelques verres de vin clairet, l'on trinqua à la santé du bon roi ; et dans les chaumières enfumées, plus d'un rêva du village nouveau qu'ils entrevoyaient, des beaux prés artificiels, luzernes, trèfles, foins, pois et vesces qui allaient entourer leurs maisonnettes, à eux, et des beaux troupeaux de bestiaux qui devaient errer à travers leurs champs.

Il fallut quelques années pour que la Révolution réalisât une partie de leurs espoirs. Mais, c'en fut vite fait de la domination insolente de M. de Gesvres et de ses fermiers dès le mois d'août 1789, tous avaient refusé les droits féodaux et commencé de prendre les terres.

RÉFLEXIONS. — Notre récit est simplement une mise en œuvre du cahier de la paroisse de Vaires, que M. Jaurès a reproduit et commenté au tome Ier de l'Histoire socialiste (t. Ier, p. 513) Selon notre habitude, tout en nous efforçant de présenter les faits sous une forme vivante, nous nous sommes tenus le plus près possible du texte du document. Il montre bien la condition des paysans dans les villages français au XVIIIe siècle, et aussi leurs revendications essentielles : partage des communaux, que les gros propriétaires tentaient de s'approprier, et droit à l'instruction.

VINGT-DEUXIÈME LECTURE

Une émeute de subsistances.

**INQUIÉTU-
DES RÉVO-
LUTION-
NAIRES**

C'ÉTAIT en février 1793. Il y avait déjà bientôt quatre années que la Révolution avait commencé. Le peuple de Paris avait connu déjà bien des épreuves, des joies et des inquiétudes. Il avait connu les affres d'un coup d'État imminent en juillet 89, et soudain l'élan enthousiaste de tous contre la Bastille ; en 1790, c'avait été la fête de la Fédération, mais, dès l'année suivante, le désarroi de la fuite royale, et la peur mauvaise des bourgeois feuillants, en juillet. En 1792, ensuite, c'étaient le défilé tumultueux et bon enfant du 20 juin, l'âpre bataille du 10 août, la panique de l'invasion et les massacres dans les prisons. Enfin la Convention, la grande assemblée, s'était réunie, et, courageusement, elle avait condamné à mort le roi Louis XVI, Louis Capet, traître à son peuple. Comme disait Danton, elle avait jeté cette tête de roi en défi à l'Europe.

Fig. 119. — SANS-CULOTTE (image révolutionnaire).

Fièrement, le 1er février, elle venait de déclarer la guerre au roi d'Angleterre. Cambon, le hardi et sérieux financier, avait fait décréter l'émission de huit cent mille francs d'assignats ; Dubois-Crancé présidait à la réorganisation de l'armée ; et pour que la grande assemblée fût partout présente au milieu des troupes, les représentants partaient en mission. La Révolution commençait sans peur la guerre à toute l'Europe.

Mais, s'il admirait ces résolutions, s'il s'enthousiasmait à l'idée d'une lutte générale contre les tyrans, le peuple de Paris demeurait inquiet, incertain des jours prochains.

Comment allait-on vivre dans cette tourmente ? Comment la Révolution nourrirait-elle ses défenseurs ? tel était le grand problème qu'il se posait.

Sans doute, le travail n'allait point trop mal. Les aristocrates prédisaient naguère que leur fuite ruinerait Paris : ils avaient été de bien mauvais prophètes. Avec quelques accrocs, quelques à-coups, évidemment, le travail avait continué, régulier, actif. Et dans les faubourgs, on ne se plaignait pas du chômage.

Mais les vivres renchérissaient terriblement ; et qui pouvait dire où s'arrêterait la hausse ? Les boulangers, les premiers, avaient voulu augmenter d'un sou le pain de quatre livres : la Commune, la bonne assemblée révolutionnaire, qui siégeait depuis le 10 août, les en avait empêchés, en leur payant une indemnité. Cependant ils parlaient encore d'augmentation, et, en tous cas, le pain était rare : il fallait s'y prendre de bonne heure chaque jour pour en avoir. La viande aussi devenait chère. Et les légumes donc ! et le sucre ! et la chandelle ! tout, enfin ! Il n'était pas jusqu'au savon qui, brusquement, venait de passer de quatorze et seize sous la livre à trente-deux sous.

De cela, souvent, on s'entretenait dans les mansardes des grands faubourgs, chez les ébénistes de Saint-Antoine ou les tanneurs de Saint-Marcel, mais aussi dans les boutiques laborieuses des quartiers du centre. Dans le quartier des Gravilliers surtout, l'agitation était grande, à ce sujet. Là, vivaient de petits façonniers, des artisans travaillant chez eux, des cordonniers, des gainiers, des maroquiniers, des ferblantiers, tous les fabri-

Fig. 122. — ÉTENDARD DE BATAILLON DES GARDES NATIONAUX (d'après un document appartenant à M. Poilpot). *Ce drapeau était celui de la section des Cordeliers.*

cants de ces petits objets de ménage ou de luxe qui font la renommée de Paris. Tous souffraient de la cherté des matières premières : les ferblantiers, en particulier, se plaignaient de voir tout le fer accaparé par les grands industriels. Les cordonniers voyaient les cuirs hausser de jour en jour. Mais ils s'irritaient surtout, eux et les compagnons qu'ils employaient, de voir les denrées nécessaires à la vie augmenter aussi de prix d'une manière exorbitante. Leurs ménagères s'irritaient, elles qui voyaient le salaire d'un travail normal devenu insuffisant pour les besoins quotidiens.

Sûrement, se disait-on, il y a des accapareurs... Varlet, un jeune homme ardent, qui parlait avec feu à l'assemblée de la section, Jacques Roux, un prêtre ami du peuple, qui aimait à s'asseoir et à converser dans les boutiques, l'avaient déjà plusieurs fois raconté : il y avait sûrement des aristocrates, des riches, qui accumulaient dans de vastes magasins toutes sortes de denrées, pour les revendre ensuite, à haut prix, au pauvre peuple affamé, ou aux artisans qui, pour leur industrie, avaient besoin de laine, de fer ou de cuivre.

Fig. 121. — LA FEMME DU SANS-CULOTTE (image révolutionnaire).

— A quoi donc, disait Jacques Roux, à quoi donc servira-t-il d'avoir coupé la tête du tyran et renversé la tyrannie, si nous sommes tous les jours dévorés lentement par les agioteurs, par les monopoleurs ? Ceux-là aussi ne sont-ils pas les pires oppresseurs du peuple ? Ah ! sans doute, ils se disent patriotes ! Sans doute, ils ont acquis des biens nationaux, et ils se prononcent pour la Révolution ! Mais cela leur donne-t-il donc le droit d'accaparer les denrées et de voler le pauvre monde ? Nous nous sommes soulevés contre le roi ; nous avons triomphé de lui, le 10 août ; nous avons fait rouler sa tête sur l'échafaud. S'il le faut, nous nous soulèverons bien encore contre les accapareurs. »

Ainsi parlait Jacques Roux. C'était un prêtre étrange. Il était venu à Paris sur le tard, on ne savait pas de quel pays. Il avait paru au club des Cordeliers et à la section de l'Observatoire. Puis il était venu s'installer dans le quartier des Gravilliers. Le 21 janvier, sur l'échafaud, il avait assisté Louis XVI. Il s'était montré impitoyable et cruel à l'égard du roi traître. Dans les discours qu'il tenait, il parlait toujours de cet horrible moment où le peuple avait été vengé. Il allait dans les rues où se pressait la foule; il parlait à tous, aux femmes surtout. Et celles-ci s'exaltaient, lorsqu'il leur faisait comprendre les manœuvres des accapareurs. Les hommes, poussés par elles, sentaient qu'ils devaient agir.

PÉTITION-NAIRES A LA CONVENTION

A deux, à trois reprises déjà, les délégués des sections et les représentants des 84 départements avaient apporté des pétitions à la Convention. Ils lui avaient demandé de faire une loi sur les subsistances; ils lui avaient demandé de taxer toutes les denrées et de punir les accapareurs.

Mais ils avaient été mal reçus par l'Assemblée. Claude Hendelet, orateur des pétitionnaires, s'était fait huer et menacer par les hommes de la Convention, pour avoir dit qu'il parlait « au nom de tous ses frères des départements ».

— Girondins comme Montagnards, disait-on maintenant dans les boutiques des Gravilliers, tous s'entendent à merveille pour garder le pouvoir : dans les assemblées populaires, ils savent fort bien haranguer, débiter les plus beaux discours et les meilleures leçons. Mais eux, ils soupent bien tous les jours; ils n'ont que faire de la taxation des denrées! Le citoyen Saint-Just lui-même, avec ses admirables théories, est du nombre des satisfaits. Saint-Just mange à sa faim chaque soir.

De tous côtés les bruits injustes, les calomnies, circulaient. Lentement, les colères montaient.

Le dimanche 24 février, au matin, à la porte des boulangeries, il y eut des rassemblements tumultueux. « Nous voulons du pain à notre suffisance ! » criait-on. « Faites venir des farines ; faites payer des indemnités aux riches ! Mais le peuple veut du pain ! » Du côté de la Seine, on avait annoncé que des bateaux portant une cargaison de savon étaient arrivés. Frémissantes, les blanchisseuses accouraient en foule. Autour des bateaux, ce fut une ruée. « Le savon à treize sols ! Le savon à treize sols ! criaient-elles. Donnez-le-nous tout de suite, ou nous le prenons. Nous ne souffrirons pas que les accapareurs l'enfouissent dans leurs magasins ». Il fallut bien le leur donner à ce prix.

Cependant, comme chaque dimanche la Convention recevait les pétitionnaires, quelques-unes crièrent : « Il faut aller à la Convention ! Il faut envoyer une députation ! » Et il fut ainsi fait. Elles criaient : « Du pain et du savon ! » La Convention reçut deux députations.

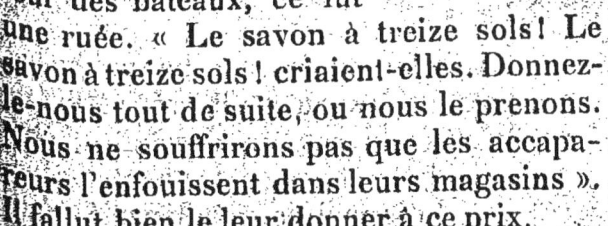

Fig. 120. — Étendard de bataillon des gardes nationaux (d'après un document appartenant à M. Poilpot). Ce drapeau était celui du district de Saint-Marcel.

« Les blanchisseuses de Paris, déclarèrent-elles en ce style pompeux qui était le style de l'époque, viennent, dans le sanctuaire sacré de la loi et de la justice, réclamer votre sollicitude. Non seulement toutes les denrées nécessaires à la vie sont d'un prix excessif, mais encore les matières premières qui servent au blanchissage sont montées à un tel degré que la classe du peuple la moins fortunée sera hors d'état de se procurer du linge blanc dont elle ne peut absolument se passer. Ce n'est pas la denrée qui manque ; elle est abondante. C'est l'accaparement et l'agiotage qui la font enchérir ...

« Législateurs ! vous avez fait tomber sous le glaive des lois la tête du tyran ; que le glaive des lois s'appesantisse sur la tête de ces sangsues publiques, sur ces hommes qui se disent perpétuellement les amis du peuple et qui ne le caressent que pour mieux l'étouffer. Nous demandons la peine de mort contre les accapareurs et les agioteurs ! »

La Convention, attentive, écouta ce discours, et elle ajourna au mardi sa réponse. Mais les blanchisseuses, en se retirant, s'écrièrent : « Nous vous ajournons à demain lundi. Quand nos enfants nous demandent du lait, nous ne les renvoyons pas au surlendemain. »

La soirée fut menaçante. Excitées par leurs premiers actes, exaspérées par la réponse de la Convention qui, une fois encore, venait d'ajourner leur requête, les femmes étaient décidées à recommencer.

L'ÉMEUTE — Au matin, le 25, toutes, de bonne heure, furent dans les rues. Marat, l'Ami du peuple, le journaliste aimé du pauvre monde, celui qui était si bien informé de tous les faits et gestes des contre-révolutionnaires, avait parlé, dans son journal, des accapareurs, des monopoleurs ! Il aurait voulu, lui, qu'une entente des citoyens permît de faire venir de l'étranger les denrées de première nécessité et de les donner au prix coûtant. Mais il disait bien, et on répétait sa phrase :

Fig. 123. — Portrait de Marat.

« Le pillage de quelques magasins, à la porte desquels on pendrait les accapareurs, mettrait fin à ces malversations qui réduisent vingt-cinq millions d'hommes au désespoir et qui en font périr des milliers de misère. »

A huit heures, dans beaucoup de rues, les boutiques des épiciers et des marchands de chandelles étaient entourées d'une foule nombreuse. Rue des Cinq-Diamants et rue des Lombards, c'étaient de véritables sièges. Les femmes étaient passionnées, furieuses. Elles avaient eu tant d'inquiétudes, depuis quelques semaines ! Beaucoup d'entre elles s'étaient armées ; elles avaient des pistolets à la ceinture et ne s'en cachaient pas. « Le sucre à vingt sols ! Le savon à douze sols ! la chandelle à douze sols ! criaient-elles, voilà ce que nous voulons. »

Et effectivement, celles qui achetaient payaient à ce prix. De l'esprit-de-vin cependant fut pris ; du beurre et du miel furent gaspillés et foulés aux pieds. Ce sont là des excès difficilement évitables dans une grande foule.

Cependant le Conseil général de la Commune s'était rassemblé. Il avait arrêté qu'il resterait en permanence. Il était favorable au peuple. Mais il avait la charge de maintenir l'ordre ; sinon, la Convention allait intervenir. Pendant la séance, de minute en minute, des citoyens arrivaient, commissaires de sections ou officiers de paix, qui venaient annoncer ce qui se passait. « Telle rue est envahie ! Telle boutique est pillée ! » disaient-ils. Dans les tribunes, les hommes et les femmes criaient : « Tant mieux ! Tant mieux ! » Mais les membres du Conseil étaient de plus en plus inquiets.

Sur le soir, Jacques Roux vint au Conseil. Cuvillier, un autre membre de la Commune, l'accusa d'avoir justifié les pillages. Le prêtre ne s'en défendit pas : « J'ai toujours, dit-il, professé les vrais principes. Dussé-je être appelé le Marat du Conseil général, je ne m'en départirais pas... Je pense, au surplus, que les épiciers n'ont fait que restituer au peuple ce qu'ils lui faisaient payer beaucoup trop cher. »

Fig. 124. — Carte du Club des Cordeliers.

Peu à peu, cependant, l'émeute s'apaisait, les abords des boutiques se dégageaient. La Convention avait conféré à la Commune le droit de faire battre la générale. Dans les rues où le soir tombait, on entendit le roulement lugubre du tambour.

Les blanchisseuses, les ménagères, tous les artisans des Gravilliers étaient rentrés chez eux. Mais la Convention sentait plus vivement la nécessité de subvenir aux besoins de ce peuple, que l'action révolutionnaire maintenait en une fièvre constante. Plus le peuple se sentait de mérite, et plus il comprenait qu'il était l'auteur de la Révolution, qu'il sauvait la patrie, moins il supportait de vivre dans la misère.

RÉFLEXIONS. — La question des rapports entre maîtres et ouvriers n'est pas au premier plan de la Révolution. On note à peine de 1789 à 1794, quelques mouvements de revendication pour de plus hauts salaires : ce sont les questions politiques qui occupent tous les esprits. Il y a cependant, à Paris, en particulier, une opposition économique très nette qui se manifeste : c'est celle de l'artisanerie et de la grande industrie ou grand commerce. Les agioteurs, les accapareurs, les monopoleurs, ce sont les grands entrepreneurs qui commencent leurs opérations. Contre eux, petits patrons et ouvriers sont d'accord. En 1793, les ouvriers ferblantiers des Gravilliers se plaignent que quelques riches fabricants accaparent toute la matière première. Ce qu'il importe de marquer en outre, c'est la forme de la revendication populaire. Depuis le 10 août, le peuple de Paris ne se sent plus dans la situation inférieure où il se trouvait aux débuts de la Révolution. Il comprend qu'il a part à l'œuvre de liberté. Il réclame qu'on s'occupe de son sort. Il réclame, d'abord la taxation des denrées ; il réclamera ensuite des remèdes à l'inégalité. La démocratie politique tend à s'élargir en démocratie sociale.

Sur la journée même du 25 février, on a commis beaucoup d'erreurs. On trouvera sur le rôle de Jacques Roux, sur celui de Marat et sur la portée de la journée, une remarquable étude critique de M. Jaurès dans l'Histoire socialiste (t. IV, p. 1016 et sq.)

VINGT-TROISIÈME LECTURE

Jacquard.

UNE VIE AGITÉE Au cours des siècles, beaucoup d'inventeurs, ayant même rendu de grands services à l'humanité, sont demeurés obscurs ; beaucoup aussi ne sont connus que dans les métiers qui bénéficient encore quotidiennement de leur effort. Mais tout le monde connaît Jacquard, l'ouvrier lyonnais, et, de son vivant même, hommage fut rendu à son génie inventif.

Il était né en 1752. Il était fils d'un paysan, d'un petit propriétaire de Couzon, village de la banlieue de Lyon. Mais son père avait vendu son domaine, pour s'enrôler « dans la fabrique », comme on disait : il avait acheté des métiers et il était devenu tisseur de soie. Le tissage de la soie était, depuis le xvi° siècle, la principale industrie lyonnaise. Et, comme le père de Jacquard, beaucoup de paysans se trouvaient alléchés par les hauts salaires qu'ils espéraient gagner.

C'était alors une machine très compliquée qu'un métier à tisser la soie. Pour réaliser dans l'étoffe les beaux dessins ou les effets de relief qui faisaient la célébrité des tissus lyonnais, il fallait tout un appareil de cordes, destiné à régler l'élévation ou l'abaissement des fils de la chaîne, selon le dessin qu'il fallait reproduire. Le tisseur dirigeait la navette. Mais, à côté de lui, une ou plusieurs femmes, ou des enfants, courbés sous le métier, suivaient attentivement son travail et faisaient mouvoir les cordes, afin de soulever les groupes de fils. On les nommait *tireurs de lacs*. Dans l'atelier que son père venait de fonder, le petit Jacquard fut tireur de lacs.

Il était devenu bon ouvrier, quand son père mourut, pauvre encore, et lui laissant pour tout héritage ses deux métiers. Joseph-Marie se mit au travail. Il aimait à rêver, à réfléchir longuement en voyant la marche d'une mécanique, métier ou autre, et il recherchait toujours s'il n'y avait pas quelque moyen de la perfectionner. D'autres rêvent d'amour ou se plaisent à imaginer mille beaux tableaux. Lui, il rêvait de leviers, de poulies, de cylindres, de ressorts, d'engrenages. Et son esprit, toujours en mouvement, composait mille machines nouvelles.

Un jour, par exemple, il avait examiné longuement le travail des couteliers ; il revint, réfléchit, et il inventa une machine qui faisait en quelques heures le travail de quatre ouvriers en un jour ; les apprentis du patron, à qui il le proposa, brisèrent le modèle, de peur de n'avoir plus de travail.

Mais c'était surtout le métier à tisser la soie qui sollicitait son attention. Vaucanson, le mécanicien le plus célèbre du xviiie siècle, l'inventeur de cent personnages automates merveilleusement combinés, avait été chargé autrefois par Fleury d'examiner les métiers à tisser la soie, et il les avait déjà beaucoup perfectionnés. Mais ne pouvait-on pas faire plus ? Ne pouvait-on pas, à l'aide de quelques rouages, alléger le dur travail des femmes et des enfants, occupés à suivre le dessin, travail qui disloquait les membres et souvent abrégeait la vie ?

Fig. 125. — Vaucanson.

Jacquard cherchait donc. Mais a-t-on le droit de chercher, quand on n'est point riche, quand on a une famille à nourrir ? Non, la société ne reconnaît point ce droit-là même à l'ouvrier de génie, qui, sans connaissance des mathématiques, conçoit et réalise des perfectionnements inouïs. Jacquard rêvait. Il ne travaillait pas ; il achevait de se ruiner. Ses rivaux le raillaient ; ses amis l'accusaient, lui faisaient des reproches, exactement comme autrefois les gens de Saintes insultaient et calomniaient le pauvre Bernard Palissy. Mais Jacquard, du moins, avait une consolation que n'avait point trouvée l'illustre potier. Sa femme seule, Claudine Boichon, la fille d'un armurier, comprenait la sincérité de son effort et la grandeur de son génie. Sans se plaindre, elle laissa vendre les deux métiers, elle vendit même ses bijoux, elle vendit jusqu'à son lit pour payer les essais, pour rembourser les dettes du pauvre chercheur.

VINGT-TROISIÈME LECTURE

Bientôt pourtant, le pain manqua. Désespéré, Jacquard quitta la cité inhospitalière ; il partit pour gagner sa vie. Il laissa sa femme, son petit enfant, qu'elle allaitait ; et, cependant qu'elle travaillait dans une fabrique de chapeaux de paille, il s'embaucha, lui, comme manœuvre dans un four à chaux.

Les années passèrent ; la tourmente révolutionnaire survint et l'entraîna. Il était rentré à Lyon. On sait combien Lyon fut agité de 1789 à 1794 ; en mai 1793, l'administration révolutionnaire jacobine que la ville s'était donnée fut renversée par les Girondins, aidés sans doute de royalistes. Lyon se révolta contre la Convention. La plupart de ses habitants étaient animés de sentiments fédéralistes, particularistes. Jacquard prit part à cette révolte. En octobre, lorsque Collot d'Herbois, commandant l'armée de la Convention, investit la ville, il fut de ceux qui résistèrent le plus énergiquement.

Son fils, devenu un grand jeune homme de 18 ans, combattait avec lui. Pour échapper à la répression, l'un et l'autre, ils s'enrôlèrent à l'armée du Rhin. L'un et l'autre, ils furent courageux, enthousiastes de la cause révolutionnaire contre l'Europe monarchique. Mais, hélas ! le fils tomba, tué d'un boulet sur un champ de bataille. Découragé, languissant, misérable, le père revint vers Lyon.

Fidèle toujours et énergique, la pauvre Claudine attendait. Jacquard la retrouva qui étendait le linge d'une blanchisseuse dans un grenier des faubourgs. Elle était prête à reprendre joyeuse avec lui la vie de travail et de misère. Mais c'en était trop. Tant de privations, de souffrances, d'émotions, et surtout la perte du fils aimé, avaient épuisé la pauvre femme. Elle mourut, exhortant Jacquard à ne point désespérer, et confiant le grand rêveur aux soins d'une amie qu'elle aimait tendrement.

LA DÉCOUVERTE — ANNÉES de solitude, de misère, de chagrin. Le génial ouvrier va-t-il pouvoir encore déployer ses facultés ? Son imagination puissante et alerte n'est-elle point épuisée maintenant, anémiée par tant de douleurs ?

Non. Bien qu'il ait maintenant près de cinquante ans, il lui suffit d'un peu de calme ; il suffit que la vie lui soit à peu près assurée pour que s'épanouisse encore, après tant de douleurs, sa puissante intelligence créatrice.

Le jour, Jacquard travaille, simple ouvrier, à la tâche, chez un fabricant de la ville ; la nuit, il travaille encore avec un couteau, fiévreusement, sur des morceaux de bois. Il crée le modèle de la mécanique à laquelle il rêve depuis si longtemps, celle qui doit supprimer les ouvriers aides du tisseur.

Cette fois, il atteignit le but. En 1800, il obtint une médaille « pour une machine qui supprime un ouvrier dans la fabrication des tissus brochés ». En 1802, lorsque les délégués de la République cisalpine furent assemblés à Lyon, Jacquard, déjà célèbre par cette première invention, reçut la visite du grand Carnot qui venait examiner son métier. Carnot l'appela à Paris, Jacquard le stupéfia par une machine à faire des filets qui « faisait des nœuds avec un fil tendu ». Jacquard fut alors attaché au Conservatoire des arts et métiers.

Fig. 126. — CARNOT.

Il découvrit dans un coin le modèle d'une mécanique de Vaucanson. Il en tira des idées nouvelles. De retour à Lyon, passionnément, pieusement, il chercha. Car c'était un dévot, c'était presque un mystique, comme tant de Lyonnais. Et c'est en priant la Vierge de Fourvières, en faisant des neuvaines dans son église, qu'il continuait ses recherches.

Enfin, il trouva : plus de tireurs de lacs, plus de liseuses de dessins pour avertir le tisseur de la navette à lancer. L'ouvrier désormais serait seul en face du métier ; la force de travail serait ménagée.

A cette époque, vers 1805, Jacquard est revenu à Lyon, presque illustre. Si le gouvernement napoléonien a été par bien des côtés néfaste, on ne peut lui reprocher, en effet, de n'avoir pas encouragé les inventeurs, les industriels, les fabricants. Jacquard, lors de son retour dans sa ville, a reçu de l'empereur mille écus de pension, à la condition de ne fabriquer que pour sa patrie. Sur le métier nouveau, en reconnaissance, il a fabriqué une robe merveilleuse pour l'impératrice. Aidé par le fabricant Camille Pernon, il fait adopter son métier. En 1807, la ville de Lyon lui achète, pour 3000 francs de rente, le droit de disposer de son invention. Il demande à l'empereur de lui faire reconnaître un droit de 50 francs par métier. « En voilà un qui se contente de peu ! » s'écrie Napoléon Ier.

LES OUVRIERS ET LA MACHINE Mais, si Jacquard peut vivre enfin, s'il est sorti de la misère, n'a-t-il point à son tour involontairement créé de la misère ? Que vont devenir les tireurs de lacs ou les liseuses ? Comment gagneront-ils leur vie ? Et les tisseurs n'ont-ils pas maintenant un travail plus pénible, nécessitant plus d'attention encore, au moment même où se trouve supprimé le petit bénéfice qu'ils pouvaient tirer du salaire payé à l'enfant, tireur de lacs ?

Dans les logis des faubourgs, où l'on entend toute la journée le battement des métiers, la colère grandit sourdement contre Jacquard. « Il vend le peuple

Fig. 127. — Métier a tisser muni de la machine de Jacquard.

aux riches ! s'écrie-t-on. On le récompense de notre mort ! On lui paie le prix de notre sang ! » Quelques ouvriers, n'ayant pu mettre en œuvre ses machines, le traduisent devant les prud'hommes ; ils veulent le rendre responsable de leurs pertes, surtout discréditer son invention. Mais ils sont déboutés de leurs plaintes. Alors, publiquement, par les rues, on le poursuit, on l'insulte, on le désigne à la haine des sans-travail. Certains brisent ses machines. Un jour même, comme il passe sur le quai du Rhône, près de la porte Saint-Clair, quelqu'un le reconnaît. On le hue, on le bouscule, on le renverse dans la boue ; et il va être précipité dans le fleuve quand les agents de police interviennent et le sauvent.

Il dut se cacher. Il quitta la ville, consterné, et se réfugia à la campagne.

Les historiens ont coutume de blâmer les ouvriers, qui souvent dans ces premières années du grand développement industriel, brisèrent les machines nouvelles. Chaque fois que de tels faits se sont produits, les économistes, c'est-à-dire ceux qui prétendent étudier les origines de la nature des richesses, ont savamment démontré à ces ouvriers que, si les machines les privaient momentanément de travail, elles allaient permettre de produire à meilleur marché et rendre accessibles à de petites bourses des produits jusque-là réservés aux riches. « Ainsi, disent-ils, on produira bien davantage, et si pour quelque temps des ouvriers sont renvoyés, ils retrouveront bientôt à s'employer. »

Mais les économistes ne s'aperçoivent pas et les historiens oublient que les ouvriers misérablement payés ne peuvent attendre seulement un jour, lorsque la machine les prive de travail. On décuplera la production. « On inventera d'autres travaux, et c'est vrai ! disait éloquemment Lamartine, un jour qu'il traitait de ce sujet. — Mais en attendant, des générations auront souffert, gémi, péri en maudissant le machiniste. La divine machine humaine n'a-t-elle donc pas le droit d'être protégée et de gémir aussi quand on la brise ? »

La machine, dans l'esprit des inventeurs, doit alléger la peine de l'ouvrier ; elle doit augmenter la jouissance de tous. Pourquoi ne profite-t-elle qu'à quelques-uns ? Pourquoi réduit-elle des masses à la misère ?

Ce n'était peut-être point contre les machines ni contre l'inventeur, que les tisseurs auraient dû tourner leur colère. Mais on ne saurait, sans injustice, leur faire grief de leurs plaintes ni de leurs révoltes.

Heureusement, les conditions économiques furent bonnes pour l'industrie lyonnaise, pendant les années qui suivirent l'invention. Les commandes étaient abondantes ; les métiers se multiplièrent ; il n'apparut point que les négociants avaient seuls le bénéfice de l'invention ouvrière. Et les tisseurs cessèrent de faire peser sur Jacquard l'accusation qui aurait dû tomber sur un régime social injuste qui réserve à quelques-uns le bénéfice de tous les progrès humains.

Fig. 128. — Portrait de Jacquard.

Jacquard eut alors une vieillesse heureuse et tranquille. Il vivait dans une petite maison champêtre, à Oullins, servi seulement par la vieille amie à qui sa femme mourante avait recommandé. C'était un vieillard de taille haute, quoiqu'un peu affaissée sur elle-même, le front vaste, les yeux larges, la bouche épaisse et déprimée aux coins des lèvres, les joues caves. Les voyageurs qui venaient de France ou de l'étranger pour lui rendre visite étaient frappés de la langueur triste et méditative empreinte sur sa physionomie. Il s'amusait à cultiver les plates-bandes de son jardin ; il assistait chaque jour à la messe, et distribuait en rentrant des piécettes d'argent aux enfants. Mais c'était toujours à sa machine qu'il pensait, à la mécanique, enfin découverte, qui l'avait tiré de la misère ; il était fier de l'avoir créée ; il avait autour de lui, sous ses yeux, ses diplômes, ses médailles, ses modèles, et il portait un ruban rouge très large. « Mais son contentement de lui-même, a dit Lamartine qui le vit alors, n'offensait ni n'offusquait personne. » Et c'est doucement, dans le sentiment de sa gloire, que le vieil ouvrier s'éteignit en 1834, à l'âge de 82 ans.

RÉFLEXIONS. — Nous nous sommes servis, pour écrire la biographie de Jacquard, de l'Eloge historique de Jacquard par M. de Fortis et du Jacquard de Lamartine.

Il est facile de dégager la portée de ce court récit. Il montre la situation de l'ouvrier-inventeur, au cours du XIXe siècle. Jacquard n'est aidé et soutenu que lorsqu'il a réussi.

C'est merveille qu'il ait pu, après une jeunesse de misère et de douleur, faire les merveilleuses découvertes de son âge mûr. Mais l'application de la découverte est devenue une question municipale et nationale ; Lyon et le gouvernement français ont prétendu s'en réserver le bénéfice.

D'autre part, la mésaventure de Jacquart, traqué par les tisseurs, montre le trouble profond introduit dans la classe laborieuse par le développement du machinisme. Pendant tout le cours du XIXe siècle, il s'est produit des mouvements contre les machines. Rappelons ceux de l'Isère sous la Restauration, de Paris en 1830, de Roubaix en 1865, etc. Nous avons tenté de marquer, dans le récit même, quelles réflexions ils peuvent provoquer.

VINGT-QUATRIÈME LECTURE

Une soirée chez les riches.

LE SALON DE M. MILLET

Un soir d'hiver de 1838, M. Millet, un riche banquier parisien, avait reçu, comme il aimait à le faire, quelques amis intimes et quelques hommes connus. M. Millet avait l'esprit cultivé : il lisait le *Journal des Débats*. Il avait applaudi à la révolution glorieuse de juillet 1830 ; il n'était point descendu dans la rue, sur les barricades, où flottait le drapeau tricolore, mais il avait envoyé des secours aux blessés. Il ne s'était pas ruiné, comme son confrère M. Laffitte, le banquier libéral, le ministre démocrate du nouveau roi Louis-Philippe, à faire de la politique. Depuis 1833, au contraire, depuis la reprise des affaires, il avait réalisé de beaux bénéfices ; mais il aimait bien parler des questions sociales. C'était un homme rangé et simple. Son plus grand, presque son seul plaisir, c'était de réunir, chaque semaine, le vendredi, quelques amis de jeunesse, industriels ou banquiers comme lui, et quelques députés, quelques membres des Académies. M. Dupin, qui était depuis 1832 président de la Chambre, ne dédaignait point de venir chez lui ; et M. Fulchiron, industriel et député lyonnais, était son familier.

Or, ce soir-là, M. Villermé, membre de l'Académie des sciences morales, avait été invité par M. Millet. M. Villermé avait été chirurgien militaire au temps de l'Empire. Mais depuis la Restau-

Fig. 129. — Un salon sous Louis-Philippe (Cette gravure et les suivantes sont extraites de la collection de l'*Histoire de France*, de la Bibliothèque nationale).

ration, il s'était consacré à des travaux de statistique ; il avait cherché à fixer les lois qui régissent le nombre des naissances ou des décès ; puis il avait été chargé par l'Académie d'une enquête sur la condition des ouvriers.

Déjà le bruit courait dans le monde qui touchait un peu à l'Académie que l'enquête révélait des faits effrayants sur la misère des grands centres industriels. Et, comme on discutait beaucoup des questions ouvrières, comme les amis de M. Millet avaient là-dessus quelques avis très arrêtés, le banquier avait invité l'académicien, en se promettant bien de le pousser jusqu'en ses derniers retranchements.

Aussi, lorsqu'on fut dans le salon, après le dîner, et lorsque le domestique eut activé le feu, remis deux bûches, relevé la cendre, et que les invités se furent rangés autour de la cheminée, Mme Millet ne tarda point à engager la conversation.

— Eh bien ! Monsieur Villermé, dit-elle, nous n'avons pas encore parlé de vos travaux. Votre rapport avance-t-il, et l'Académie va-t-elle bientôt connaître les résultats de votre enquête ?

Mme Millet, une petite femme à cheveux blancs et aux yeux malicieux, tentait bien de s'intéresser aux graves problèmes qui sollicitaient l'attention de son mari ; et, lorsque venait quelque hôte de marque, elle engageait toujours avec bonne grâce la conversation attendue. Mais, son petit devoir rempli, malgré toute sa bonne volonté, elle ne suivait point longtemps les discuteurs de son salon et, en dépit de quelques réflexions, lancées de temps à autre, pour bien attester qu'elle était toujours là, elle donnait à sa tapisserie une attention plus grande que ne le méritait ce simple « maintien ». Ce soir-là cependant, elle écouta.

— Les résultats de mon enquête, dit Villermé, c'est à d'autres qu'il appartiendra de les dégager tous. Moi, Madame, je me contente de dire le plus fidèlement possible ce que j'ai vu. Et cela, j'espère pouvoir le dire bientôt à l'Académie... Dans quelques mois au plus tard mon rapport sera prêt.

— Ce sera sans doute bien intéressant, reprit Mme Millet. Vous avez dû voir des choses curieuses.

— Oh ! des choses souvent bien tristes, et mon cœur se serre quelquefois lorsque je tente d'écrire, de fixer sur le papier les scènes horribles que j'ai vues.

— Mais où donc ? A Lyon ? dans la Normandie ?

— Oh ! un peu partout, partout au moins où les grandes usines se sont établies, et où les machines se sont multipliées.

MISÈRE DES OUVRIERS

— On dit, interrompit le fils de M. Millet, que les ouvriers du Nord sont particulièrement misérables.

— Cela est vrai, répondit l'économiste. Lille compte un indigent inscrit sur quatre habitants. Et rien n'est plus épouvantable que ces caves de la rue des Etaques, où je suis allé. Imaginez des sous-sols humides, où l'on descend par un escalier qui en est très souvent à la fois la porte et la fenêtre. Là, dans ces taudis infects, qui évoquent les cachots du moyen âge, où la nuit vient une heure plus tôt et le jour une heure plus tard que pour tous les autres hommes, j'ai vu, non pas une fois, mais fréquemment, reposer ensemble des individus des deux sexes, d'âges très différents, la plupart sans chemise et d'une saleté repoussante. Père, mère, vieillards, enfants, adultes s'entassent là.

— Mais c'est horrible, cela ! s'écria Mme Millet. Pourquoi donc logent-ils là ?

L'émotion de la bonne dame la faisait parler sincèrement et naïvement. Villermé dut lui expliquer que les pauvres de Lille ne trouvaient point à se loger ailleurs, avec les maigres salaires qui leur permettaient tout juste de ne pas mourir de faim. Le grenier ou la cave, tel était le choix, et la cave valait peut-être mieux, puisqu'elle garantissait, malgré tout, contre les extrêmes de la température.

— Mais ils gagnent donc bien peu ? reprit Mme Millet, qui de plus en plus s'intéressait.

— Oh ! oui, souvent bien peu. Dans les tissages, un homme gagne en moyenne 2 francs par jour, la femme 1 franc, les jeunes gens de douze à seize ans 75 centimes, et les enfants au-dessous de douze ans 45 centimes. Et cela pour des journées de douze, quatorze, parfois même seize heures par jour ! En 1832, la moyenne du salaire a été, pour tous les ouvriers d'une grande manufacture d'Alsace, de 73 centimes environ. A Mulhouse, à Troyes, il y a des tisseurs qui ne gagnent que 46 centimes par jour. Même en travaillant dix-sept heures, il y a des quantités d'ouvriers qui ne peuvent vivre que grâce aux secours publics ou privés.

Le sage économiste, peu à peu, s'enhardissait. Il laissait librement parler ses souvenirs ; il laissait voir l'émotion avec laquelle il avait vu toutes ces misères ouvrières. Les habitués du salon étaient un peu stupéfaits de voir la maîtresse de maison conduire vraiment la conversation. Et ils hésitaient un peu à intervenir, comme ils se l'étaient promis intimement; quelques gros patrons s'impatientaient. M. Millet le sentit.

Fig. 130. — Types de misère sous Louis-Philippe.

— Tout cela est vrai, dit-il après un petit claquement de langue, tout cela est vrai, Monsieur Villermé. Mais, enfin, vous avouerez bien que parmi les ouvriers, il y en a beaucoup de peu intéressants. Il y en a, certainement, qui sont réduits au strict nécessaire : les duretés de la concurrence, en effet, ont souvent contraint les industriels à baisser les salaires. Mais il y en a beaucoup aussi, avouez-le, qui sont misérables par leur faute : ainsi, moi qui vous parle, j'ai parcouru aussi notre région du Nord, et j'y ai pu voir, comme vous les avez certainement vus, les ravages que faisaient la bière et le genièvre.

— Je ne vous contredirai pas, Monsieur, repartit Villermé, j'ai noté des faits plus affreux peut-être encore que vous-même n'en avez vu. Les plus pauvres ouvriers de Lille se nourrissent surtout de pommes de terre, de quelques légumes, de soupes maigres et de charcuterie. Pendant les repas, l'eau est l'unique boisson. Mais vous les retrouvez ensuite au cabaret ; vous les retrouvez vacillants, par les rues, ou souvent dans le ruisseau. Les femmes mêmes, après les dures semaines de labeur, ont cette abominable passion : ce n'est point seulement pour empêcher leurs enfants de crier, pendant qu'elles vont à la manufacture, qu'elles donnent à leurs enfants un stupéfiant, un *dormant*, comme elles disent, mais aussi les dimanches et jours de fête, quand elles veulent

VINGT-QUATRIÈME LECTURE

demeurer longtemps au cabaret. Seulement, tout cela n'est-il point l'effet du dur régime auquel ces malheureux sont soumis ? Tout cela n'est-il point l'effet des interminables journées de travail qui les épuisent ? Voilà la question, et je ne sais pas si vraiment on peut rendre les ouvriers des usines seuls responsables de leur propre alcoolisme.

Fig. 131. — LA SOIRÉE DU PEUPLE.

— Comment cela? s'écrièrent unanimement quelques hôtes de Mme Millet... Mais, si vous donnez plus de loisirs, les ouvriers les passeront encore au cabaret.

LES ENFANTS A L'USINE

C'EST comme pour les enfants, ajouta un autre, avant même que l'économiste eût pu répondre. On parle de les protéger, de les empêcher de travailler à l'usine avant un certain âge, afin, dit-on, de leur permettre de s'instruire. On oublie d'abord que les parents malheureux, qui peuvent à peine nourrir leur enfant, ont bien le droit de l'envoyer de bonne heure à l'usine. Mais ce qui est sûr, c'est que si on les en empêche, on fera simplement de tous ces enfants des paresseux, des vauriens, qui, après avoir couru par les rues pendant six ou huit ans, arriveront à l'âge de gagner leur vie sans avoir aucune habitude de travail.

— Ah ! Monsieur ! repartit l'économiste, si vous aviez vu comme moi les petits aides des fileurs d'Amiens mettre en mouvement les machines à filer ou à carder, si vous aviez vu les pâles jeunes filles de Nîmes tourner les dévidoirs pour le tirage de la soie, si vous aviez vu les femmes alsaciennes, maigres et la taille courbée, se rendre pieds nus, dans la boue, à la manufacture, et leurs petits enfants, non moins sales, non moins hâves, couverts de haillons tout gras de l'huile des métiers, et tenant à la main ou sous leur veste le morceau de pain qui les nourrira jusqu'à l'heure de la rentrée à la maison, si vous aviez vu tout cela, vous trouveriez comme moi que ces petits malheureux achètent bien cher, au prix de leur santé, au prix de leur vie quelquefois, ce que vous appelez l'habitude du travail !...

— Enfin, Monsieur Villermé, reprit le maître de maison, comment voudriez-vous donc que fissent nos industriels ? Pour lutter contre la concurrence anglaise, pour produire à bon marché comme tout le monde le réclame, et les ouvriers tout les premiers, force leur est bien de faire travailler les femmes et les enfants.

— Je veux bien le reconnaître pour une part, répondit en souriant le savant enquêteur. Mais j'ai acquis au cours de mes voyages, croyez-le, une expérience souvent pénible. J'ai entendu des industriels me dire que c'était pendant les crises commerciales qu'on pouvait fabriquer à bon marché. Beaucoup se félicitent que l'habitude du travail, comme disait Monsieur tout à l'heure, devienne de plus en plus répandue, et que la concurrence entre ouvriers qui demandent du travail permette de baisser les salaires. Et puisque nous parlions, tout à l'heure, de la misère morale des ouvriers, permettez-moi donc de vous citer des paroles que j'ai plusieurs fois entendues et qui m'ont toujours révolté. J'ai trouvé des patrons qui ont eu le courage de me dire que, loin de s'associer jamais à d'autres fabricants pour prévenir l'intempérance des ouvriers, ils profiteraient de semblables dépravations pour augmenter leur fabrication, en recueillant dans leurs ateliers, pour de bas salaires, ceux qui seraient renvoyés des autres. Et il y en a même, je le sais, qui souhaitent

Fig. 132. — Un chauffoir populaire.

que l'ivrognerie et la mauvaise conduite s'étendent, afin qu'aucun ouvrier ne s'élève et ne leur fasse concurrence. Ils sont patrons, disent-ils, pour devenir riches et non pour être philanthropes.

IDÉES PATRONALES

— Sans doute ! sans doute !... déclara M. Millet un peu gêné. Mais il y a aussi des hommes soucieux du sort de leurs ouvriers et de l'amélioration de leur sort.

— Je le sais, reprit Villermé. Je compte exposer tout au long les efforts des manufacturiers alsaciens et ceux, en particulier, de la *Société industrielle de Mulhouse*. A Guebwiller, M. Schlumberger a réduit la journée de travail d'une heure et demie. A Mulhouse, M. Kœchlin a établi des maisons ouvrières dont le loyer est moitié moindre que les prix ordinaires. Et les enfants sont certainement là moins déguenillés et mieux portants que dans d'autres centres. Malheureusement, c'est l'exception. Et il faudra peut-être, un jour, comme le demandent les industriels mulhousiens, qui font des sacrifices et ne sont pas suivis par d'autres, il faudra en venir à une loi fixant la durée du travail des enfants dans la manufacture.

— Mais comment pouvez-vous soutenir une pareille chose ? s'écria M. Fontaine, qui avait, lui, un tissage dans les environs de Reims. Mais c'est porter atteinte à la liberté, à cette liberté que nous avons défendue tous en 1830 ! C'est porter atteinte aussi aux droits des parents, à leurs intérêts ! Si les industriels emploient tant d'enfants, mais c'est que les parents le demandent et le redemandent sans cesse, c'est qu'ils veulent pouvoir les nourrir un peu plus, et pour cela augmenter le gain quotidien de la famille.

— Sans doute ; mais ce sont les bas salaires qui les contraignent à envoyer leurs enfants à l'usine.

— Mais, encore une fois, Monsieur Villermé, la concurrence est là !

La conversation s'échauffait. Et il est d'expérience qu'en ces matières, les idées d'un homme ne se modifient que bien lentement, lorsqu'elles sont modifiables. Le calme même de l'économiste irritait ses interlocuteurs, et ceux-ci étaient d'autant plus âpres qu'ils se sentaient plus directement atteints. Dans son grand fauteuil, la maîtresse de maison hochait la tête, comme pour dire que tout cela était bien complexe et bien difficile. Habilement, discrètement, elle détourna la conversation. Beaucoup de dames n'aiment pas les polémiques politiques. Mais elle ne put s'empêcher de songer que M. Villermé avait eu souvent raison. Et elle en aurait peut-être fait son profit... si, chez elle comme chez la plupart des humains, la petite routine quotidienne n'avait pas bientôt étouffé l'idée juste et raisonnable, qu'une fois elle avait entrevue.

Mais si, durant cette période de la Restauration ou de la monarchie de Juillet, les petites dames bourgeoises ne pouvaient s'émouvoir longtemps de la misère que le développement de l'industrie avait amenée, les privilégiés de la richesse recevaient quelquefois de terribles avertissements. De loin en loin, quand leur malheur était trop grand, les ouvriers se soulevaient en de furieuses révoltes.

RÉFLEXIONS. ❦ *C'est à l'aide de traits empruntés à l'ouvrage fameux de Villermé : Tableau de l'état physique et moral des ouvriers (1840) que nous avons construit ce récit. Nous avons voulu peindre quelques-unes des conséquences du développement de la grande industrie : concentration des entreprises, concentration des ouvriers, travail des femmes, travail des enfants, baisse des salaires, misère, alcoolisme et dégénérescence. Quelques patrons s'inquiétaient de cette situation : la plupart la justifiaient. De terribles secousses montrèrent que « l'amélioration du sort de la classe la plus nombreuse et la plus pauvre » était devenue une nécessité urgente.*

VINGT-CINQUIÈME LECTURE

Novembre 1831

JACQUES LE CANUT

EN cette année 1831, Jacques Debray, un tisseur en soie, ou, comme on disait, un « canut » du quartier de la Croix-Rousse, à Lyon, connut de terribles jours. Son père lui avait enseigné jadis que tout était pour le mieux dans le meilleur des mondes, car son père avait vécu à cette époque du Premier Empire où Lyon ne semblait habitée que par des êtres heureux, tant le travail allait bien, tant la prospérité pénétrait dans toutes les classes.

Mais, depuis qu'il s'était, à son tour, assis à l'un des trois métiers qui battaient dans la maison paternelle, Jacques avait douté que tout fût vraiment bien dans le monde. Il avait éprouvé, pour sa part, des peines nombreuses ; il avait eu maille à partir avec quelques fabricants, et sa petite femme et lui-même avaient souvent souffert dans leur dignité.

Juillet, cependant, était survenu, la révolution de 1830 contre Charles X, contre ces Bourbons qui avaient été ramenés après Waterloo dans les fourgons de l'étranger. Jacques aimait la liberté ; il avait lutté pour elle. Pendant ces jours solennels, où toutes les classes se trouvaient confondues, il avait combattu aux côtés du négociant qui lui donnait du travail. Alors avait régné quelque temps entre le bourgeois et l'ouvrier une véritable égalité. L'homme au coffre-fort rempli d'or lui avait frappé dans la main et l'avait appelé son ami... Mais ces jours avaient été de courte durée ; le pauvre s'était aperçu que l'égalité n'existait pas vraiment, et il avait été de nouveau humilié par ceux-là mêmes qui l'avaient accueilli lors de la bataille avec tant d'enthousiasme.

Louis-Philippe, maintenant, était sur le trône ; chaque jour apportait à la bourgeoisie un privilège nouveau, mais rien n'était fait pour remédier à la détresse de l'ouvrier.

Il faut bien comprendre comment était organisée à Lyon l'industrie de la soie.

Tout en haut du métier, pour ainsi dire, il y avait les

fabricants, ou, comme on les appelait, les négociants. Ils avaient simplement chez eux des modèles. Ils fournissaient la soie aux ouvriers qui travaillaient pour eux et payaient le travail fait pour chaque pièce.

Les canuts, les tisseurs, étaient les vrais fabricants. Ils s'appelaient les chefs d'atelier. Ils possédaient les métiers, un, deux, quelquefois trois. Ils travaillaient eux-mêmes à un de ces métiers, et ils confiaient les autres soit à des membres de leur famille, soit à des compagnons, à des ouvriers.

Ces canuts étaient souvent fort instruits ; ils lisaient et réfléchissaient. Leur situation à demi-indépendante leur donnait une fierté de petits patrons. Ils se sentaient les vrais fabricants de soie, les artistes, les créateurs, dont le travail était réputé dans le monde entier.

Aussi supportaient-ils leur misère plus impatiemment que ne l'auraient fait d'autres ouvriers, surtout lorsque, comme Jacques, ils comprenaient à peu près la raison de cette misère.

De mois en mois, en effet, pendant cette année 1831, les prix des pièces payés aux ouvriers ne cessaient de baisser.

Fig. 133. — Intérieur de tisseur lyonnais (d'après la collection de l'Histoire de France).

Les fabricants disaient bien que les tarifs payés auraient suffi à une vie honnête « sans besoins factices », si l'octroi n'avait pas fait enchérir le prix de toutes les denrées. Ils alléguaient bien aussi la concurrence des fabriques de soies de Zurich en Suisse et de Crefeld en Allemagne, contre lesquelles ils avaient à lutter.

Mais Jacques savait que la concurrence qu'ils se faisaient

entre eux était encore plus redoutable pour les ouvriers que la concurrence étrangère : toutes les petites maisons qui s'étaient créées dans les dernières années cherchaient à payer les ouvriers le moins cher possible, pour réaliser un gros bénéfice ; et, comme les ouvriers étaient nombreux, comme leurs femmes en larmes venaient supplier les négociants de leur accorder du travail, ceux-ci en profitaient pour abaisser encore, abaisser toujours les salaires.

En cette fin de septembre 1831, Jacques venait de finir une pièce de 58 aunes, payée à 0 fr. 65 l'aune ; elle avait occupé son métier pendant trois semaines, et, déduction faite de la part du compagnon et des frais, elle venait de lui laisser tout juste 0 fr. 55 de bénéfices.

C'en était trop. Jacques aimait bien son métier ; il aimait à voir, dans la salle sombre, les couleurs chatoyantes des belles pièces façonnées ; le dimanche même, quand il pouvait sortir hors du faubourg, il aimait à assembler des fleurs, à imaginer de beaux dessins nouveaux qu'on pouvait réaliser dans l'étoffe. Mais ce n'était plus travailler que de besogner ainsi, en hâte et sans aucun profit.

LE TARIF — Il existait alors une société, la *Société du Devoir mutuel*, où Jacques se retrouvait depuis 1828, avec les autres chefs d'atelier, avec ses compagnons de misère. C'était une société de secours, d'assistance mutuelle. Mais l'on y discutait aussi, comme dans les syndicats d'aujourd'hui, de tout ce qui pouvait intéresser la profession. Là, dans les réunions entre chefs d'atelier, Jacques avait souvent dit qu'il fallait faire comme autrefois, comme les pères ou les grands-pères, en 1788 ; redemander un tarif, c'est-à-dire des prix établis une fois pour toutes. « Il faut, disait-il, que tous les ouvriers, ensemble, imposent aux fabricants des prix fixes pour tout le monde. Il ne faut plus que nos femmes soient insultées et raillées par les fabricants, lorsqu'elles apportent les pièces fabriquées. Il ne faut plus que nous soyons méprisés par la classe qui possède tout. » Après plusieurs longues discussions, les francs mutuellistes avaient été de son avis ; ils avaient décidé de réclamer un tarif.

Puis, à leur exemple, les compagnons qu'ils employaient s'étaient émus. Tous avaient été unanimes à réclamer le tarif. Et cette revendication avait paru si juste, si légitime, que le préfet, M. Bouvier-Dumolard, avait consenti à convoquer les fabricants, à leur demander d'établir un tarif. Il avait été décidé que 22 ouvriers et 22 fabricants se réuniraient en commun pour le fixer.

Jacques fut choisi comme délégué par ses camarades, chefs d'atelier. Dignement, fermement, le 25 octobre, tandis que, dans les rues de la ville, tous les ouvriers du métier, quatre par quatre, défilaient dans le plus grand calme, afin de bien attester leur parfaite union et solidarité, Jacques discute avec les mandataires des fabricants.

Il fit appel aux sentiments d'humanité de quelques-uns qu'il connaissait ; il montra aux autres que, si tous payaient le tarif, ils ne se trouveraient point lésés, injustement concurrencés. Pied à pied, il discuta des prix. Et lorsqu'au crépuscule, remontant à travers les rues étroites et mal percées de la Croix-Rousse, il put annoncer aux voisins, aux amis, à tous ceux qui venaient savoir, que le tarif était établi, reconnu, il ne put se contenir et versa des larmes de joie.

Fig. 134. — Vue du Pont-Morand, à l'époque de Louis-Philippe.

Le soir, on illumina aux fenêtres des pauvres logis, et tard, dans la nuit, on entendit des chants, surtout la chanson nouvelle, qu'un canut avait composée sur un air de Béranger :

> Allons, chante, mon amie,
> Chante un meilleur avenir,
> Ne crains point ce noir génie
> Qui semble nous désunir ;
> La liberté sur sa tête
> A secoué son flambeau ;
> Tisse toujours, bonne Lisette !

Mais les joies ouvrières — nous l'avons vu bien souvent — ne sont jamais de longue durée. Et celle-là ne devait point durer beaucoup plus que celle de juillet, l'année précédente.

Le nouveau tarif devait être mis en vigueur le 1er novembre ; le Conseil des prud'hommes devait se réunir une fois la semaine, pour juger des contestations qui pouvaient surgir. Jacques sut bientôt comment les patrons avaient accueilli le nouveau régime.

C'avait été, chez la plupart, une explosion de fureur. « Vous avez eu peur des ouvriers, criaient-ils à leurs mandataires. Vous avez cédé sous la pression du préfet. Le préfet n'avait point le droit d'intervenir. L'Etat n'a point le droit de se mêler des affaires de la fabrique. Ah ! tout n'est point terminé. Nous nous plaindrons à Paris. Nos députés feront entendre notre plainte au ministre. Nous verrons bien si le ministre M. Casimir-Périer approuvera les actes de son préfet. » Sur-le-champ, 104 signèrent une véhémente protestation ; ils invitèrent tous leurs confrères de Lyon à ne pas respecter le tarif, à violer la parole donnée.

La rage au cœur, Jacques apprenait chaque jour les insolences nouvelles des patrons. Dans les petits bureaux du journal que les chefs d'atelier mutuellistes rédigeaient, c'étaient chaque jour tels ou tels qui venaient, de plus en plus nombreux, raconter leurs mésaventures. M. Olivier, un gros fabricant, avait déclaré qu'il recevrait les ouvriers réclamant les prix du tarif à coups de pistolet. Un autre avait dit : « Si les ouvriers n'ont pas de pain dans le ventre, nous y mettrons des baïonnettes. » Quant aux insultes et aux grossièretés, on ne les comptait plus.

Jacques, personnellement, le 1er novembre, exigea le tarif. Son négociant fut poli, — il savait à qui il avait affaire ; — mais il refusa net de lui accorder l'augmentation prévue. Alors Jacques le cita aux prud'hommes. Quand l'affaire vint le 17, il y avait dans la petite salle une affluence énorme d'ouvriers, tout émus, inquiets de voir comment l'affaire allait se dérouler. Le Conseil des prud'hommes ne donna pas tort à Jacques ; mais, comme le ministre avait refusé de reconnaître aucune valeur au tarif, le Conseil n'osa pas condamner le patron.

Alors l'indignation fut au comble : les fabricants se refusaient à tenir leur parole, et la loi les couvrait !

— Il n'y a plus qu'à se défendre soi-même, s'écriait Jacques. Faisons grève pendant huit jours, à partir du 21 novembre, et nous verrons bien si ces Messieurs seront fermes en leur attitude !

Les mutuellistes en décidèrent ainsi. Le général Roguet, le gouverneur militaire de Lyon, poussé, excité par les patrons, déclara qu'il ne tolèrerait pas une suspension du travail. Pour éviter des troubles possibles, il décommanda même la revue de la garde nationale qui devait avoir lieu le 20 novembre.

L'INSUR-RECTION DE NOVEMBRE

Mais les ouvriers étaient résolus. Puisqu'un juste salaire leur était refusé, puisqu'ils n'avaient pas d'autre moyen d'obtenir justice, puisque le pouvoir même se refusait à les protéger, eh bien ! ils se défendraient.

Au jour fixé, au matin, Jacques embrassa sa femme, son enfant, son vieux père, et il descendit dans la rue. Il y retrouva les camarades. Ils étaient trois ou quatre cents, les plus ardents. En bande, ils descendirent à l'entrée des hautes maisons, visitant les ateliers, arrêtant les métiers qui battaient encore. Quelques gardes nationaux (depuis 1830, en effet, depuis les batailles pour la liberté, les citoyens en armes formaient dans chaque ville la garde nationale) tentèrent par devoir de les arrêter ; amis des tisseurs cependant, ils se laissèrent vite désarmer.

Mais bientôt d'autres accoururent, ceux des quartiers riches, ceux de la 1re légion. C'étaient des patrons, ceux-là mêmes qui avaient promis de recevoir les demandes des ouvriers à coups de fusil. Devant eux, la foule, de plus en plus nombreuse, ne reculait pas. Alors, comme ils l'avaient dit, ils tirèrent.

Sous leurs coups, huit personnes sont tombées. Furieuse, la foule ouvrière reflue dans la Croix-Rousse. « Aux armes ! aux armes ! On assassine les nôtres ! » Jusqu'au fond des impasses, le cri lugubre retentit. De toutes les hautes maisons, hommes, femmes, enfants, descendent. Les uns ont pris des pics, les autres des pelles ; les gardes nationaux marchent en avant, la baïonnette au fusil. Au-dessus de la foule flotte une immense bannière noire. « Vivre en travaillant ou mourir en combattant » : tel est le cri de désespoir qui s'y trouve inscrit.

C'est un flot immense de peuple qui roule maintenant vers la cité « des riches, des égoïstes, des insolents ». En vain le préfet tente-t-il de l'arrêter. Les ouvriers ne veulent plus l'écouter : il a trahi leur cause, il a trahi la foi jurée.

Fig. 135. — Serment des insurgés lyonnais à l'Hôtel de Ville (d'après la collection de l'Histoire de France).

Et d'ailleurs, au moment même où il parle, la fusillade éclate des rues voisines. Les patrons veulent la bataille. Ils l'auront.

Le préfet est prisonnier ; prisonnier également un général, le général Ordonneau. La foule ouvrière avance.

Mais sur la ville, tout emplie de l'âcre odeur de la poudre, la nuit tombe.

Jacques est sain et sauf ; il remonte là-haut, embrasser les siens, les rassurer. Car sa femme n'a pu suivre avec la petite.

La lutte cependant n'est pas terminée. Avec quelques camarades, il revient bivouaquer près de la Monnaie. Des malfaiteurs, dit-on, veulent profiter des troubles, piller des établissements publics. Les ouvriers les en empêcheront.

Au matin, le mardi, une fois encore, tous se retrouvent. Maintenant tous les quartiers ouvriers, les Brotteaux, la Guillotière, Saint-Just, sont hérissés de barricades. Jacques reconnaît les hommes aimés du peuple : Michel-Ange Périer, décoré de Juillet ; Lacombe, un énergique syndic ; Falconnet, Charnier, des mutuellistes dévoués. Cette fois, c'est la bataille, organisée, régulière.

Dès l'aube, la fusillade recommence. Rue par rue, les combattants ouvriers avancent vers les ponts. Les troupes sont débordées ; elles reculent. Le général Roguet est vaincu ; au soir il donne l'ordre d'évacuer la ville.

Dans leurs maisons luxueuses, les patrons tremblent. Les patrons ont tort. C'est à peine si quelques maisons d'où l'on avait tiré sur les insurgés ont été saccagées. Les patrons réputés les plus humains trouvent même à leur porte des ouvriers qui les protègent.

Les vainqueurs sont généreux ; ils sont bons. Surtout ils sont incapables. Il se laissent tromper par le préfet. Un à un, les administrateurs municipaux reviennent prendre leur poste.

Jacques, qui est resté avec des amis, avec La Chapelle, avec Charpentier, avec Frédéric à l'Hôtel de Ville, sent encore une fois que l'heure n'est point venue pour que tout soit bien au monde. Finalement, tous les insurgés retournent chez eux, laissent les fonctionnaires du gouvernement reprendre l'autorité.

La victoire du peuple a été sans lendemain ; il faut se plier de nouveau à la dure condition qu'on espérait changer. Et le canut remonte vers le haut de la Croix-Rousse, lassé, brisé, découragé, fier pourtant de la leçon donnée aux maîtres insolents qui un instant ont tremblé.

Quelques semaines plus tard, le roi Louis-Philippe envoya son fils défiler à la tête de 40.000 hommes de troupes à travers la vieille cité. Le ministre Casimir-Périer se félicita de voir l'ordre enfin rétabli.

Seuls, quelques hommes, des républicains, des disciples de Saint-Simon, le philosophe socialiste, avaient senti l'importance de tels événements : la bataille, qui devait durer si longtemps, entre patrons et ouvriers, avait été brutalement engagée. Mais les ouvriers ne disposaient encore que de bien pauvres moyens, pour la soutenir et la mener, même pacifiquement.

RÉFLEXIONS. — C'est à l'aide du journal des mutuellistes, l'Echo de la Fabrique, que nous avons écrit notre récit. Il appelle peu de commentaires. L'insurrection lyonnaise révéla à la monarchie de Juillet et à la bourgeoisie l'horreur de la condition que le machinisme et la grande industrie imposaient à la classe ouvrière. Des sursauts de révolte étaient fatals. Mais, comme il arrive toujours, ce ne furent pas les ouvriers les plus exploités, les plus misérables, trop courbés sous le joug, qui se soulevèrent, mais des ouvriers instruits et à demi-indépendants. La révolte instinctive et spontanée des tisseurs lyonnais présentait déjà cependant quelques traits des luttes modernes ; la Société du Devoir mutuel est, en fait, un véritable syndicat, d'esprit moderne. En tous cas, l'émeute de novembre 1831 posa brutalement le problème des rapports entre salariés et patrons.

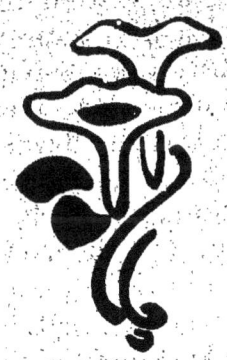

VINGT-SIXIÈME LECTURE

Tope, compagnon !

UN VIEUX COMPAGNON — AH ! racontait un jour, vers 1865, un vieil ouvrier menuisier parlant à quelques jeunes amis, vous ne comprendrez jamais, vous autres, tout ce qu'il y avait d'amusant et de curieux dans notre vie de compagnon, tout ce qu'avaient d'imprévu nos voyages sur le Tour de France. Vous êtes maintenant rivés à l'atelier, ou vous ne voyagez que contraints et forcés. Nous autres, nous avions quelques bonnes années d'aventures et de joie. Il est vrai, pour tout dire, qu'on traversait parfois des moments un peu rudes. Lorsqu'on était obligé de *toper*, c'est-à-dire de batailler sur les routes avec les compagnons des autres Devoirs, on pouvait y laisser sa vie. Ainsi, moi qui vous parle, j'ai topé bien des fois ; mais une fois, vraiment, j'ai failli y rester.

Il faut que je vous raconte cela.

C'était en 1835. J'avais une trentaine d'années et je commençais à me préoccuper de revenir vers Paris, où je voulais me fixer. J'avais travaillé plusieurs mois à Angoulême. La mère des compagnons (vous savez au moins, tous, que c'était l'hôtelière chez laquelle devaient descendre tous les compagnons d'un même Devoir, c'est-à-dire d'une même société), notre mère, dis-je, était une femme accorte, jeune encore, cuisinant bien, fort bienveillante pour tous. Le rouleur — ah ! pour celui-là il faut que je vous explique — le rouleur était celui qui reconnaissait les compagnons à leur arrivée, qui indiquait le travail à prendre, qui veillait à l'observance de toutes les règles. Notre rouleur donc, à Angoulême, était un bon enfant. Je m'accordais bien avec lui ; il m'avait trouvé un bon chantier ; et je serais demeuré peut-être plus longtemps dans ce pays hospitalier, s'il n'était arrivé cette année-là toute une nuée de jeunes, pour qui je fus rapidement le plus ancien en ville. Or, le plus ancien en ville, c'est-à-dire le plus anciennement arrivé, devait toujours céder sa place au dernier arrivé, quand il n'y avait pas d'autre place vacante dans les chantiers. Je dus donc, un beau jour, céder ma place, et de nouveau battre aux champs, comme nous disions.

Ah! ce fut, je m'en souviens, une belle conduite que celle qu'on me fit ce jour-là. Ils étaient bien une vingtaine qui m'accompagnaient à mon départ, tous avec leurs cannes et leurs couleurs.

Selon le rite, le rouleur me fit faire le chaînon d'alliance avec « le dernier en ville », c'est-à-dire que je trinquai à bras entrelacés avec le dernier arrivé, celui-là même auquel je cédais ma place. Puis, après le lever-sac et la présentation de la canne (c'étaient les deux premiers actes et les mots mêmes disent en quoi ils consistaient) comme j'avais déjà fait un tour de France complet, sans punitions, on dansa tous la *guilbrette*.

Fig. 136. — COMPAGNON TEINTURIER DÉVORANT (d'après le *Livre du compagnonnage*). *Il porte les couleurs à la ceinture.*

Je vois vos visages s'allonger, pour me demander ce que c'est que cette danse... Vous ne savez décidément rien, dit malicieusement le vieux conteur.

LE BEAU DÉPART

C'ÉTAIT cependant bien amusant. Tous en rond, les compagnons sautaient sur la pointe des pieds, en faisant alternativement l'équerre, avec les talons, cependant que moi, au milieu, je chantais la vieille ritournelle que voici :

> Je prends mon grand trimart
> Droit à Montélimart,
> Saint-Esprit et Orange,
> D'Orange en Avignon.
> J'ai trouvé maître Pont
> Qui travaillait en ville,
> Et son petit-neveu
> Qu'était au coin du feu,
> Et allumait sa pipe.
> Le canon de Milan
> Ne f'rait pas battre aux champs
> Cette race maudite.

Ça ne voulait pas dire grand'chose évidemment. Mais ça amusait tout de même.

Puis nous bûmes la dernière santé, et je me mis en route.

Je couchai dans plusieurs auberges : la grande route était une des plus agréables. C'était celle de Paris à Bordeaux, une des plus fréquentées par les rouliers. Le temps était beau ; l'on était en avril. Il y avait déjà des feuilles sur les branches des châtaigniers, et comme j'avais assez bien gagné ma vie à Angoulême, le voyage était facile.

Je chantais, pour me divertir, les vieilles chansons du Tour de France, la chanson du rouleur, ou celle que j'aime toujours et que je vous ai chantée bien des fois :

> Au retour d'une conduite,
> Quelques traînards, bons vivants,
> Chez Momus qui les invite,
> S'installèrent en chantant :
>   Les Devoirants
> Sont de bons enfants,
> Joyeux, toujours francs,
>   Toujours contents.

Il faut vous dire que j'étais un *devoirant* ou, comme certains disaient en plaisantant, un *dévorant*.

Il y avait, en effet, dans le compagnonnage, depuis un temps immémorial, peut-être depuis la fondation, un certain nombre de rites ou de *devoirs*.

Il y avait les *Enfants du Père Soubise* ou *Bons Drilles*, les *Enfants de Maître Jacques* ou *Devoirants*, dont j'étais ; et enfin les *Enfants de Salomon* ou *Gavots*, les pires ennemis des *Devoirants*.

De quand ces divisions dataient-elles ? Je ne saurais trop vous le dire. On racontait bien dans les compagnonnages que ces sociétés avaient été fondées au temps où les ouvriers de toutes corporations bâtissaient le Temple de Jérusalem, que le Père Soubise et Maître Jacques avaient été deux architectes du Temple. Mais pour ma part, je n'avais point grande confiance en ces histoires.

Ce que je sais seulement de bien certain, c'est que dans toutes les villes, les Gavots et les Devoirants cherchaient à s'évincer les uns les autres, à se voler leurs secrets, et qu'ils se battaient chaque fois qu'ils se rencontraient. En 1816, près de Lunel, dans l'Hérault, ils s'étaient livré entre eux une vraie bataille rangée.

En tous cas, sur les routes, nos topages avec les Gavots étaient toujours furieux, et je n'oublie pas que c'est l'histoire de mon topage que je voulais vous conter.

J'étais donc en route vers Paris.

Or, vers la fin d'un après-midi, comme j'approchai d'un gros bourg, un canton de la Vienne qui s'appelle Vivonne, où je comptais passer la nuit, j'aperçus de loin, venant à moi, un homme de haute taille, d'aspect solide, vigoureux, ayant comme moi canne et sac de voyage.

TOPAGE J'avais de bons yeux alors, et j'eus vite reconnu, à la forme de sa canne, que c'était un Gavot. Le *topage*, je veux dire la rencontre, allait donc tourner à la bataille.

Ce n'était pas la première fois que pareille chose m'arrivait. Et j'attendis ferme mon homme.

Quand il fut à vingt pas de moi, il s'arrêta, et prit, le premier, l'attitude du topage, c'est-à-dire la tête haute et la canne prête. Je la pris alors, moi aussi.

— Tope ! cria-t-il d'une voix retentissante.

Fig. 137. — Un compagnon charpentier ou Bon Drille (d'après le *Livre du compagnonage*). Il porte les couleurs au chapeau et à la canne.

— Tope ! répondis-je.
— De quelle vocation ?
— Menuisier.
— Compagnon ?
— Dans l'âme et dans les bras ; et vous, le pays ?
— Tailleur de pierre.
— Compagnon ?
— On s'en fait honneur.
— Quel côté ?
— Enfant de Salomon.
— Enfant de maître Jacques ! Tu le vois bien, Gavot !

Et je m'avançai tout près de lui.
— Passe au large, sale puant ! s'écria-t-il.

— Passe au large toi-même, Gavot infâme !

Et comme c'était la coutume, je lui adressai les pires injures. Puis, ayant épuisé chacun notre vocabulaire, nous en vînmes à jouer de la canne. Ah ! il s'entendait comme moi, je vous assure, à faire de rapides moulinets et à esquiver les coups.

Je me défendais bravement ; mais un coup vigoureusement asséné brisa ma canne en deux. J'étais perdu. Quelque temps encore je me protégeai contre ses coups ; mais soudain un choc effrayant me fit chanceler. Je venais d'être frappé à la tête.

Saignant, meurtri, tout étourdi, je roulai dans la poussière épaisse.

Je l'entendis, pourtant, qui éclatait d'un rire formidable ; mais il ne s'acharna pas. Il ramassa le tronçon de ma canne comme un trophée ; il me lança quelques injures, puis, reprenant sa route, il s'éloigna en chantant rageusement, et tout énervé encore de la bataille, le chant de victoire des Gavots :

Fig. 138. — Enterrement d'un compagnon (d'après une gravure de la collection d'Histoire de France).

> Pas de charge en avant,
> Repoussons ces brigands,
> Ces gueux de Devoirants,
> Qui n'ont pas de bon sang.

Mais bientôt, sans doute, il se ravisa. Car, au moment où je commençais à revenir de mon étourdissement, et où je m'asseyais sur le bord du fossé pour reprendre mes sens, je le vis qui revenait vers moi.

— Écoutez, me dit-il. Tout petit que vous êtes, vous vous êtes fièrement défendu. Et j'aime les hommes courageux.

est trop tard, maintenant, pour que je puisse arriver au prochain bourg avant la nuit. Revenons ensemble vers Viyonne.

Peut-être avait-il songé aux difficultés qui pouvaient surgir pour nous deux, si l'on découvrait que nous nous étions battus, — car vous savez qu'on poursuivait sévèrement alors toutes les batailles compagnonniques. Peut-être avait-il eu, après coup, un vrai mouvement de générosité et peut-être aussi, comme il disait, estimait-il le courage plus que les règles de son devoir. Je ne sais ; mais son invitation était trop aimablement faite pour que je pusse la refuser. Il m'aida à remettre mes effets en ordre, banda ma plaie avec un mouchoir, et nous revînmes ainsi vers l'auberge qu'il venait de quitter. Il expliqua que j'étais tombé et m'étais blessé au front. Et il m'aida à me soigner.

Le lendemain matin, nous conversâmes assez longuement. Il me raconta sa vie, toutes les misères qu'il avait endurées, depuis qu'il avait quitté son petit village du Cher, les longs chômages et les trimards interminables. Nous sentîmes l'un et l'autre combien nos vies d'ouvriers étaient semblables. Nous ne regrettions plus de nous être topés ; et nous partîmes contents l'un de l'autre, peut-être lui vers d'autres batailles.

AUTRES TEMPS, AUTRES MŒURS

Avouez que c'étaient tout de même de singulières mœurs ! dit un jeune ouvrier qui avait écouté ce récit. Etre hommes d'une même classe, souffrir des mêmes maux, des mêmes misères et se battre comme cela pour des couleurs, pour des cannes plus ou moins longues, c'était du dernier ridicule !

— Peut-être, repartit le vieux menuisier. Mais, croyez-moi, à l'intérieur des Devoirs, il y avait vraiment de la dignité. On était fier d'être Devoirant ou Gavot, et, pour faire respecter le Devoir, on évitait bien des fautes. Les rites mêmes, toutes les vieilles coutumes qu'on défendait jalousement contre les indiscrétions, avaient leur charme et leur utilité. Moi je regrette ce temps-là, et, quand je regarde dans mon armoire ma vieille canne et mes couleurs, un peu passées aujourd'hui, je voudrais bien me retrouver plus jeune.

— Eh ! comme on regrette toujours sa jeunesse ! répliqua le jeune. Mais il est des causes nobles et belles qui peuvent unir les ouvriers, tous les ouvriers, et le compagnonnage n'a jamais su les réunir tous.

— Cela est vrai, reprit le vieux, et vous savez bien que je lutte avec vous aujourd'hui à la chambre syndicale. Mais il faut me pardonner de songer parfois au bon vieux temps, où l'on pouvait encore faire un apprentissage et aimer son métier. Les maîtres ne le permettent plus. Depuis que les Devoirs ont disparu, nous n'avons plus d'écoles de trait, ni de chefs-d'œuvre.

— Patience, patience ! reprit le jeune. Nous le referons, ce temps-là, dans ce qu'il avait de bon, au moins ; nos sociétés à nous, nos chambres syndicales, nous permettront un jour de former de bons et fiers ouvriers, des ouvriers conscients des intérêts de leurs classes! Nous ferons en sorte, croyez-le, que chacun puisse, sans hâte ni surmenage, librement, joyeusement, exercer son métier. Nous ferons que de nouveau chacun puisse être fier d'être ouvrier, et soit, de ce fait, respecté... Mais, vous savez, vieux père, dans la cité que nous rêvons on ne *topera* plus ! Nous ne voulons pas risquer que de francs ouvriers comme vous restent sur le carreau, comme vous avez failli y rester, parce que vous étiez Devoirant et qu'un autre était Gavot.

RÉFLEXIONS. ❦ Nous avons vu, dans le précédent récit, comment les ouvriers voyaient peu à peu leur sort empirer sous les effets du machinisme et de la grande production. Comment pouvaient-ils prévenir ces effets désastreux ? Comment pouvaient-ils résister et maintenir leurs conditions de travail ?

Nous avons décrit, dans notre 18ᵉ lecture, les origines des sociétés compagnonniques, vers le XVᵉ siècle. Depuis lors, elles avaient toujours existé, tantôt inquiétées, tantôt tolérées par le pouvoir. Au début du XIXᵉ siècle comme au XVᵉ siècle, le compagnonnage avait toujours pour but essentiel de permettre aux ouvriers de passer de ville en ville pour compléter leur savoir professionnel, et, dans chaque ville, de défendre les intérêts corporatifs.

Mais le compagnonnage était ravagé par les discussions intérieures. Ces batailles entre compagnons, batailles individuelles ou collectives, étaient souvent terribles. En 1816, un combat en règle eut lieu près de Lunel entre Dévorants et Gavots ; un grand nombre restèrent sur le carreau. En 1826, 1827, on signale, de même, de rudes combats, où il y a des blessés et des morts. En 1834, 1836, 1838, on signale des duels ou combats entre charpentiers et tanneurs, etc., etc...

Ce qui provoquait les querelles, c'était les rites, les couleurs, le fait que tel métier accusait tel autre de lui avoir dérobé des secrets. Et cette importance singulière attachée de plus en plus aux rites suffit à marquer que le compagnonnage était en décadence.

Au fur et à mesure que les métiers se transformaient, que le machinisme rendait plus fréquent l'emploi de travailleurs non qualifiés et que l'apprentissage entrait en décadence, le compagnonnage apparaissait comme une forme d'organisation moins capable de grouper toute la classe ouvrière.

Il est indiscutable cependant qu'il développait chez les travailleurs des idées de dignité ouvrière qui étaient comme une première expression, un peu étroite peut-être, mais vigoureuse, du sentiment de leurs intérêts collectifs. Ce qui lui nuisait surtout, ce qui le ruina, ce furent ses discussions intérieures.

Le compagnonnage pouvait-il se transformer ? Pouvait-il renoncer à ses querelles et préparer une grande union des travailleurs ? Un homme le crut, Agricol Perdiguier.

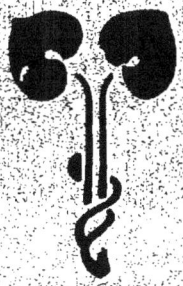

VINGT-SEPTIÈME LECTURE

Agricol Perdiguier.

ANNÉES D'ENFANCE

PENDANT les premières années du règne de Louis-Philippe, la bourgeoisie industrielle était en pleine activité. Elle organisait des compagnies ; elle créait d'immenses ateliers ; elle s'appropriait les routes, les rivières, les canaux, le sol, la mer même par ses grandes entreprises de navigation ; elle écrasait par sa concurrence les petits travailleurs isolés, et les ouvriers n'étaient plus désormais que ses auxiliaires, ses instruments. Tout l'or, tout l'argent, tout le capital allait aux riches, et quelques-uns se disaient : « Que va devenir le peuple ? »

Mais la plupart des ouvriers ne semblaient pas comprendre la grande transformation qui s'accomplissait à leur détriment. Ceux d'entre eux qui étaient les plus intelligents, ceux qui savaient bien un métier, n'étaient préoccupés que de leurs couleurs, de leurs cannes, de leurs rites de compagnons ; et ils ne cessaient de perdre leur temps, leur intelligence et leur force en de mesquines querelles, qui aboutissaient souvent à de terribles et sanglants combats. Le gouvernement envoyait bien de temps à autre aux galères de tout jeunes compagnons qui s'étaient battus ; mais il ne faisait rien pour éclairer les ouvriers, pour supprimer les vieilles rivalités.

Fig. 139. — VUE D'AVIGNON : LE CHATEAU DES PAPES.

Peut-être se disait-il tout bas que, pendant que les ouvriers se querellaient ainsi, ils ne se souciaient pas des affaires publiques et ne songeaient pas à demander des comptes, qui auraient été difficiles à rendre.

Il y avait alors à Paris un homme qui réfléchissait beaucoup sur cette vaste transformation. Il s'appelait Agricol Perdiguier : il avait trente ans.

Il était né en 1805, à Morières, qui faisait alors partie de la commune d'Avignon. Son père, qui avait été capitaine de volontaires en 1792, était un pauvre paysan, cultivateur et menuisier à la fois, chargé d'une nombreuse famille, un homme rude et sévère.

Agricol avait reçu d'un vieux docteur, qui tenait école à Morières, quelques rudiments d'instruction. Il était d'un caractère doux et gai. Il aimait le travail ; tout petit, il gagnait déjà quelques sous en ramassant du crottin sur les routes et en le vendant à des jardiniers ; plus tard, son père exigea qu'il fût menuisier.

Il vit, pendant les années de son enfance, de tristes scènes de division et de guerres civiles. Au moment de la Restauration, lorsqu'après l'abdication de Napoléon, les Bourbons furent rappelés, les royalistes d'Avignon insultaient, maltraitaient, traquaient, et parfois même assassinaient les républicains. C'était le temps de la *Terreur blanche*. Les fanatiques n'épargnaient même pas les enfants : comme Agricol était fils de républicain, il reçut des taloches d'un royaliste, parce qu'il osait porter une cocarde blanche, alors qu'il était indigne de la porter ; et un quart d'heure après, il en reçut également d'un autre royaliste parce qu'il ne portait pas de cocarde et que tout le monde devait en porter. Le père d'Agricol dut se cacher pour échapper à une mort certaine.

Peut-être alors, une première fois, l'enfant se demanda-t-il pourquoi les hommes se battaient ainsi pour des cocardes ou des couleurs.

Lorsqu'il eut travaillé deux années chez son père, Agricol partit en apprentissage. Il eut un maître dur et cruel qui ne tolérait même pas qu'il dormît le temps nécessaire à un jeune garçon pour refaire ses forces, puis il passa chez un ami de son père bienveillant et de bon conseil.

AVIGNON-NAIS-LA-VERTU

A DIX-HUIT ans, il devint compagnon. Tout compagnon prenait un nom nouveau, comme Vendôme-la-Clef-des-Cœurs, Parisien-le-Bon-Enfant, etc... Perdiguier prit un beau nom : Avignonnais-la-Vertu. Il fut du Devoir de liberté, c'est-à-dire Gavot. Et il partit, lui aussi, pour le Tour de France.

Il a, dans ses *Mémoires*, raconté ses voyages. Tantôt juché sur l'impériale de la diligence, il s'amusait avec ses compagnons à voir les passants que la voiture croisait ou rattrappait, un gros curé cramponné à son âne et inquiet des caprices de sa monture, un campement de bohémiens déguenillés, aux figures brunes, aux cheveux d'ébène et aux yeux expressifs, plongeant dans les cœurs ; ou bien, sur le bateau qui l'emmenait doucement de Béziers à Toulouse, par le canal du Midi, il s'apitoyait sur le sort de compagnons plus pauvres encore que lui-même, et à qui la charité des voyageurs permettait seule de poursuivre leur voyage.

Surtout il était de ceux qui veulent toujours apprendre, toujours savoir davantage. Il était très appliqué à l'étude de son métier de menuisier et à l'étude du dessin qui le complète. A Bordeaux, un compagnon suisse qui déclamait tout haut des pièces de Racine ou de Ducis, le poète du XVIII° siècle, lui donna le goût de la poésie et de la littérature. Il voulut avoir des livres ; il en acheta, au rabais, chez des bouquinistes ; et chaque soir, après avoir dessiné, — car dessiner, c'était le devoir, — il s'initiait, comme il disait, aux beautés de la littérature.

Il connut des heures pénibles. « Quand un artisan, a-t-il écrit plus tard, veut approfondir son métier, développer son entendement, acquérir quelques connaissances, savoir ce que c'est que la vie humaine, être homme enfin, il est forcé de prendre sur sa nourriture et sur son sommeil. » Le sur-

Fig. 140. — PORTRAIT D'AGRICOL PERDIGUIER.

ménage fit bientôt de lui la proie des maladies : inflammation des yeux, engourdissement de la main droite, accidents de travail. Il chôma, s'endetta, connut la douleur de voir des camarades « rangés », possesseurs de livrets de caisse d'épargne, lui refuser les dix francs, les cinq francs même dont il avait besoin.

Mais, au milieu de toutes ces misères, de toutes ces souffrances, il réfléchissait sur sa condition d'ouvrier, sur le mépris du travailleur que professaient tant de gens, et il déplorait qu'au moment même où les hommes de toutes races, de toutes nations, de toutes religions, semblaient se rapprocher, au moment où des idées nouvelles, nobles, généreuses, d'union et de concorde progressaient dans le monde, seuls les ouvriers fussent toujours prêts à s'entre-déchirer. Il déplorait toutes les batailles à l'intérieur des villes et les topages sur les grandes routes. Il avait étudié ; il se sentait capable d'écrire, lui aussi ; il avait même déjà composé des poésies, des chansons de route, mais des chansons pacifiques et fraternelles, et il se désolait à la pensée qu'il allait peut-être mourir sans avoir écrit le petit livre, par lequel il rêvait de convaincre tous les compagnons et de faire cesser leurs luttes.

Pendant sa maladie, il écrivit tout d'abord un beau récit : il raconta comment un compagnon, après avoir topé, après avoir étendu sur le sol son adversaire accablé, avait reconnu dans cet adversaire son propre frère, qu'il avait ainsi failli tuer ; et il montra l'absurdité de ces coutumes barbares. « O mes compagnons, disait-il après avoir raconté cette histoire, nous vivons dans un siècle avancé, sachons le comprendre ; nous sommes pauvres, nous sommes ouvriers ; mais nous sommes hommes. Pénétrons-nous de cette grande idée et relevons notre moral et notre condition... Oui, sortons des ténèbres qui nous environnent, développons notre intelligence, acquérons des talents et des vertus, travaillons à nous éclairer, à nous rendre bons, et répandons sur nos camarades les connaissances, les vérités que nous avons acquises ; invoquons la justice, l'amour, la fraternité ; nous sommes enfants d'un père commun ; nous devons vivre tous en frères. »

UN SECOND TOUR DE FRANCE

Ce récit, quelques chansons, un résumé de l'histoire et des légendes du compagnonnage, constituèrent, en 1839, le petit livre qui a rendu Perdiguier célèbre : *Le livre du Compagnonnage*.

Tous les journaux en parlèrent. Les uns louaient son talent d'écrivain, et il est tout à fait vrai que Perdiguier écrivait avec originalité et éloquence. Les autres remarquèrent combien il était modéré et tolérant. Chateaubriand, Béranger, Lamartine, Lamennais, tous les grands écrivains de l'époque, adressèrent des lettres à Perdiguier. George Sand, la célèbre romancière, l'encouragea, le guida, le soutint aux heures de tristesse et de déception.

Fig. 141. — Portrait de George Sand (M⁻ᵉ Dudevant), 1804-1876. *Elle a écrit un roman : Les Compagnons du Tour de France, dont le héros Pierre Huguenin professe les idées de Perdiguier.*

Car le courageux et modeste réformateur avait bien besoin d'être soutenu. Les littérateurs et les philanthropes lui criaient : « Bravo ! » Mais beaucoup d'ouvriers ne le comprenaient pas. Beaucoup se refusaient à entendre la parole de concorde, d'union ouvrière qu'il leur adressait : « Avignonnais sans foi, traître à ton Dieu, rebelle à ton roi ! lui écrivait un enragé compagnon. Pleurnicheur, perturbateur de la concorde, faux pacificateur... tu ne tarderas pas à payer ton tribut à la nature ! » Et beaucoup proféraient ainsi contre lui des menaces de mort. Mais il se sentait heureux et fort d'être honnête, et il s'engageait tranquille dans la grande bataille, que son livre avait déchaînée sur le Tour de France.

Partout, en effet, ceux qui tenaient à leurs rubans et à leurs rites secrets, ceux qui voulaient continuer à vivre en de petites sociétés étroites et rivales qui divisaient la classe ouvrière, luttaient maintenant contre les amis de Perdiguier, partisans de la concorde et de l'union entre tous les compagnons. Perdiguier fit alors un grand effort : quelque argent reçu de George Sand lui permit de faire un second Tour de France.

A l'été de 1840, il se mit en route. Au sortir de la grande ville, il fut tout heureux de revoir les vastes campagnes, les coteaux et les vallées, les cieux brillants et la terre chargée de feuillage et de fleurs ! D'Auxerre à Nîmes, de Nîmes à Bordeaux, de Bordeaux à Tours et Paris, il traversa toutes les grandes villes industrielles, réunissant les compagnons, prêchant l'union, et jetant par la portière de la diligence, dans les villages où elle ne s'arrêtait pas, des exemplaires du petit livre régénérateur.

Fig. 142. — SCÈNE DE RÉCONCILIATION ENTRE COMPAGNONS (d'après le *Livre du compagnonnage*).

Il eut d'immenses joies ; il connut aussi des moments bien pénibles. Au retour, il ouvrit à Paris une école de trait, de dessin pour les ouvriers menuisiers ; un adversaire, Bayonnais-le-Flambeau-du-Trait, le défia dans un concours de dessin pour discréditer son école ; Perdiguier le battit. Puis, comme il avait ouvert un garni, où les compagnons, ses élèves, étaient heureux de loger, on l'accusa de vouloir faire plusieurs métiers, de vouloir corrompre les compagnons, et l'on tenta de le mettre en quarantaine. Il connut heureusement les joies du foyer. Sa femme, couturière de métier, lui donna trois enfants, trois petites filles gaies et éveillées.

LA RÉCONCILIATION DE 1848

Cependant les années avaient passé. On était maintenant en 1848. En février, la République était proclamée. Perdiguier était heureux. D'instinct, il avait toujours été républicain. La concorde qu'il avait voulu établir dans la classe ouvrière allait donc, pensait-il, régner maintenant entre toutes les classes. Quel doux et touchant espoir ! Quel beau moment d'enthousiasme ! Perdiguier lui-même était appelé à participer à l'œuvre commune ; il était élu député à la Constituante par Avignon et par Paris. Ainsi s'affirmaient à la fois le triomphe de son idée et la reconnaissance des ouvriers.

Mais avant même cette élection, le 20 mars, en une journée admirable et dont le souvenir s'est trop perdu, il avait pu juger de l'efficacité de ses efforts. Les huit ou dix mille compagnons de toutes les sociétés et de tous les états qui travaillaient dans la capitale s'étaient réunis dès dix heures du matin sur la vieille place des Vosges. Là, solennellement, ils avaient mis fin aux vieilles querelles ; ils s'étaient juré fraternité. Puis, mêlant toutes les couleurs et toutes les bannières, ils s'étaient formés en colonne et, à travers la ville étonnée, ils s'étaient rendus à l'Hôtel de Ville, par les boulevards et les quais, pour faire hommage de leur union au gouvernement de la République.

C'était à Perdiguier que revenait tout le mérite de cette belle et émouvante manifestation. Ce fut, pour ainsi dire, le couronnement de son œuvre.

Sans doute il fut, à la Constituante et à la Législative de 1848, un ferme et courageux républicain. En 1851, lorsque Louis-Napoléon Bonaparte fit le coup d'État du 2 décembre, le président parjure l'exila avec tous les hommes de conscience et de caractère indépendant qui restaient encore en France. Mais le bon ouvrier avait rempli sa tâche.

Fig. 143. — MONUMENT ÉLEVÉ A AGRICOL PERDIGUIER A AVIGNON.

Après quatre ans d'exil, quand il rentra, il vécut dans une demi-obscurité, écrivant des livres d'histoire ou de propagande, composant de petits traités politiques. Lorsque survint la guerre de 1870 entre la France et l'Allemagne, il partagea les sentiments du peuple de Paris ; il salua joyeusement, le 4 septembre, l'avènement du gouvernement provisoire ; il eut des sursauts de colère contre les généraux traîtres ou timides qui paralysaient la défense de la capitale. Mais quand le peuple de Paris se souleva contre Versailles et proclama la Commune, il ne comprit pas le nouveau mouvement ; il fut parmi les conciliateurs impuissants qui laissèrent écraser Paris ; puis, contre les royalistes, il se rallia à Thiers. Il mourut en 1875.

C'est ainsi que souvent les hommes se survivent pour ainsi dire à eux-mêmes. Dans la grande mêlée sociale de la fin du XIX° siècle, les idées se sont succédé très vite. Agricol Perdiguier avait compris que tous les ouvriers devaient être unis, qu'ils devaient mettre un terme à leurs sottes querelles. Mais d'autres sentirent mieux que lui pour quelle œuvre ils devaient s'unir.

Avignonnais-la-Vertu est demeuré en tous cas comme le modèle des ouvriers du vieux temps, soucieux de s'instruire à la fois dans leur art et dans les sciences en général. Beaucoup de patrons disent qu'on ne trouve plus aujourd'hui d'ouvriers semblables à ceux-là. C'est surtout la faute de l'époque : le travail industriel a donné aux ouvriers un autre caractère, un autre tempérament. Mais ils ont d'autres qualités.

RÉFLEXIONS. — C'est d'après les livres de Perdiguier et d'après l'ouvrage de M. Anfos Martin : Agricol Perdiguier, sa vie, son œuvre et ses écrits, que nous avons écrit ce récit. Nous n'avons pas besoin d'insister sur son intérêt. Perdiguier a senti très vivement, en face de la concentration croissante des forces de production, la nécessité d'une union de tous les ouvriers. Mais il n'a pas compris que cette union devait être réalisée d'abord dans le cadre professionnel. Son idée de l'union ouvrière procédait des vieux principes républicains fraternitaires de 1848. Il espérait, comme beaucoup alors, que les concessions fraternelles des classes aisées aideraient les ouvriers unis à relever leur condition. Les journées de Juin devaient dissiper cette illusion.

VINGT-HUITIÈME LECTURE

Les journées de juin 1848

UN VIEUX DE 48
    J'AI connu, quand j'étais petit, un combattant de Quarante-Huit. C'était un grand vieillard, de visage rougeaud, aux traits épais, et encadré de cheveux blancs. Il marchait lentement, en se tenant aux meubles, sa longue taille courbée en deux par les douleurs, qui le tourmentaient. Il portait toujours la grande blouse noire du temps où il travaillait comme ouvrier bijoutier. Sur la tête, un béret bleu, ridiculement petit au-dessus de sa large face.

Il n'était pas souvent gai. La vie lui avait été dure. Il avait, comme tant d'autres, travaillé jusqu'au bout, jusqu'au jour où les forces l'avaient abandonné, et les quatre sous qu'il avait amassés étaient à peine suffisants pour lui et sa femme.

Mais, quand on voulait lui délier la langue, il suffisait de parler de Quarante-Huit ou de Soixante et Onze. Alors, les yeux brillants, il racontait son histoire : il prenait à partie tous les hommes présents, même plus jeunes que lui, en leur répétant : « Vous vous souvenez bien ? Un tel ? Vous n'êtes pas au moins sans en avoir entendu parler ». Il faisait appel à tout instant aux souvenirs de sa femme, et, quand, tous les deux, ils s'étaient exaltés aux souvenirs de leurs jeunes années, c'était généralement par des chansons de Pierre Dupont que la soirée se terminait. Ils les chantaient en chœur, d'une voix blanche et chevrotante, mais avec une conviction qui en imposait aux plus sceptiques.

Je les aimais bien. Le vieux le sentait. Il cherchait pour moi, dans ses papiers, les journaux anciens qu'au travers de tous ses déménagements il avait encore conservés ; et surtout, avec l'air grave d'un vieux lutteur qui se préoccupe de former un jeune, il me racontait le passé.

Le temps présent, naturellement, le navrait. Ce n'était plus ça ! Il n'arrivait point à comprendre les luttes des nouveaux partis. Le socialisme d'aujourd'hui le déroutait ; il lui semblait surtout trop compliqué ! Les ouvriers de la nouvelle génération lui semblaient indignes de leurs pères, et il acceptait avec une facilité singulière tout ce que les

VINGT-HUITIÈME LECTURE

journaux adverses racontaient de leur négligence ou de leur mauvais vouloir. Ou, quand il s'occupait d'affaires municipales — il n'en connaissait plus d'autres — il n'y voyait que reniements et lâchetés de la part de ceux qui se réclamaient, comme il disait, des « principes démocratiques ».

Je lui disais qu'il fallait garder confiance ; que, nous les jeunes, nous serions là, et qu'il voyait bien que nous étions ardents.

« Écoute, petit, répondait-il, j'en ai trop vu ! En Quarante-Huit, en Soixante-Dix, en Soixante-Dix-huit, encore, quand nous avons vu les royalistes définitivement écrasés, toujours j'ai espéré que la vraie République allait venir, que le coq gaulois pourrait librement donner de la voix ; mais, chaque fois, j'ai été cruellement déçu.

Ah ! si tu savais comme nous étions joyeux et pleins d'espoir, en Février 1848 !

La République, cette République, dont nous osions à peine parler en public avant la campagne des banquets, ce gouvernement juste et bon, capable d'assurer le bonheur de tous, brusquement après trois jours de bataille, nous l'avions fait proclamer à l'Hôtel de Ville !

Fig. 144. — PORTRAIT DE CAVAIGNAC (1802-1857), général républicain, se signala dans les guerres d'Afrique ; ministre de la guerre depuis le 15 mai 1848, fut chargé de la dure répression de juin.

L'ENTHOU-SIASME DE FÉVRIER

Je travaillais alors, dans le faubourg du Temple, avec un vieux patron républicain, chez qui j'avais fait mon apprentissage, et qui, le pauvre, n'a jamais beaucoup gagné, lui non plus. Mais, durant les trois jours, j'avais été à la bataille avec Lagrange, un zélé, celui-là, je t'assure, un vrai chef pour les barricades. Et je m'étais retrouvé avec lui, le soir du 24, lorsque les hommes du gouvernement provisoire, nommés à la Chambre des députés, étaient venus à l'Hôtel de Ville

C'est Lagrange qui demanda, dès le soir, la proclamation de la République. Les modérés hésitèrent longtemps : ils disaient qu'ils ne pouvaient pas, eux, gouvernement provisoire, proclamer la République ; qu'il fallait attendre un vote du peuple. Mais nous, nous ne voulions pas qu'on fît comme en 1830, qu'on nous ramenât un roi, même en le baptisant, comme on avait baptisé le gros Louis-Philippe, « la meilleure des Républiques ». Tous, nous insistions, et il fallut bien s'exécuter.

Le gouvernement provisoire déclara donc qu'il « voulait » la République, sauf ratification par le peuple. » Aussitôt quelques-uns écrivirent au charbon sur une immense toile blanche : *La République une et indivisible est proclamée en France*. Puis ils grimpèrent sur le rebord d'une fenêtre ; ils développèrent l'inscription, et, à la clarté des torches, la foule immense put lire la bonne nouvelle.

Ce furent alors quelques jours admirables. Toutes les libertés avaient été conquises d'un coup. On imprimait, on affichait ce qu'on voulait. On pouvait former autant de clubs qu'on voulait, tenir tous les discours, voter tous les ordres du jour qui semblaient utiles. On pouvait, dans les rues, chanter la *Marseillaise*, et aussi le *Chant des Girondins* :

> Mourir pour la patrie, c'est le sort le plus beau,
> Le plus digne d'envie.

Et puis, toutes les classes semblaient réconciliées : les Rothschild souscrivaient pour les blessés de Février. Des duchesses organisaient des *Fraternités* pour secourir la misère ; et les curés conduisaient des processions, pour aller planter, en grande pompe, des arbres de la liberté. Corporation par corporation, nous allions rendre visite au gouvernement provisoire, lui dire nos besoins, nos revendications. Et l'on chantait :

> Chapeau bas devant les casquettes !
> A genoux devant l'ouvrier !

Jamais peut-être on n'avait vu tous les hommes aussi sincèrement décidés à améliorer la condition des travailleurs.

VINGT-HUITIÈME LECTURE

Pour nous, la République, la République « démocratique et sociale », comme nous disions, ce devait être un régime de justice et de bonheur; tout à fait ce que vous appelez aujourd'hui un régime socialiste. Le gouvernement provisoire s'était engagé à garantir l'existence de l'ouvrier par le travail; il s'était engagé à garantir du travail à tous les citoyens. C'en serait donc fini de la misère: tous les ouvriers s'associeraient désormais sous la surveillance de l'Etat; le

Fig. 145. — TYPES DE GARDE MOBILE DE 1848. La garde mobile était composée de 20,000 jeunes faubouriens, tout dévoués au gouvernement.

travail serait organisé, comme nous le demandions, par de grandes associations fraternelles; et chacun jouirait complètement du produit de son effort.

MODÉRÉS ET SOCIALISTES   Comme toujours, notre beau rêve fut de courte durée. Peu à peu, on vit bien comment les bourgeois entendaient la République. Ceux qui voulaient vraiment travailler à l'organisation du travail, c'est-à-dire les socialistes, Louis Blanc, l'ouvrier Albert, Pecqueur, Vidal, étaient relégués au Luxembourg. On les laissait discuter, régler les petits conflits que patrons et ouvriers venaient leur soumettre; mais on les empêchait soigneusement d'exercer aucune action sur le gouvernement. Et on était décidé à ne rien essayer des grandes réformes sociales qu'ils indiquaient.

Puis, comme le chômage sévissait dans beaucoup de corporations, on avait organisé, pour faire croire au peuple qu'on s'occupait de son sort, ces fameux ateliers nationaux, où l'on a prétendu depuis voir une institution socialiste.

Je puis en parler, moi: j'y ai été enrôlé, vers le milieu de mai. Et dès alors, tous ceux qui avaient un peu de jugement reconnaissaient que les gouvernants nous dupaient, qu'ils cherchaient à nous entraîner, à nous enrôler contre les socialistes du Luxembourg, et qu'ils ne songeaient pas du tout à organiser le travail. Moi, qui n'avais jamais manié d'autre outil que mon petit marteau et mes limes, on me fit charrier de la terre, le long des fortifications.

Bientôt le mauvais vouloir des gouvernants fut évident ; un sourd malaise régnait entre les ouvriers et la bourgeoisie. Des orateurs nous traitaient de fainéants à la tribune de l'Assemblée. D'autres disaient qu'il « fallait en finir ». Et ce fut bientôt le mot à la mode.

M. de Falloux, un député royaliste et catholique, multipliait les projets de décrets, les rapports, les discours pour provoquer les ouvriers. Il obtint bientôt ce qu'il demandait : le 21 juin, un arrêté parut au *Moniteur* qui annonçait que les ouvriers des ateliers âgés de 18 à 25 ans devaient s'enrôler dans l'armée, et que les autres devaient se tenir prêts pour aller faire, dans les départements, les travaux qu'on leur désignerait.

Fig. 146. — Combat autour d'une barricade.

C'était la ruine pour toutes les familles ; c'était la misère pour 100.000 travailleurs. « Mieux vaut mourir tout de suite », disait-on dans les faubourgs. Et la bataille fut engagée.

Le 22, je me rappelle, je suis allé avec Pujol, un ancien chasseur d'Afrique, un ardent militant républicain, et d'autres camarades, au Panthéon. C'était le commencement. Nous étions bien quinze cents, les plus décidés, groupés derrière une bannière portant ces mots : « *Ateliers nationaux !* » Nous chantions des chants révolutionnaires ; puis tous en chœur, nous reprenions sur les trois notes connues du rappel : « On

VINGT-HUITIÈME LECTURE

ne part pas ! On ne part pas ! », pour indiquer notre décision de ne pas partir.

Avec Pujol, nous sommes allés chez Marie, membre de la Commission exécutive, qui s'occupait des ateliers. Marie s'est refusé à nous écouter. Pujol, alors, avec la violence qu'il avait dans ces moments-là, a déclaré que les ouvriers étaient prêts à sacrifier leur vie plutôt que de se soumettre à une loi odieuse. C'est alors que Marie a répondu : « Si les ouvriers ne veulent pas partir, nous les y contraindrons par la force... par la force, entendez-vous ? » Je me souviendrai toujours du ton d'irritation et de haine sur lequel il a dit cela.

Fig. 147. — Une rue de Paris après les journées de Juin (d'après un document de l'époque).

Il n'y avait plus qu'à combattre. Le 23, au matin, les barricades s'élevaient. J'avais regagné mon quartier ; comme les camarades, j'avais pris les armes. Puisqu'il n'y avait plus moyen de gagner sa vie dans le métier, et puisque l'État nous refusait le travail, mieux valait, comme tous le disaient, mourir tout de suite à Paris, plutôt qu'en Sologne ou en Algérie.

LES JOURNÉES J'ÉTAIS, le soir du 23, à la grande barricade du carrefour des rues Pierre-Levée, Bichat et Fontaine-au-Roi, qui a tenu le général Cavaignac lui-même en échec pendant trois heures.

Tu sais que Cavaignac avait été nommé commandant de toutes les forces militaires et en quelque manière dictateur contre nous. Le 24, nous étions remontés un peu plus haut dans le faubourg. Mais c'est le 25 seulement que le général

Lamoricière a pu emporter la barricade au coin du faubourg et de la rue Saint-Maur.

Ah ! je ne te souhaite pas, enfant, de vivre des journées et des nuits pareilles ; je ne te souhaite pas de connaître la furie du combat, la rage de la défaite, et surtout la tristesse de voir ces soldats, ces enfants du peuple, que nous avions vus venir à nous en février, demeurer fidèles et obéissants à ceux qui tourmentaient leurs pères.

Fig. 148. — UN APPARTEMENT APRÈS LA BATAILLE DE JUIN.

La nuit, on se ravitaillait, on fabriquait des balles et des cartouches. Et aussi on parlait du lendemain, de la victoire qu'on croyait possible, hélas ! et de ce nouveau gouvernement provisoire, que nous imaginions composé de tous les hommes que nous aimions, Barbès, Blanqui, Caussidière, Cabet, Raspail, Proudhon, Pierre Leroux.

C'était abominable, sans doute, cette guerre civile ; mais on nous y avait contraints. Et pour réaliser la République que nous voulions, nous étions décidés à tout, même à la mort.

Les femmes, surtout, étaient admirables. Elles employaient des ruses de sauvages pour nous faire parvenir les munitions. Elles en mettaient dans du pain, dans des ustensiles de ménage, jusque dans des cercueils ou dans les matelas des blessés qu'on transportait à l'hôpital. Tout ce qui pouvait être fondu servait à faire des balles. Et même, chose extraordinaire, dans une fonderie du faubourg du Temple, on parvint à fabriquer un canon.

Tu sais la fin. Lorsque les grandes barricades eurent été emportées, la garde mobile, ces dégénérés des faubourgs, et ces jeunes fainéants que les hommes du gouvernement avaient enrôlés, qu'ils payaient quatre fois comme les soldats et qu'ils enivraient d'eau-de-vie, furent lancés contre les ouvriers, contre les travailleurs, et ils se mirent à tuer et à massacrer, comme ils savaient faire. Les vaincus emplirent les prisons; les condamnations et les proscriptions commencèrent. Quelques camarades et moi nous échappâmes. Après nous être cachés plusieurs mois, nous pûmes enfin reparaître, retrouver du travail et vivre! Mais, au jour le jour nous assistâmes à l'anéantissement de nos rêves. Contre les derniers vestiges du socialisme le parti de l'Ordre, comme on disait, faisait rage. Les bonapartistes préparaient le retour de l'empire. Ouvriers et salariés, nous ne pouvions plus espérer l'amélioration de notre sort par les réformes gouvernementales.

Fig. 149. — LE DÉPART DES PROSCRITS (gravure symbolique de la fin de 1848). Elle représente la République démocratique prenant soin des femmes et des enfants des transportés.

RÉFLEXIONS. — J'ai connu réellement le vieillard dont je parle. Il me racontait souvent des histoires dont j'ai conservé quelques traits. Il connut Lagrange et Pujol. Pour étayer le récit, pour lui donner une portée plus générale, j'ai repris cependant le sérieux travail de Georges Renard sur la République de 1848 (tome X de l'Histoire socialiste); et je me suis servi aussi du petit livre d'Hippolyte Castille sur les Massacres de juin, Paris, 1869.

Quant au dessein même de ce récit, il n'a pas besoin d'être exposé lui plus longuement, tant il est visible. De 1830 à 1848, les salariés avaient mis tout leur espoir dans la République démocratique et sociale. Pour améliorer leur sort de travailleurs, ils comptaient sur l'exercice de leurs droits de citoyens. Ils avaient coutume de dire: « la réforme politique est le moyen ; la réforme sociale est le but ». Après les journées de juin, il devenait trop clair qu'ils ne pourraient réaliser leur République démocratique et sociale. Ils allaient placer ailleurs leurs espérances.

VINGT-NEUVIÈME LECTURE

La Société Saint-Claude

UNE PRO-
MENADE
EN MER

C'ÉTAIT un soir de juin 1855, à Marseille. La journée avait été très chaude ; à peine, vers les six heures, une légère brise s'était-elle élevée de la mer. Aux environs de la Joliette, des dockers, épuisés par dix longues heures de travail, s'étaient assis à terre, les jambes étendues, adossés aux murs ou aux bornes qui servent à tenir les amarres. Dans toutes les petites rues qui descendent au port, la population était sortie des maisons surchauffées ; des enfants criaient et couraient ; les femmes se promenaient, en les surveillant distraitement ; et de toute cette foule bigarrée montait un bruit confus et gai de conversations, de cris, de rires, de disputes.

Fig. 150. — MARSEILLE : LE VIEUX PORT.

Il était à peu près neuf heures. A l'ouest, les dernières lueurs mauves, que le soleil disparu projetait encore dans le ciel, achevaient de s'éteindre ; et, dans les boutiques, on allumait déjà les lampes, lorsque Pierre Nocodie, le tanneur, descendit vers le port.

Il s'était promené quelque temps avec sa jeune femme dans les rues du faubourg, où ils habitaient ; des coups d'œil de-ci de-là, à droite et à gauche, l'avaient assuré qu'ils n'étaient point suivis. Et alors, brusquement, au détour d'une rue, il avait embrassé sa compagne :

— Petite, il est temps, au revoir.

— Prends bien garde à toi, avait-elle répondu, suivant sa phrase accoutumée.

— Sois tranquille.

Et tandis qu'elle revenait à leur petit logement, par

des rues détournées, il était rapidement descendu vers la Joliette. Sur le quai, il reconnut Jean Luzzati et Marius Cim, ses deux amis, qui se promenaient de long en large. Il s'approcha d'eux, et, tout haut, pour que tout passant l'entendît, il s'écria :

— Eh bien ! le temps est superbe. Nous allons pouvoir faire notre promenade en mer. Je n'arrive point trop tard ?

— Non, non ! Ça va bien ! répondirent les deux autres. La brise est douce, la mer calme, ce sera charmant.

— Attendez-moi un peu, ajouta Marius, je m'en vais chercher les rames. Vous connaissez le bateau. Montez et détachez l'amarre. Et il courut vers le petit café où il laissait toujours ses rames.

— Ça va bien ! dit Pierre tout bas à Luzzati. Personne ne m'a suivi. Je crois que nous pouvons être sans inquiétude.

Ils descendirent l'escalier qui conduisait au bateau et s'y assirent. Marius arriva. De ses bras vigoureux, il entraîna la barque le long des hauts navires qui la dominaient. La mer était d'huile. Peu à peu, les bruits du port se perdirent au loin ; la brise marine, plus fraîche, caressait les joues des trois amis. Lorsqu'ils commencèrent à sentir le remous plus fort du golfe, Pierre rompit le silence.

— Vous n'avez pas été suivis, vous non plus ? dit-il.
— Non, nous avions pris nos précautions.
— Et ceux de l'atelier Julien ?
— Ils doivent partir de la Corniche.
— C'est toujours en face du phare Sainte-Marie, le rendez-vous ?
— Oui.

Et Pierre se tut. Une heure à peu près, ils ramèrent, se relayant tous trois. Lorsqu'ils furent en face du phare, ils ralentirent leur mouvement. De temps à autre, ils écoutaient pour entendre si la brise ne leur apportait point quelque bruit de clapotis régulier, annonciateur d'une autre barque.

— Ils sont en retard, dit Pierre.
— Mais non, répondit Marius ; c'est nous qui sommes en avance.

Enfin, ils perçurent un bruit. Ils firent entendre le signal convenu; et la réponse convenue leur parvint aussi. Les camarades étaient là. Un à un, cinq bateaux parurent. Ils s'amarrèrent les uns aux autres : les dix-huit hommes qu'ils portaient s'appelèrent et se reconnurent.

— Allons, dit Pierre, l'appel fini, nous voici tous réunis encore une fois. Personne, je l'espère, n'a été suivi. Antoine Micoud, tu es bien passé prendre les livres? Tu n'as point été suivi?

— Non, non, Pierre, sois tranquille.

LA SOCIÉTÉ SAINT-CLAUDE Les hommes qui se réunissaient ainsi, avec tant de précautions, en pleine mer, étaient des ouvriers tanneurs. Et la société, dont ils venaient là gérer les affaires, la société Saint-Claude, société de secours mutuels et de défense des salaires, tout à la fois, était une des plus vieilles sociétés de Marseille. Elle avait été fondée en 1833.

Dès janvier 1834, le nombre des tanneurs qui y adhéraient s'élevait à 40; le droit d'affiliation avait été fixé à 100 francs et la cotisation à 0 fr. 65 par semaine. En 1834, la société avait été assez forte pour faire porter les salaires de 2 fr. 50, 2 fr. 75 à 3 fr. pour une journée de 12 heures. En 1848, le Conseil syndical décida que la durée de la journée serait réduite à 10 heures. Le jour fixé, tous les tanneurs de Marseille n'entrèrent dans les ateliers qu'à 6 heures du matin, et, malgré les protestations des patrons, en firent autant tous les jours. La journée de 10 heures fut un fait acquis. Les passions révolutionnaires de 1848 avaient bien amené quelques scissions à l'intérieur de la société ; mais en 1854 beaucoup de ses membres avaient rejoint la vieille organisation.

Fig. 151. — Cour d'une tannerie, avec les fossés où trempent les peaux.

Le gouvernement de Napoléon III tolérait bien les sociétés de secours mutuels, quand elles étaient sous la présidence du curé de la paroisse, quand elles comptaient beaucoup de membres honoraires... et honorables, c'est-à-dire beaucoup de propriétaires ou de personnes riches, capables d'enseigner la sagesse aux ouvriers. Mais il était bien certain que le gouvernement impérial ne pouvait approuver ni même tolérer, une société qui avait le passé de la société Saint-Claude, une société composée uniquement d'ouvriers d'un même métier, et qui, sous le prétexte de secours mutuels, étaient toujours prêts à s'entendre contre leurs patrons. Aussi les tanneurs étaient-ils étroitement surveillés, et les administrateurs de la société avaient-ils décidé de tenir leur assemblée en pleine mer.

Quand ils se furent tous reconnus, Pierre, qui était président, reprit la parole :

— Amis, dit-il, chers compagnons de la société de Saint-Claude, nous voici donc tous réunis heureusement encore cette fois ; hier, en effet, nous avons appris que les agents de police continuaient de rôder autour de la maison d'Antoine Micond et de la mienne. C'est pour cela que nous vous avons dit de venir ici ce soir, et il faudra sans doute que pendant quelques temps encore nous nous résignions à ce petit voyage en mer. Agissons donc bien vite, pendant que nous le pouvons les affaires de la Société.

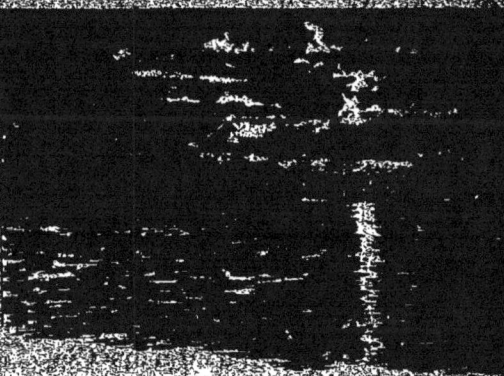

Fig. 152. — LA RADE DE MARSEILLE ; LES ONDES
ET LE CHÂTEAU D'IF.

Antoine, y a-t-il de nouvelles adhésions à la tannerie Julien ?

— Non, hélas ! répondit Antoine ; nous avons tenté, quelques camarades et moi, de convaincre quelques vieux tanneurs qui avaient appartenu dès 1833 à notre Société ; mais depuis qu'il y a eu des divisions, ils ne veulent plus rien entendre. D'ailleurs, lorsque quelques-uns se risquent à exprimer une plainte, les chefs d'ateliers leur répondent toujours qu'ils auront autant d'ouvriers étrangers qu'ils auront besoin, et que si l'on tente un mouvement quelconque comme celui de 1848, ils ne seront pas embarrassés.

LA POLICE INTERVIENT, EN VAIN

« Tout cela est triste, dit Pierre, car il faut pourtant que nous arrivions à relever peu à peu nos salaires, et nous ne pourrons pas y réussir si la tannerie Julien ne nous soutient pas. On ne peut objecter cependant que la vie est devenue pour nous bien difficile. De jour en jour les prix haussent, la livre de bœuf que nous payions neuf sous l'année dernière, nous la payons onze sous cette année. Le pain, que l'on payait douze sous, nous le payons maintenant quatorze et même quinze ; et voici que les propriétaires, depuis qu'on a commencé tous les grands travaux, la Préfecture, la Bourse, le Palais de Justice, la cathédrale, parlent d'augmenter nos loyers. Quelques-uns nous disent que l'empereur est bon, qu'il aime la classe ouvrière, qu'il suffira de lui exposer nos misères pour qu'il nous apporte quelques améliorations ; mais vous savez bien tous que ces implorations ne nous ont jamais rien donné, et que l'empereur ou ses préfets écoutent bien plutôt les patrons que nous-mêmes. Je pense que vous êtes tous de mon avis. Nous ne pouvons donc que continuer ce que firent autrefois nos anciens : nous défendre nous-mêmes par nos sociétés ; mais pour cela il faut qu'à tout prix nous ayons avec nous tous les membres du métier... » A ces mots, Pierre s'interrompit soudain : « Vous n'avez rien entendu ? dit-il.

— Eh non ! répliqua Marius Cim ; tu es extraordinaire, Pierre. C'est un oiseau de mer qui vient de passer presque au-dessus de nos têtes ! Tu crois toujours avoir la police à tes trousses.

— Tu as raison, va, Pierre, reprit un vieux. Deux précautions valent mieux qu'une. Et nous avons beau être ici au milieu de l'eau, que je ne me sens pas autrement à l'abri.

VINGT-NEUVIÈME LECTURE

— Enfin, que décidons-nous ? reprit Marius.
— Ce que je vous propose, dit Pierre, c'est de faire encore un effort du côté de la tannerie Julien. Sans elle nous ne pouvons rien ; car c'est elle qui est la plus capable de nous donner tout de suite satisfaction. Nous avons eu peu de malades, peu de chômeurs ; il y a en caisse plus de 6.000 francs, et notre dépense serait vite compensée si nous réussissions à obtenir nos 4 francs par jour..... Mais je vous assure que j'entends un bruit de rames ! »

Tous écoutèrent. Effectivement, malgré le petit bruit du flot qui clapotait contre les barques, on discernait le battement régulier de plusieurs paires de rames.

— « Cette fois, dit Antoine, tu as raison ; il est probable que ceux de la Corniche auront été suivis. Dispersons-nous, ramons fort, chacun de notre côté. Nous échapperons encore. Mais quelle terrible vie ! et quel régime abominable que celui qui ne permet pas seulement à des ouvriers honnêtes de s'unir ouvertement pour améliorer leur sort et celui de leurs enfants ! »

Alors ce fut dans l'obscurité une brusque agitation. Les compagnons de Saint-Claude, habitués à manier la marguerite, le rude outil qui sert à rebrousser les cuirs, avaient les bras bien musclés, et les rames criaient sous leur puissant effort.

Fig. 153. — Ouvrier TANNEUR, maniant la marguerite.

Il était près de minuit lorsque Pierre et ses deux compagnons abordèrent de nouveau à la Joliette. Ils se hâtèrent d'attacher la barque, de remonter, et lorsque Marius fut revenu de porter les rames ils purent bientôt, tous les trois, dissimulés dans une encoignure, regarder narquoisement les policiers qui revenaient après leur chasse infructueuse.

La Société Saint-Claude, la vieille société des tanneurs, était sauvée cette fois encore... Mais, hélas! pour bien peu de temps. Malgré toutes les précautions, les policiers parvinrent à découvrir les administrateurs. Tous les livres et la caisse furent saisis. On n'osa pas dissoudre la Société ; mais à partir de ce moment, de mois en mois, le nombre de ses membres diminua. Elle fut contrainte de s'ouvrir aux ouvriers de toutes corporations. Elle devint uniquement une société de secours mutuels ; elle ne fut plus un instrument de lutte pour la défense des salaires.

Sous l'Empire, de 1855 à 1864, beaucoup d'ouvriers essayèrent ainsi d'utiliser les sociétés de secours mutuels dans leur lutte pour obtenir de meilleures conditions du travail. Ils réussirent bien rarement jusqu'au jour où le gouvernement comprit qu'il était nécessaire de tolérer sous un nom ou sous un autre cette lutte pacifique des ouvriers contre leurs patrons.

RÉFLEXIONS. — *C'est encore au vaste ouvrage de la Direction du travail : Les Associations professionnelles ouvrières (t. II, p. 176 et sq.) que nous avons emprunté ce récit. Il marque bien comment, au prix des plus grandes difficultés, parce que c'était pour eux une nécessité absolue, les ouvriers s'unissaient, et, à la faveur de la loi sur les sociétés de secours mutuels, habilement tournée, menaient parfois une véritable action syndicale. C'est seulement en 1864 que les coalitions, c'est-à-dire les grèves, cessèrent d'être poursuivies, et c'est en 1868 que les associations syndicales furent officiellement tolérées, sinon reconnues par la loi. Elles exerçaient, dès ce moment-là, une remarquable action.*

TRENTIÈME LECTURE.

Le candidat ouvrier

LES ÉLECTIONS DE 1863

C'ÉTAIT en 1863, au mois de mai. Dans un petit cabaret de la rue des Gravilliers, quelques ouvriers se trouvaient assis. Ils parlaient assez bas, bien que le patron de l'établissement semblât des leurs et qu'il dévisageât attentivement chaque nouvel arrivant. Mais à l'époque de l'Empire, lorsqu'on parlait politique, il fallait toujours prendre des précautions. Et sûrement ces ouvriers parlaient politique, car on entendait de temps à autre monter de leur petit groupe les noms de Guéroult, de Havin et de Girardin, c'est-à-dire de ces journalistes dont la candidature comme députés passionnait en ce moment-là toute la population parisienne.

En 1863, en effet, on devait procéder aux élections générales pour le Corps législatif. L'Empire, établi par le coup d'Etat du 2 décembre 1851, était sans doute encore tout puissant. Mais, depuis 1859, les proscrits républicains, grâce à l'amnistie, étaient rentrés ; la jeunesse des Ecoles, toujours indépendante, s'était mise à étudier avec ardeur les œuvres des grands philosophes de la démocratie ; les ouvriers des faubourgs, accablés sous le poids des loyers coûteux et du pain cher, avaient tenté d'améliorer leur sort : les typographes avaient fait grève, et leur cause était si juste que l'Empereur avait gracié ceux qui avaient été condamnés pour avoir poussé à la grève. Enfin, l'année précédente, en 1862, des délégués ouvriers avaient été envoyés à l'Exposition de Londres ; et là ils avaient appris comment leurs frères anglais, souvent moins habiles qu'eux-mêmes, s'organisaient librement et gagnaient de hauts salaires. C'était tout un grand remuement d'idées, tout un bouillonnement d'espérances qui agitait alors la classe ouvrière parisienne. Les délégués de Londres avaient écrit des rapports, où ils décrivaient le fonctionnement de syndicats anglais. Ils réclamaient le droit de fonder eux aussi des chambres syndicales ouvrières. D'autres s'efforçaient d'engager les sociétés de secours mutuels dans la lutte pour les salaires. D'autres voulaient tenter une fois encore de fonder des associations de production.

Les ouvriers, qui se trouvaient ce soir-là chez le marchand de vins de la rue des Gravilliers, avaient été, pour la plupart, des délégués à Londres. Depuis lors, ils n'avaient cessé de rêver à l'action possible qui leur permettrait d'assurer à la classe ouvrière la liberté dont elle avait besoin. Si un inspecteur de police, à l'œil un peu exercé, était entré dans la petite salle, il aurait vu tout de suite que ce n'était pas pour boire et plaisanter qu'ils étaient réunis là, car les verres qu'on leur avait servis étaient encore aux trois quarts pleins, depuis plus d'une heure qu'ils parlaient.

Fig. 154. — TOLAIN. *Candidat ouvrier, un an après Blanc, en 1864, il devint plus tard sénateur, sous la Troisième République. Il fut un des ouvriers parisiens, les plus écoutés de leurs camarades, de 1862 à 1866.*

— « Tolain ne revient toujours pas ! dit brusquement, en haussant la voix, l'un d'entre eux.

— Il est probable, dit un autre, que les négociations ne vont pas toutes seules et que, malgré les efforts de l'ami Beslay, les dictateurs bourgeois, Messieurs les journalistes ou les vieux de 48, ne veulent pas accorder ce que nous demandons.

— Bah ! l'on verra bien, repartit un troisième ; si ces Messieurs ne veulent pas reconnaître le bien-fondé de nos demandes, nous saurons bien les y contraindre. »

Et, frappant un grand coup de poing sur la table, celui-là, un petit homme noir, à l'œil vif et à la mine résolue, fit trembler les verres.

Il y eut un moment de silence : chacun de son côté réfléchissait aux négociations qui, là-bas, dans le salon de M. Carnot, l'ancien ministre de 1848, continuaient à se poursuivre.

Il s'agissait, en effet, de savoir comment, pour ces élections, seraient choisis les candidats de l'opposition, et plus

TRENTIÈME LECTURE

particulièrement les candidats républicains. Il y avait des jours déjà que les négociations duraient.

Carnot avait fondé, en vue des élections, un grand comité républicain. Dans ce comité, Beslay, un vieil ami de Proudhon, très honnête homme, demeuré en contact avec les ouvriers des ateliers, avait demandé qu'on formât, dans les différents quartiers, des réunions ouvrières, qui elles aussi devaient envoyer des délégués au comité central de Carnot.

Or, ces délégués s'étaient déjà opposés à la candidature de plusieurs hommes de 1848, de Garnier-Pagès, qui avait proposé l'impôt si lourd, appelé l'impôt des quarante-cinq centimes, et de Marie, l'ancien ministre, complice de la dissolution des ateliers nationaux.

Fig. 155. — PROUDHON. *Célèbre penseur socialiste qui vécut de 1809 à 1865. Il exerça une grande influence sur les ouvriers parisiens à l'époque du second empire.*

Mais ils voulaient plus. Ils réclamaient deux circonscriptions pour des ouvriers ; et c'était cette demande que Tolain avait été chargé de soutenir en leur nom à la réunion qui se tenait chez Carnot.

OUVRIERS ET BOURGEOIS — Cependant la nuit tombait tout à fait, et déjà, à toutes les fenêtres, brillaient les lampes, lorsque la porte s'ouvrit et qu'un homme, jeune encore, maigre et long, à l'allure un peu dégingandée, entra. Il s'assit à la table. Tous se rapprochèrent ; et d'une voix ferme, décidée, sans éclat, en homme réfléchi et posé, Tolain, car c'était lui, raconta ce qui s'était passé.

« Voici, dit-il. Je suis donc allé trouver, comme c'était convenu, les hommes de l'opposition. Je leur ai dit pourquoi nous souhaitons avoir un candidat choisi parmi les nôtres, parmi les ouvriers. Je leur ai montré que seuls, des hommes de notre classe pouvaient bien connaître nos besoins et étaient capables de défendre nos intérêts. Je leur ai dit comment nous voulions obtenir le droit de faire grève sans être traités en malfaiteurs, comment nous voulions avoir le droit de créer des syndicats, sans être traqués par la police, comment nous voulions assurer dans nos sociétés mutuelles des secours à ceux d'entre nous qui ne trouvent point de travail.

« Vous vous doutez bien de tout ce qu'on m'a répondu encore une fois. Vous le saviez à l'avance. Nos demandes ? nous n'avons qu'à les écrire : les bons orateurs, les bons journalistes qu'on nous proposera et que nous nommerons, se chargeront de les soutenir en excellents avocats ! — Un élu, disent-ils encore, représente tout le monde ; il ne peut pas représenter seulement une classe, même la plus nombreuse : depuis 1789, il n'y a plus de classes en France. — Oui, oui, c'est la chanson bien connue,

Fig. 156. — Un bureau de vote en 1863
(d'après une gravure du *Monde illustré*).

s'écria un des plus vieux, et tu n'as pas besoin, Tolain, de nous résumer tous leurs beaux discours. Les MM. Péreire, eux, ont le droit reconnu, admis de chacun, de représenter tous les grands banquiers, tous les constructeurs de chemins de fer et les heureux actionnaires des compagnies financières ; mais nous, nous n'avons pas le droit de faire entendre notre voix, et les bons républicains qui demandent nos suffrages veulent nous imposer silence.

— Alors, reprit un autre, c'est fini, c'est le refus net ?
— Oui, Murat, répondit Tolain. Point de candidat ouvrier ! Sur ce point les journalistes, les hommes de 48 et tous les jeunes ambitieux, qui se chamaillaient encore il y a quelques jours, se sont retrouvés d'accord. Les Girardin de la *Presse*, les Havin du *Siècle*, les Guéroult de l'*Opinion*

nationale, tous ces beaux Messieurs se querellaient ferme, hier encore, avec les hommes de 48. Contre les ouvriers, ils se retrouvent des alliés. Il est vrai, ajouta-t-il en riant, que nous leur aurions enlevé deux places... Et il fallait voir les mines s'allonger, quand je faisais ma proposition.

— Eh bien ! dit Murat, nous, les mécaniciens, Buette, les deux Aubert et moi, nous vous proposons de poser tout seuls une candidature ouvrière.

— Il faut voir ! dit Tolain. Est-ce que vous ne craignez pas de détourner de nous ceux qui nous sont sympathiques ? Est-ce que vous ne craignez pas qu'on nous accuse de mettre le trouble dans les rangs de l'opposition et de faire ainsi le jeu de l'Empire ?

Fig. 157. — « Pas méchant, mais vif ! » *Gravure de Gavarni, représentant un ouvrier de Paris.*

— Non ! non ! Tant pis pour eux ! dit Murat avec violence. Puisqu'ils nous ont repoussés, marchons tout seuls et nous dirons pourquoi. Nous dirons que nous voulons défendre nos droits de travailleurs, nous rappellerons à tous que les travailleurs doivent être traités exactement comme leurs patrons, comme les riches, et si l'on nous accuse de faire le jeu de l'Empire, il nous sera facile de nous disculper. Il y a des Orléanistes, des ennemis irréductibles de l'Empire, qui se présentent tout seuls, en indépendants ; nous ferons comme eux. Et puisque l'heure presse, eh bien ! choisissons tout de suite notre homme. Moi, je demande à l'ami Blanc s'il veut bien être notre candidat.

LE CANDIDAT

— DIABLE ! qu'est-ce que va dire mon patron ? s'écria l'intéressé. (Blanc, en effet, était metteur en pages de l'*Opinion nationale*, le journal de Guéroult, l'un des candidats.) Quelquefois, le soir, quand je mettais l'*Opinion* en pages, ces derniers jours, il est venu rôder autour de moi et a tenté de me faire parler. Quand il va savoir que je suis candidat et candidat dans ces conditions, que va-t-il dire ?

— Eh ! il dira ce qu'il voudra : il n'avait qu'à soutenir nos demandes, lui et son ami Havin, à la réunion Carnot.

— Enfin, dit Murat, tu acceptes ?

— Il le faut bien, puisque je suis encore, de nous tous, le plus indépendant, le plus libre.

— Vive donc Blanc, notre candidat !

— Maintenant ce n'est point tout cela, dit familièrement Tolain, l'homme pratique ; nous n'avons point beaucoup de jours, il va falloir nous presser.

« Patron, apporte une plume et de l'encre. Blanc, tu vas monter dans la petite chambre ; tu rédigeras ta première circulaire ; nous la porterons au *Temps*. *Le Temps*, lui, n'aime point les dictateurs ; c'est un journal indépendant : sûrement il l'insérera. Nous annoncerons des réunions, nous ferons quelques petites affiches, et je suis bien certain que nous trouverons des amis. »

Alors ce fut dans le petit groupe une agitation fébrile : l'un proposait d'établir des listes de souscription ; l'autre indiquait les réunions auxquelles on pouvait assister. Murat dressait des listes de camarades, qu'il fallait aller trouver dans les ateliers. Louis Aubert calculait les dépenses, et Vanhamme se proposait pour coller lui-même les affiches.

Fig. 158. — L'ENTRÉE DU PRÉSIDENT DU CORPS LÉGISLATIF (*Chambre des députés*), sous le second Empire (d'après une gravure du *Monde illustré*).

La bonne gaîté ouvrière s'en mêlait. On plaisantait déjà Blanc sur son entrée solennelle au Corps législatif.

« Nous nous cotiserons tous pour t'acheter une redingote, et le jour de ton premier discours, nous serons à notre poste, dans la tribune du public, au Corps législatif. Ce jour-là, il n'y aura pas de patron qui tienne... »

Au fond, ni les uns ni les autres, pas même le candidat, ne se laissaient aller à cette espérance. Mais ils tenaient à affirmer leurs principes ; ils tenaient à bien marquer que dans le parti républicain, tous devaient être égaux, ouvriers ou bourgeois. Après huit jours de belle lutte et de discussion passionnée, malgré les encouragements des ateliers parisiens, malgré de belles adresses envoyées par les ouvriers lyonnais, Blanc obtint tout juste 332 voix.

Il rentra dans sa blouse, ainsi qu'il disait, « comme un diable à ressort rentre dans sa boîte », après avoir seulement inquiété un instant les autres candidats (car les candidats s'inquiètent facilement). Mais l'idée était lancée, l'idée allait demeurer que les ouvriers ne pourraient vraiment être défendus et représentés que par des hommes issus de leurs rangs.

RÉFLEXIONS. ❖ Il importe de bien marquer comment les ouvriers se sont trouvés amenés à concevoir et à désirer une représentation particulière de leur classe au Parlement. Nous avons relaté, dans le précédent récit et au début de celui-ci, les grands efforts faits par eux pour fonder soit des sociétés de résistance (syndicats), soit des coopératives. Or, pour que cette action syndicale et coopérative porte tous ses fruits, il faut qu'elle puisse se déployer librement ; il faut que le gouvernement ni la loi ne l'entravent. Il faut que le droit de grève, que le droit d'association, soient reconnus.

Or, depuis 1860, le gouvernement fait de nombreuses avances à la classe ouvrière. Il lui laisse entendre, en quelque manière, qu'il tolérera ses initiatives, si elle se montre dévouée à l'Empire. Un certain nombre d'ouvriers acceptent cette politique : ils s'efforcent de mériter les faveurs impériales par leur dévouement au régime.

Mais la plupart des ouvriers, surtout à Paris, sont républicains. Ils ne veulent pas des faveurs impériales : ils veulent une reconnaissance légale. Et ils s'efforcent de l'obtenir par l'action politique. Ils participent à l'effort de l'opposition libérale et républicaine, en 1863.

Cependant, cette opposition même, préoccupée avant tout d'atteindre l'empire, et sûre d'autre part que les ouvriers parisiens ne l'abandonneront pas complètement, ne fait pas à leurs revendications la place qu'elles méritent. De là l'idée de candidatures ouvrières. La première posée fut celle du typographe J.-J. Blanc en 1863 ; la seconde, celle de Tolain, aux élections complémentaires de 1864. C'est à l'occasion de celle-là que fut publié le célèbre Manifeste des soixante, où on trouve exprimée tout au long l'idée d'une action politique indépendante de la classe ouvrière.

TRENTE ET UNIÈME LECTURE

L'Association Internationale.

Il n'y a pas beaucoup de livres d'histoire qui parlent de la fondation de l'Internationale. Un jour viendra cependant où l'on reconnaîtra que la date du 28 septembre 1864 est une date importante de l'histoire universelle.

Ce jour-là, en effet, des ouvriers de tous les pays d'Europe, qui luttaient chacun de leur côté, pour améliorer leur sort et pour transformer l'organisation sociale, sentirent qu'il leur serait indispensable de s'unir, pour arriver à la réalisation de leurs desseins. Ils avaient vu depuis un certain nombre d'années les différents gouvernements s'entendre pour écraser les républicains ou les socialistes qui réclamaient plus de liberté. Ils sentaient d'autre part que les ouvriers, en se faisant concurrence de pays à pays, contribuaient à faire diminuer les salaires. Ils résolurent de s'entendre, de fonder une grande association commune, pour remédier à ces maux.

Fig. 159. — Fête a l'Exposition de Londres en 1862 (d'après le *Monde illustré*).

Voici comment l'entente s'établit. En 1862, nous l'avons dit, des ouvriers français, surtout des Parisiens, qui s'occupaient d'organiser leurs camarades, avaient été envoyés, d'ailleurs aux frais du gouvernement, à l'Exposition de Londres, afin d'étudier le travail et les coutumes des ouvriers anglais. Pendant ce voyage, ils étaient entrés en relation avec les secrétaires des Trade-Unions, c'est-à-dire des puissants syndicats anglais. A leur retour, les plus intelligents et les plus actifs d'entre eux s'étaient occupés surtout des candidatures ouvrières. Mais lorsque les candidats ouvriers eurent été battus, le petit groupe qui les soutenait, Tolain, Perrachon, Limousin, Murat, etc., songèrent à établir des relations plus étroites et plus utiles avec leurs amis anglais, et par eux, avec les ouvriers de toutes les nationalités.

Il y avait alors à Londres des exilés républicains et socialistes de tous pays. Il y avait des déportés de juin 1848, des proscrits du coup d'État. Il y avait des Allemands, chassés de leur pays quand les révolutionnaires de 1848 avaient été écrasés, des Italiens républicains chassés du Piémont ou de Rome. Ce furent ces hommes qui devinrent le noyau du futur comité de l'association.

Le 28 septembre 1864, des délégués des ouvriers français vinrent donc à Londres. L'Association internationale des travailleurs fut fondée à la fin d'une grande réunion politique.

Le récit suivant relate les circonstances de ce meeting fameux. Nous lui avons donné la forme d'une lettre d'un proscrit du 2 décembre à un ouvrier parisien, du petit groupe de la candidature. Ce n'est pas là une pure invention. L'essentiel de notre récit nous a été fourni, en effet, par une lettre de Lelubez à M. Henri Lefort, lettre publiée pour la première fois par M. Tchernoff dans son ouvrage : Le parti républicain au coup d'Etat et sous le second Empire.

Londres, 29 septembre 1864.

MEETING INTERNATIONAL

Mon ami, tu me demandais dans ta dernière lettre de t'écrire immédiatement, pour toi et nos anciens camarades d'atelier, comment se serait passé le grand meeting d'hier soir. Je ne veux pas te faire attendre ; je suis moi-même trop heureux de pouvoir te dire notre joie et notre espoir.

Tu t'étonneras peut-être de cet enthousiasme. Tu te rappelles que, lorsque tu es venu à Londres, il y a deux ans, avec les délégués de ta corporation, nous demeurions plutôt méfiants, nous autres, proscrits, à l'égard de votre mouvement. Pour nous, vois-tu, les vieux, nous qui avons vu juin et décembre, nous qui avons vu toutes nos sociétés dissoutes et nos camarades traqués par Monsieur Bonaparte, nous avions peine à comprendre que vous fussiez si inertes, si résignés, et nous ne comprenions pas pourquoi vous ne cherchiez pas tout d'abord à supprimer le despote. Tant que vous n'aurez pas reconquis les droits du peuple, reconquis la république, tout ce que vous pourrez tenter sera zéro. Je sais bien que tu ne raisonnes pas comme moi. Pardonne à ma marotte. L'avenir dira qui de nous avait raison... Mais je m'attarde encore à philosopher, et je dois tout de suite te raconter la réunion.

Quand je suis arrivé, de bonne heure, à la vaste salle de

Saint-Martins-Hall, il y avait déjà une foule nombreuse et enthousiaste. Il y avait au premier rang des proscrits polonais, les héros de la soirée (car tu sais que le meeting avait pour prétexte une manifestation en faveur de la Pologne). Puis je rencontrais des communistes allemands, des victimes de décembre, comme moi, comme Lelubez, comme Bocquet, enfin et surtout des trade unionistes, de ces sérieux et pratiques salariés anglais, dont tu as pu apprécier naguère la bonne organisation.

Fig. 160. — LA TOUR DE LONDRES.

Je causai avec les amis, et l'un d'eux me désignait sur l'estrade vos trois délégués de Paris, Tolain, Perrachon et Limousin, lorsque s'éleva le chant grave du chœur allemand. Cette coutume de commencer les réunions publiques par un chant vous ferait peut-être rire à Paris. Mais, depuis que nous nous retrouvons souvent avec les Allemands, nous nous sommes habitués à cette coutume, et nous aimons bien leurs voix pleines, fortes, bien réglées, qui impressionnent toujours vivement. On se sent tout de suite, je ne sais comment, sérieux et résolu.

Le chœur fini, on a choisi le président. C'est le professeur Beesley qui a été élu d'acclamations. Tu ne connais peut-être pas son nom. C'est un radical anglais, très décidé, très sincère, un vrai démocrate, celui-là, qui, il y a trois ans, lors de la grève des maçons de Londres, a soutenu les ouvriers contre les économistes qui prétendaient leur démontrer la folie de leurs revendications.

Beesley a prononcé hier un petit speech très émouvant en faveur des peuples opprimés. Il a montré comment toutes les grandes nations dites civilisées accablaient les autres peuples. Depuis 1849, nos soldats, à nous Français, envoyés au service du pape, ont empêché les républicains romains de faire l'unité italienne. La Russie accable les Polonais, les Circassiens. « Mais l'Angleterre même, a dit Beesley, n'est pas innocente de pareils forfaits ; qu'on aille voir en Irlande, en Chine, dans l'Inde. » Je n'ai pas besoin de te dire combien ce courageux professeur fut applaudi quand il invita tous les travailleurs à surmonter les préjugés chauvins et à s'unir pour faire régner enfin un peu de justice dans le monde.

Fig. 161. — Portrait du professeur Beesley.

Alors Odger se leva. Tu te souviens certainement de lui. C'est l'ouvrier cordonnier, le secrétaire du Conseil syndical de Londres, cet orateur fougueux et chaleureux qui t'étonna si fort, un soir où nous étions allés l'entendre à un meeting. Sans comprendre un mot d'anglais, tu te rappelles, tu avais senti quel tribun extraordinaire il était. Donc, comme secrétaire, Odger a été chargé de lire l'adresse fraternelle que les ouvriers anglais vous ont envoyée à Paris, et à laquelle vos trois amis avaient été chargés de répondre.

L'ADRESSE DES FRANÇAIS — Tolain, Perrachon, Limousin, étaient sur l'estrade. Je ne les connaissais pas, et je me méfiais d'eux. Ils m'ont fait, je dois te le dire, bonne impression. Quand Tolain fut appelé par le président pour lire l'adresse française, en réponse à l'adresse anglaise, une triple salve d'applaudissements l'accueillit. Il a lu l'adresse, je t'assure, avec une véritable autorité. Ce n'était plus la fougue, l'ardeur d'Odger, mais son air fin, délicat et passionné tout à la fois, charmait l'auditoire. Lelubez, le proscrit, qui a traduit, a su très bien garder, dans sa traduction, quelque chose de son ton et de son allure. Et les applaudissements, qui l'interrompirent constamment, montrèrent que vos idées allaient droit au cœur des ouvriers anglais.

Oui, vous avez bien raison, chers Parisiens, dans l'adresse que Tolain a lue : il ne faut plus que des rois, que des Césars, le front souillé d'une couronne sanglante, se partagent entre eux des peuples épuisés par les rapines des grands, des pays dévastés par des guerres sauvages. Il faut que les peuples défendent mutuellement leur liberté. Mais il faut, pour cela, que les ouvriers, que la masse du peuple ne soit pas réduite, par la machine, à une condition misérable ; il faut que les travailleurs défendent leurs droits. Et nous ne pouvons les défendre que par la solidarité, par une étroite union entre les salariés de toutes les nations.

Les ouvriers anglais sont tout à fait partisans de ces idées. Je les soupçonne bien un peu d'égoïsme. Ils sont gens pratiques, et, comme ils ont par leurs unions et par leurs grèves obtenu de hauts salaires, ils redoutent naturellement que des étrangers venant travailler à des prix inférieurs ne fassent baisser leurs salaires si péniblement conquis. Comme le rappelait Tolain : « Quand deux patrons courent après un ouvrier, le salaire monte. Quand deux ouvriers courent après un patron, le salaire baisse. » Les ouvriers anglais ne veulent pas que les étrangers viennent courir après leurs patrons. Et ils espèrent qu'une association internationale des travailleurs les protégera. Voilà pourquoi, je crois, ils sont si enthousiastes ; mais, tu l'as éprouvé, ils ne sont pas incapables de générosité, et lorsque (c'est le cas aujourd'hui) leur intérêt s'accorde avec leur conscience, ils sont admirables d'élan.

Fig. 162. — Le premier local de l'Internationale à Paris (État actuel, 44, rue des Gravilliers). C'est une toute petite pièce au fond d'une cour.

TRENTE ET UNIÈME LECTURE

ORGANISA-TION INTERNA-TIONALE

Quand Lelubez a eu fini d'expliquer le plan d'organisation à établir entre les différentes nations, Wheeler, encore un trade-unioniste, a soumis au meeting une résolution déclarant que le programme des Français était vraiment de nature à améliorer le sort des travailleurs, et proposant de nommer un comité. Wheeler, lui aussi, est un bon orateur : il a déclaré, en un speech très éloquent, que les gouvernements auraient beau dire aux peuples de s'entre-haïr, les peuples sentent qu'ils doivent s'aimer. Puis, comme il faut toujours se montrer aimable envers ses hôtes, il a déclaré que les Français étaient supérieurs aux Anglais, qu'ils avaient apporté eux-mêmes, en personne, leur adresse, et avec un plan d'organisation tel qu'il était acceptable pour tous. « Le progrès, s'est-il écrié, vient toujours de France, même quand les Français sont le plus opprimés... » Je te sais assez dégagé, toi aussi, des préjugés chauvins pour te dire tout cela sans craindre de te griser.

Laisse-moi te raconter maintenant comment tout s'est terminé. Nous avons eu alors à la tribune un vrai défilé des nations. Des délégués, des proscrits de tous les pays, sont venus dire qu'ils acceptaient votre beau projet d'union internationale de tous les travailleurs. On a entendu Eccarius, un tailleur allemand, un vieux de la proscription, qui se trouve à Londres depuis 1840, et qui démonte les Anglais mêmes par son flegme imperturbable. Le major Wolff, un secrétaire de Mazzini, le révolutionnaire romain, est venu nous assurer de l'appui des Italiens, et enfin le citoyen Bocquet, un ancien du quartier du Panthéon, un de nos vieux amis, a remercié le président d'avoir parlé en termes éloquents de la grande Révolution française.

Fig. 163. — Portrait de Karl Marx.

Chacun a recueilli des applaudissements immenses. Un comité de 21 membres, chargé d'organiser l'association internationale dans toute l'Europe, a été élu par acclamations, Lelubez en est, et aussi Denoual et Bocquet, parmi les Français. Il y a naturellement beaucoup de trade-unionistes anglais, Odger entre autres, et enfin, parmi les Allemands, un certain docteur Marx qu'on dit très intelligent, très fort, et dont Eccarius parle toujours avec beaucoup d'admiration.

A la fin, on a chanté la *Marseillaise* en français, en allemand et en anglais, et toutes les fois, je t'assure, avec une verve presque française !

Tu le vois, je t'ai fait un rapport bien fidèle, bien complet. Et je te l'ai fait avec joie. Moi aussi, maintenant, me voici un peu convaincu. Que les ouvriers s'entendent, qu'ils s'organisent tous de pays à pays pour relever leur condition. Alors la liberté sera sauvée ! Et ce sera pour tous une ère nouvelle de bonheur et de justice.

TRENTE-DEUXIÈME LECTURE

Eugène Varlin.

OUVRIER ET PROPAGANDISTE — Les ouvriers de la fin du second Empire eurent souvent une dure vie. Tous ceux qu'inspirait le noble désir d'une complète transformation sociale, tous ceux qui rêvaient de faire des salariés miséreux de libres et joyeux producteurs, se trouvèrent aux prises avec les pires difficultés et coururent les plus grands dangers. Quelques-uns même trouvèrent la mort dans des luttes héroïques et terribles.

De tous, celui qui apparaît comme le plus beau caractère, le plus pur, c'est sans contredit Eugène Varlin. J'ai lu beaucoup de choses sur cette rude époque : je n'ai point trouvé contre lui un mot méchant. Tous ceux qui le connaissaient l'aimaient, et souvent même l'admiraient.

Il était né à Claye, en Seine-et-Marne, le 5 octobre 1839. Son père était un cultivateur assez à l'aise. A treize ans, Eugène (c'était son prénom) fut envoyé comme apprenti relieur à Paris chez un oncle maternel, un homme dur et violent, qui lui apprit son métier, mais sans affection ni bonté. Le petit se consola en étudiant; le soir, il allait à la Société philotechnique, une société d'instruction populaire, et il fréquentait les bibliothèques. Il étudia l'histoire, la littérature; il avait même commencé à apprendre lui-même, tout seul, le grec et le latin. Mais c'était une dure tâche, pour le jeune homme, que de mener ainsi de front sa double besogne, manuelle et intellectuelle. Il devint dans son métier un véritable artiste; mais il dut renoncer à une grande partie de ses études. « Il n'y a point de ma faute,

Fig. 164. — Un relieur au travail (Milieu du XIXe siècle. Gravure extraite de la Collection des Métiers à la Bibliothèque nationale).

disait-il souvent plus tard ; mais il m'est pénible de ne rien savoir. »

Son oncle avait des filles ; il voulut le marier avec l'une d'elles, lui laisser l'atelier. Varlin refusa : il ne voulait point, a-t-il dit, exploiter des ouvriers, devenir patron. Son oncle le chassa : il dut entrer dans un autre atelier.

Tout jeune ouvrier, il commença dès lors à faire de la propagande pour ses idées. Les sociétés de secours mutuels, organisées dans beaucoup de professions, tenaient lieu de syndicats ; elles étaient étroitement surveillées ; leurs présidents, nommés par l'empereur, veillaient à ce qu'elles fussent bien sages. Sur l'initiative de Varlin, la Société des relieurs fit des statuts tels que le président eut des pouvoirs fort réduits. Varlin devint vite très connu dans les sociétés ouvrières ; lorsqu'on choisit, en 1861, des délégués pour aller à l'exposition de Londres, il fut élu par ses camarades.

Il n'avait alors que vingt-deux ans. Mais ses contemporains disent qu'il en paraissait bien trente. Il était grand ; mais l'habitude de la méditation avait déjà courbé sa taille. Sa chevelure abondante, rejetée en arrière, découvrait un large front. Ses grands yeux noirs laissaient deviner un caractère à la fois très doux et énergique. Quand on l'avait vu une fois, on ne l'oubliait pas. Dans les groupes et les réunions, il savait écouter sans interrompre. Il était modeste, bienveillant, trouvait des qualités à tout le monde, et ne dénonçait de défauts chez personne.

Au retour de Londres, il fut des soixante ouvriers courageux qui soutinrent non seulement de leur argent, de leurs efforts, mais encore de leurs noms les candidats ouvriers, Blanc en 1863, Tolain en 1864. Mais ce que Varlin voulait surtout, c'était immédiatement obtenir des patrons le relèvement des salaires et la diminution de la journée de travail. Il était, comme disent les ouvriers d'aujourd'hui, avant tout un *syndicaliste*. Aussi, dès que la loi de 1864 permit aux ouvriers de faire grève sans risquer de longs emprisonnements, Varlin engagea-t-il tous ses camarades ouvriers relieurs à cesser ensemble le travail, s'ils n'obtenaient pas une augmentation du prix de l'heure.

TRENTE-DEUXIÈME LECTURE

Ce fut une longue lutte de trois semaines, une lutte ardente et méthodique, où Varlin se dépensa sans compter. Tous ses camarades avaient pleine confiance en lui. Aidé d'une courageuse femme, la citoyenne Lemel, et de quelques dévoués, il les conduisit à la victoire. La grève finie, les vainqueurs mêmes reconnurent ce qu'ils lui devaient. Ils lui firent don d'une montre en argent. Sur la cuvette était gravé : *Hommage des ouvriers relieurs à Varlin. Septembre 1864.*

Mais chacun sait ce qui attend les courageux qui se lancent ainsi au plus fort de la lutte ouvrière.

Fig. 105. — PORTRAIT DE VARLIN. Varlin, comme tant d'autres, avant ou après lui, se vit fermer les ateliers. Aucun patron ne voulait plus l'employer. Alors il loua, 33, rue Dauphine, une petite mansarde et s'y organisa, comme on dit, pour le travail à façon. L'ouvrage ne lui manqua pas : il était réputé partout comme très habile.

Mais c'était le moment où, un peu de tous côtés, les ouvriers se réveillaient de leur longue inertie ; la grève des relieurs était à peine finie, que l'Association internationale des travailleurs était fondée à Londres.

Une section se formait à Paris ; dans beaucoup de départements, des grèves éclataient ; de petits syndicats, des coopératives de production ou de consommation se créaient. Varlin voulait réunir ensemble toutes ces forces éparpillées.

Dans la journée, il se consacrait à la propagande ; il recrutait des adhérents à la cause, fondait, groupait des sociétés nouvelles. Il courait, d'un bout à l'autre de la grande ville, saisir, à la sortie de l'atelier, à la gargote, à la crémerie, tels ou tels camarades. Il les gagnait par ses paroles émouvantes et simples ; il les entraînait par son regard de convaincu. Puis, rentré chez lui, le cerveau surmené, il écrivait le soir des lettres pour la province et l'étranger, et ainsi fort avant dans la nuit. Après quelques heures de sommeil seulement, il se levait avant le jour et gagnait son pain quotidien, en faisant quelques reliures.

L'INTERNATIONALE — Ce fut sa vie pendant des années ; il avait été dès le début un des membres ardents de l'Internationale. Il prit part à tous les travaux de la grande association ; il était à la conférence de Londres en 1865, au congrès de Genève en 1866 ; il aida à rédiger les beaux manifestes, où les ouvriers de l'Internationale conseillaient à leurs frères anglais ou allemands de s'opposer à des guerres fratricides. Il fit dans les ateliers des souscriptions pour les grèves, et prit part, avec une grande indépendance d'esprit, aux travaux de la commission ouvrière, nommée cependant sous les auspices du gouvernement, pour l'exposition de 1867.

Mais Varlin ne songeait pas seulement à la défense professionnelle. Il était républicain et socialiste. Comme les fondateurs de l'Internationale, Tolain, Fribourg et leurs amis, étaient très modérés, très prudents, trop prudents même à l'égard de l'Empire, on les accusait parfois dans les ateliers parisiens de ne pas vouloir mener la bataille contre le régime détesté. Varlin, bien souvent, les avait engagés à se montrer plus décidés. Or, en 1867, Tolain et ses amis allèrent au Congrès pour la paix, que les républicains de tous pays avaient organisé à Genève ; ils y rencontrèrent Garibaldi et d'autres grands démocrates ; ils se résolurent à sauter le pas. Ils manifestèrent, comme membres de l'Internationale, avec les républicains, contre l'envoi de troupes françaises à Rome pour protéger le pape contre Garibaldi, et ils furent condamnés, emprisonnés.

Fig. 166. — PORTRAIT DE BLANQUI. *Blanqui (1805-1881), républicain et socialiste, se signale par des tentatives révolutionnaires en 1839, en 1848, en 1870. A la fin de l'Empire, il menait rude guerre au gouvernement de Napoléon III.*

L'Internationale parisienne allait-elle disparaître avec ses chefs? Beaucoup d'ouvriers timides ne venaient plus aux réunions. Varlin ranima les courages. Il fit nommer une nouvelle commission de l'Internationale. Il y fut élu le premier, et, comme si aucun incident n'était survenu, il continua de recueillir les gros sous pour les grévistes de France et de l'étranger.

Jusqu'au jour, du moins, où le gouvernement le fit arrêter à son tour, condamner et emprisonner à Sainte-Pélagie. Mais les socialistes sont comme le gazon : plus on les foule, plus ils prennent de vigueur. Varlin était à peine sorti de prison, à la fin de 1868, qu'il reprenait sa tâche.

Cette fois, la lutte à outrance était engagée par les républicains de toutes nuances contre l'Empire. Parlementaires irréconciliables et ouvriers révolutionnaires menaient la bataille de concert. Varlin fut au premier rang. Il parcourait maintenant la France, organisait des relations régulières avec Lyon, avec Marseille, avec Rouen où d'autres révolutionnaires agissaient. Il s'épuisait à ce travail prodigieux ; il risquait de ruiner sa santé, et ses amis s'en inquiétaient : « Quand la liberté et la justice régneront sur la terre, répondait-il, je m'arrêterai ! »

Le jour de l'enterrement du journaliste Victor Noir, qui avait été assassiné par un parent de l'empereur, il se trouvait parmi la foule. Il était prêt à la révolution comme au labeur patient de l'organisation.

Ce qui devait arriver arriva. Le gouvernement prit peur une fois encore de l'Internationale grandissante : il ouvrit contre elle un troisième procès, en mai 1870.

Varlin était alors en tournée de propagande à Chalon-sur-Saône. Un soir qu'il se trouvait chez l'avocat Boyssel, son ami, celui-ci reçut avis qu'un mandat d'amener venait d'être envoyé contre son hôte. Il l'en informa, lui fit comprendre que, pour la cause, il devait se soustraire à l'arrestation, s'enfuir en Suisse. Varlin se laissa d'abord persuader et prit le chemin de fer. Mais, livré à lui-même, il jugea sa conduite indigne, descendit à la première station, reprit un train pour Paris. A Paris, mêmes reproches, mêmes prières de ses amis : « Ton dévouement est inutile ; il faut que tu partes ! » Alors il cède et gagne Bruxelles.

Il demeura quelques mois à peine en Belgique. Le 4 septembre le rappela : ce jour-là, en pleine guerre, le gouvernement néfaste de Napoléon III était chassé ; la République était proclamée ; mais ce devait être pour les ouvriers parisiens une République d'épreuves et de douleur.

Comme tous, Varlin fit son devoir contre l'envahisseur. Mais il souffrit aussi des lâchetés, des trahisons du gouvernement de la Défense nationale, qui, à Paris, par peur des socialistes, se refusait à utiliser toutes les énergies populaires. Il eût voulu que, dès le début d'octobre, les démocrates résolus prissent eux-mêmes la direction de la guerre, comme au temps de la première Révolution. Hélas ! quand ils le purent, il était trop tard. L'armistice était signé, et les Parisiens n'allaient plus avoir à lutter que contre l'Assemblée nationale, élue immédiatement après la défaite, et qui, royaliste, voulait écraser les ouvriers républicains de Paris.

Fig. 167. — La proclamation de la Commune, le 26 mars 1871 (d'après une gravure du temps). Tous les bataillons de gardes nationaux fédérés sont venus acclamer le nouveau gouvernement.

VARLIN A LA COMMUNE

Le 18 mars 1871, en effet, le peuple parisien, provoqué par les mesures du gouvernement de Versailles, se révolta et forma un gouvernement nouveau, la *Commune*.

On a répandu contre la Commune mille calomnies. On lui a reproché tous les crimes. A mesure qu'on sait mieux les faits, la vérité se découvre : l'histoire sera plus équitable.

Ce que nous voulons dire aujourd'hui seulement, c'est que Varlin fut un des grands organisateurs de la Commune.

TRENTE-DEUXIÈME LECTURE

Au moment où tous les fonctionnaires des grandes administrations s'étaient enfuis à Versailles auprès du gouvernement, au moment où tous les services nécessaires à la vie d'une grande capitale étaient désorganisés, Varlin et ses amis, de simples ouvriers comme lui, surent réorganiser et gérer les services des différents ministères. Avec son ami Jourde, un comptable, il alla trouver le directeur de la Banque de France ; il exigea de l'argent pour payer la garde nationale, c'est-à-dire tous les ouvriers qui avaient été armés au moment du siège. Le directeur accorda plusieurs millions. Les deux amis, avec ces pauvres ressources, subvinrent à tous les besoins. Ces deux ministres de la Commune mangeaient à trente sous dans un cabaret voisin du ministère. Varlin n'avait rien changé à ses habitudes. Il n'avait pas songé seulement à renouveler ses vêtements usés de prolétaire.

Pendant les huit semaines que dura la Commune, il se dévoua à toutes les tâches. Aux finances, aux subsistances, à l'intendance, partout où il fallait de l'ordre et de la promptitude, on retrouvait Varlin. Sa claire intelligence l'avertissait bien que la cause ouvrière était perdue, que les Versaillais seraient

Fig. 168. — Un épisode de la Commune. (Le 130ᵉ bataillon brûle la guillotine. Les républicains et les socialistes de l'Empire étaient très hostiles à la peine de mort.)

certainement les plus forts. Mais il voulait qu'elle demeurât pure et belle pour l'avenir, et il souffrit atrocement des querelles qui ravagèrent le Conseil général de la Commune.

Ce fut presque un soulagement pour son cœur, lorsqu'il fallut lutter, en désespérés, sur les barricades, après l'entrée des troupes de l'Assemblée dans Paris. Au carrefour de la Croix-Rouge, au Panthéon, à la mairie du XIᵉ arrondissement, partout où il y avait danger, on le retrouva pendant la terrible semaine, du 21 au 27 mai. Il fut des derniers combattants.

Le 28 mai, le dimanche, il ne songea pas à se cacher. A l'aube, il errait, désemparé, par les rues ensanglantées. Il allait sans but, d'un pas de somnambule. Cinq ans d'efforts et la vie surmenée, fiévreuse des dernières semaines avaient épuisé ses forces. Square Montholon, il s'assit sur un banc. Un prêtre passa, le vit, l'examina, le reconnut. Au même moment, une patrouille débouchait. Le prêtre, après une minute d'hésitation, alla droit au lieutenant, lui désigna l'homme assis.

Varlin fut saisi, traîné au poste voisin. Alors la foule s'amassa. Quand elle sut son nom, certaine de sa proie, elle laissa éclater une joie de fauves. « A Montmartre ! à Montmartre ! il faut qu'on fusille ce scélérat rue des Rosiers. » C'était là que, le 18 mars, lorsque les Parisiens proclamaient la Commune, deux généraux, Lecomte et Clément Thomas, avaient été fusillés par les soldats qui venaient de se déclarer pour les Parisiens. La foule voulait que Varlin fût fusillé à cette même place.

Alors on monta vers Montmartre. Des femmes l'injuriaient, lui lançaient de la boue, lui crachaient à la figure. Quand on arriva à Montmartre, une voix cria : « Il n'a pas assez souffert ! Il faut le promener encore ! » Et on le promena encore. Les soldats le frappaient de coups de crosse, le piquaient de leurs baïonnettes. Quand on revint rue des Rosiers, son corps n'était plus que lambeaux. Des lignards le portèrent près du mur. Un feu de peloton l'acheva. La foule s'acharna sur le cadavre. Le lieutenant — il s'appelait Sicre — distribua à ses soldats les quelques sous trouvés sur le mort ; il garda pour lui la petite montre, offerte en souvenir par les ouvriers relieurs de 1864.

Ainsi mourut Varlin. Il était vraiment ce que les socialistes appellent un militant ouvrier.

RÉFLEXIONS. ⚜ Aux manuels d'histoire, qui contiennent tant de calomnies sur la Commune, nous opposons simplement la vie de Varlin. Ce récit exact a été écrit d'après une brochure de M. Faillet, intitulée Eugène Varlin, *et d'après quelques pages de la* Semaine de Mai *de M. C. Pelletan.*

TRENTE-TROISIÈME LECTURE

La grève de Fougères

LA GRÈVE EN ce mois d'octobre 1906, le petit Pierre venait d'avoir onze ans. Il était le fils aîné de Jean Durieu, un ouvrier cordonnier qui travaillait à l'usine d'un gros patron de Fougères. Pierre était déjà un sérieux petit bonhomme : sa mère pouvait lui confier la garde de ses trois jeunes sœurs : il savait veiller sur elles avec attention.

Déjà, son intelligence s'ouvrait aux mille choses de la vie quotidienne. Il comprenait que sa famille n'était pas heureuse ; il tendait l'oreille, maintenant, quand sa mère détaillait, chiffre par chiffre, tout ce qu'avait coûté la nourriture, ce qu'il fallait encore pour le loyer, pour leurs vêtements, à eux, les petits, pour leurs chaussures ; et il ressentait déjà l'inquiétude de ses parents. Il aurait voulu travailler, aller, lui aussi, à l'usine. « Quand tu auras ton certificat, lui avait répondu son père. Tu sais bien que, le soir, après l'école, ta mère a encore besoin de toi. »

Mais jamais Pierre n'avait autant entendu parler des patrons, des salaires et du syndicat, que dans ce dernier mois d'octobre. Il avait demandé à son père ce que c'était que le syndicat, et celui-ci avait répondu que c'était une union de tous les ouvriers contre les patrons qui gagnaient beaucoup d'argent, et qui n'en donnaient que trop peu aux ouvriers. Puis Pierre apprit encore que son père était au syndicat, qu'il avait été délégué pour aller parler aux patrons et que ceux-ci n'avaient pas voulu accorder, aux ouvriers qui travaillaient à certaines machines, les salaires

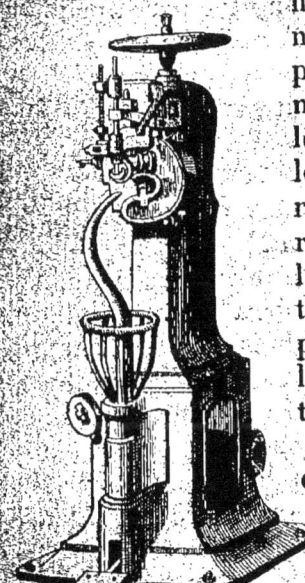

Fig. 169. — MACHINE A COUDRE, uitée dans l'industrie de la cordonnerie. Toutes les opérations faites autrefois à la main par le cordonnier, sont faites aujourd'hui à la machine.

réclamés par eux. Bien plus, les patrons unis avaient menacé les ouvriers de suspendre tout le travail, si ceux qui travaillaient à ces machines n'acceptaient pas les salaires fixés. Pierre ne comprenait pas encore très bien ces détails; mais il sentait que son père avait de l'ennui.

Un soir, le 5 novembre, celui-ci revint en disant :

— Cette fois, c'est la grève ! Elle est décidée.

— Hélas ! dit la mère, les larmes aux yeux, qu'allons-nous devenir ? Voici l'hiver ; nous n'avons, tu le sais, aucune avance. Comment allons-nous pouvoir nous nourrir, nous et les petits ? Nous y arrivons déjà à peine, quand tu travailles. Que sera-ce maintenant ?

— Ah ! Je le sais bien, femme, répondit le père ; mais tu comprends, ce n'était pas possible. D'année en année, les prix diminuent ; on cherche à nous tromper par des salaires différents dans chaque usine. Si nous ne résistons pas, nous serons bientôt réduits à la pire misère.

La pauvre femme secoua tristement la tête ; elle savait bien que son mari avait raison. Elle avait pleine confiance en lui. Mais hélas ! comment ferait-on ?

— Prends courage, amie, reprit le père encore, mais d'une voix moins sourde. Les ouvriers aujourd'hui se sentent les coudes. Les ouvriers dans le syndicat se soutiennent entre eux ; les syndicats aussi s'aident mutuellement, quand c'est nécessaire. Notre Fédération nous aidera ; au besoin même la Confédération générale du travail interviendra. Et nous sortirons de cette dure passe.

— Oui, dit-elle, il faut bien que les malheureux s'aident.

Le lendemain, ce fut toute une vie nouvelle. Pierre allait encore à l'école ; mais il aurait bien voulu rester à la maison, avec la toute petite sœur ; car le père était là, comme les dimanches. Et puis, il était animé, le père ! Il n'était point sombre, comme après les journées accablantes de travail. Il allait aux réunions sous la halle, et la mère quelquefois l'accompagnait. Elle-même prenait confiance. Des camarades de Paris venaient, des députés, qui disaient les misères endurées par d'autres, dans d'autres coins de France ; et ils racontaient comment ceux-là avaient triomphé.

TRENTE-TROISIÈME LECTURE

Les commerçants n'avaient pas été d'abord aussi hostiles qu'on l'avait pensé. Ils avaient au début accordé un peu à crédit. Les secours arrivaient de toutes les organisations. On allait, comme disait le père, pouvoir tenir.

Pendant la journée, des manifestations avaient lieu. Les grévistes défilaient dans les rues de la ville. Ils chantaient des chansons, le *Syndicat*, l'*Internationale*. On les entendait de l'école, et déjà les enfants les savaient.

SOUFFRANCES ET ENTR'AIDE — Mais ce qui amusait le plus le petit Pierre c'étaient les soupes communistes. Sous un grand baraquement, les ouvriers avaient installé des marmites ; ils avaient recueilli de tous côtés des plats, des ustensiles de cuisine ; ils étaient allés ramasser du bois dans les forêts des environs ; des paysans leur avaient donné des légumes, et ils s'étaient mis à cuisiner. Ces cordonniers faisaient d'excellente cuisine : de 10 heures à 11 h. 1/4 le matin, de 5 à 6 heures le soir, ils distribuaient 4.200 soupes. Les hommes et les femmes avaient droit à la soupe; les enfants à un demi-repas. C'était la grande joie de Pierre

Fig. 170. — LES SOUPES COMMUNISTES, *organisées très souvent aujourd'hui, dans les grèves*.

d'être parmi la foule bruyante avec sa mère, et de voir les cordonniers amis qu'il connaissait bien transformés en cuisiniers.

Mais hélas ! les soupes communistes elles-mêmes ne pouvaient suffire à assurer à tous une nourriture abondante. Les semaines passaient ; les patrons ne voulaient pas céder; les commerçants s'impatientaient, s'inquiétaient, redevenaient exigeants et durs.

— Passe encore de souffrir, nous autres, murmurait le père. Mais les petits, vraiment, ce n'est pas juste !

Et il y eut des soirs où Pierre vit pleurer sa mère.
La pauvre femme était courageuse : chaque jour elle était plus passionnée ; elle était de celles qui, aux réunions, acclamaient les orateurs, qui conseillaient la résistance; mais quand elle revenait, quand la toute petite, après avoir bu son unique bol de lait, réclamait à manger, alors elle sentait son courage se briser.

Fig. 171. — Une scène de grève.
Les gendarmes gardent l'usine, où travaillent des ouvriers, que leurs camarades grévistes voudraient entraîner avec eux.

La lutte cependant se prolongeait. Or, un soir qu'il faisait froid, et que les enfants grelottaient dans la pièce sans feu, après un repas insuffisant, le père rentra :
« Tu sais, dit-il à la mère, des ouvriers de Rennes et de Paris vont nous prendre des enfants !

— Comment cela ? dit-elle.

— Eh oui ! les Belges ont déjà usé de ce moyen. Lorsqu'une grève dure longtemps, lorsque les enfants souffrent, alors ceux qui veulent aider les grévistes prennent des enfants chez eux et les gardent le temps de la grève.

— Et tu enverras les nôtres ?

— Que veux-tu ? Cela me coûte, mais au moins Pierre et Jeanne. Ils souffrent ici. Ils ne mangent pas à leur faim. A Rennes ou à Paris, les camarades qui les prendront les soigneront comme leurs enfants.

— Mais Pierre voudra-t-il partir ?

— Pierre est raisonnable : il partira avec Jeanne ; ils seront tous deux ; ils s'ennuieront moins. »

Pierre était bien un peu inquiet de s'en aller si loin, si loin, sans ses parents. Mais il songeait qu'il allait voir

Paris. Il savait que beaucoup de ses camarades d'école devaient partir aussi. Bientôt il se réjouit comme les autres.

L'EXODE DES ENFANTS — C'est le 10 janvier qu'eut lieu le départ. Toutes les mères étaient à la gare, bavardant, plaisantant même, pour s'encourager l'une l'autre, mais bien émues, toutes, au fond. Elles faisaient aux petits mille recommandations. Mais, comme ils étaient tous ensemble et tous hantés de leurs rêves, les petits n'écoutaient déjà plus. La grosse locomotive du train entrait en gare. Baisers, pleurs, mouchoirs agités : quelques minutes plus tard le train filait à travers les landes bretonnes vers la grande ville. Pierre regarda longtemps se dérouler les campagnes

Fig. 172. — L'EXODE DES ENFANTS. Les enfants des grévistes de Fougères prêts à partir.

dénudées par l'hiver. Mais bientôt il se lassa et s'endormit, la petite Jeanne dormant déjà la tête sur ses genoux.

Il faisait nuit quand ils arrivèrent à Paris. Ils étaient une centaine environ. Sur le quai, inondé de lumière par les lampes électriques, les personnes qui les avaient amenés, de grands camarades parisiens qu'ils avaient vus déjà les jours passés à Fougères, les firent ranger en cortège. « Allons, les petits, dit l'un ! Tous ensemble l'*Internationale*. » Et ils se mirent en marche en entonnant le chant qu'ils savaient tous. La petite Jeanne était bien un peu émue, et serrait la main de son frère. Pierre était fier ; il chantait fort, comme les manifestants dans les rues.

Mais quand ils arrivèrent dans la cour, une immense acclamation s'éleva, étourdissante : « Vive Fougères ! Vive la grève ! » Il y avait bien là 4 à 5.000 ouvriers de Paris qui étaient venus les chercher. Les enfants, surpris, un peu troublés de tout ce bruit, du tumulte des voitures, de l'agitation de la foule dans la nuit lumineuse de la grande ville, se turent. Mais des amis les emmenaient, les plaçaient dans de grandes voitures. Pierre et sa petite sœur étaient rassurés. Et ils chantaient à tue-tête quand ils arrivèrent à la Bourse du Travail.

Dans la grande salle des Fêtes, il y avait bien encore 3.000 personnes, qui attendaient les petits Fougerais. Au milieu des acclamations, ils furent conduits sur la tribune. Ils mangèrent des biscuits, burent un peu de vin chaud. Des orateurs parlèrent aux personnes qui étaient là. Ils s'adressèrent même à eux, les enfants. Pierre comprit qu'ils leur disaient d'être courageux comme leurs pères et leurs mères. Et Pierre songea aux siens, qui étaient restés là-bas dans la maisonnette sombre. Enfin, après des chants, commença l'appel des personnes qui voulaient bien se charger d'eux. Pierre fut remis à un ouvrier mécanicien. La petite sœur devait être donnée à un ébéniste. Mais elle pleura tellement, quand on voulut la séparer de son frère, que le mécanicien, ému, déclara avec sa femme qu'il se chargeait des deux.

Je ne vous dirai point, car ce serait trop long, combien Pierre fut heureux à Paris, ce qu'il vit, ce qu'il apprit. Qu'il vous suffise de savoir que pendant tout le temps de la grève, ce fut un réconfort pour les parents de les savoir lui et Jeanne bien soignés, alors que la misère faisait rage au pays, et sachez aussi que leurs parents adoptifs pleurèrent de les voir partir, quand la grève eut triomphé.

RÉFLEXIONS. ¶ On nous trouvera peut-être bien audacieux d'introduire dans ce livre de classe des événements aussi contemporains, et sous leur forme exacte. On voudra bien reconnaître que nous l'avons fait avec une extrême prudence. Mais il nous paraît indispensable de marquer pour ainsi dire la continuité de la vie des travailleurs, et d'habituer les enfants à voir des événements contemporains comme des faits déjà historiques. Les répercussions des grèves ou des conflits économiques atteignent chaque jour les enfants du peuple. Pourquoi ne pas leur en parler courageusement et simplement, sur le ton d'un éducateur, et de leur point de vue ?

TRENTE-QUATRIÈME LECTURE

La verrerie ouvrière.

UNE RUDE LUTTE — En août 1895, dans la petite ville de Carmaux, une grande grève éclata. Un ouvrier verrier, Baudot, avait été délégué par ses camarades au congrès que tient tous les ans la Fédération des verriers de France, et auquel les syndicats de chaque ville envoient un représentant. Baudot s'était fait remplacer à l'ouvrage par un camarade, comme cela est d'usage dans la verrerie. Mais le patron n'aimait pas les syndicats : il disait que lorsqu'un syndicat se forme dans une usine, un patron n'est plus maître chez lui ; et il voulait rester maître chez lui. Il avait décidé d'engager la lutte contre l'union ouvrière et de la briser. Il renvoya Baudot. Il le considérait, en effet, comme « un meneur ». C'est ainsi que les patrons appellent les ouvriers qui s'efforcent d'unir leurs camarades, de les syndiquer pour la défense ou le relèvement des salaires.

Mais les verriers de Carmaux se déclarèrent tous solidaires de Baudot. Si le patron ne voulait pas reprendre leur camarade, ils étaient décidés à cesser le travail. Le patron refusa de reprendre Baudot.

Alors ce fut la grève, une grève longue et dure. Les verriers en subirent patiemment toutes les misères. Leurs femmes se plaignaient ; les petits pleuraient. Dans les rues, des gendarmes appelés en nombre, constamment, passaient et repassaient, donnaient l'ordre de circuler. Le député de Carmaux, Jaurès, des députés socialistes, des envoyés des organisations ouvrières étaient venus de Paris pour soutenir les grévistes. Ces députés étaient surveillés par les agents du gouvernement, qui était alors un gouvernement conservateur, et qui s'inquiétait fort des grèves. Un soir, même, ils furent enfermés, tenus à vue par les gendarmes. Les préfet, sous-préfet et magistrats se montraient d'une sévérité inouïe. Un gréviste fut condamné à 24 heures de prison « pour avoir regardé un gendarme ». Un muet fut arrêté pour tapage nocturne. Mais ces mesures arbitraires ne réussirent point à décourager les grévistes.

Bientôt la grève de Carmaux fut connue de toute la nation. On fit des souscriptions pour les malheureuses familles. Il vint beaucoup d'argent, ainsi, mais il en eût fallu plus encore. 850 personnes à nourrir chaque jour, imaginez ce que cela représentait! Chaque quinzaine, les chefs de famille recevaient 20 fr., plus 3 fr. pour chaque enfant. Et il fallait prendre beaucoup de précautions pour sauver la caisse que le gouvernement tentait de saisir.

Mais le rude patron résistait toujours. Rien ne pouvait l'émouvoir, ni les misères des enfants, ni l'opinion publique, ni même la chute du ministère qui, le lendemain d'une interpellation à la Chambre des députés, fut mis en minorité. Toutes les tentatives de négociations échouaient.

L'IDÉE DE LA VERRERIE — C'est alors que la vieille idée d'une association de production, d'une usine où travailleraient les ouvriers renvoyés, se fit jour de nouveau. Sans doute, beaucoup se rappelaient les aventures antérieures, les désillusions, les déboires de presque tous ceux qui avaient fondé des associations de production et qui, au bout de quelques années, avaient dû renoncer à leur tentative. Mais d'autres se disaient qu'on pourrait trouver une nouvelle combinaison: la verrerie ne serait point aux verriers seuls; elle serait à tous les ouvriers. Les coopératives, les syndicats, les groupes politiques prendraient des actions, auraient part à la direction, à l'administration de l'œuvre. Aucune pensée égoïste ne pourrait plus venir troubler son développement. La verrerie serait la propriété de tous : les verriers seraient au travail les mandataires de leurs camarades.

Un journaliste, M. Rochefort, avait reçu d'une dame généreuse, Mme Dembourg, 100.000 fr. pour les grévistes. Il était venu, en un jour de fête, à Carmaux, le leur annoncer. Mais il voulait, lui, une verrerie « aux verriers ». Il n'acceptait point l'idée nouvelle. Longtemps on discuta.

Finalement, quelques hommes audacieux et confiants se mirent en route. Ils parcoururent les villes, les villages, convoquèrent des meetings, firent des conférences. Les membres des organisations syndicales et coopératives vendaient des tickets de quatre sous. Quand une organisation en avait vendu pour 100 fr., elle devenait actionnaire de la verrerie. Ainsi furent recueillis des milliers de francs. Alors M. Rochefort commença de verser les 100.000 francs.

Le 13 janvier 1896, le premier coup de pioche était donné à Albi, où la verrerie nouvelle devait être construite.

C'était le patron, lui-même, qui s'était chargé de désigner, sans le vouloir, les verriers dévoués, qui devaient faire partie du nouvel établissement. Les grévistes avaient, en effet, décidé de cesser la grève : ils avaient demandé à rentrer à l'usine. Les uns avaient reçu avis qu'ils pouvaient revenir, qu'ils seraient embauchés ; les autres avaient été avertis qu'il n'y avait point de travail pour l'instant et qu'ils devraient repasser ; d'autres enfin avaient reçu avis que, pour eux, il n'y aurait plus jamais de travail à l'usine. A ceux-là échut l'honneur et la peine de travailler à la verrerie ouvrière.

Honneur périlleux ! peine accablante ! Avant de reprendre le dur travail du verrier à la

Fig. 173. — La verrerie en construction (d'après une photographie). *C'étaient les verriers eux-mêmes qui s'étaient faits maçons.*

bouche ardente des fours, il fallait édifier ces fours, il fallait construire l'usine. Après leur long chômage de six mois, les verriers se firent terrassiers. Guidés par un ingénieur ami, encadrés par quelques maçons, ils se mirent à l'œuvre avec ardeur. Les hommes étaient payés 30 centimes de l'heure ; les jeunes gens 25 centimes ; les petits, 15 centimes, pour faire les commissions. Ils ne se plaignaient point : ils travaillaient « pour la cause ».

Cependant, dans toutes les régions, les amis de la Verrerie continuaient leur propagande. Pour achever la construction, pour installer les ateliers, pour l'outillage, pour raccorder l'usine au chemin de fer du Midi, il fallait de l'argent, toujours de l'argent. Et les petites sommes recueillies quatre sous à quatre sous par les conférenciers n'arrivaient jamais assez vite ni en quantité suffisante. En octobre, les fours avaient été allumés ; en décembre, l'usine était prête ; le verre était en fusion, attendant les travailleurs : mais l'argent manquait encore. On ne pourrait pas faire face aux premières dépenses ! Le notaire, qui avait conseillé les verriers lorsqu'ils avaient rédigé leurs statuts, essayait d'emprunter pour eux à une société, *le Sous-Comptoir des Entrepreneurs*. Mais la Société demandait du temps. Du temps ! c'était peut-être la faillite.

CENT MILLE FRANCS — Éperdu, le représentant de la Société à Paris alla trouver Jaurès à la Chambre et fit prévenir un des plus zélés partisans de l'entreprise, un solide militant, Hamelin, secrétaire de la Fédération du Livre, qui s'était tout dévoué à la verrerie. Celui-ci déjeuna en hâte à sa petite gargote habituelle. Deux amis qui mangeaient là, avec lui, Rémond, un coopérateur de la Société *l'Avenir de Plaisance*, et Bellier, de la Société *l'Égalitaire*, voyant son air bouleversé, lui demandèrent ce qui le tourmentait.

— Il nous faut 100.000 francs, dit Hamelin, pour sauver la verrerie ; il nous les faut d'ici trois jours.

Ils discutèrent, ayant tous trois la foi au cœur. A deux heures, Hamelin se rendait à la Chambre, voyait à son tour Jaurès et l'agent de la verrerie. Mais était-il possible à un député socialiste de trouver un capitaliste capable de prêter 100.000 francs, et surtout pour une œuvre ouvrière comme celle-là ? La réalité était cruelle : la faillite était certaine.

Hamelin ne pouvait s'y résigner.

— Ce que vous ne pouvez faire, citoyen Jaurès, dit-il, moi, simple travailleur, je vais essayer d'y réussir : je vous demande trois jours pour vous répondre oui ou non.

A neuf heures, le lendemain, les trois amis, Hamelin, Bellier et Rémond se retrouvaient. Ils firent le compte de l'argent qu'ils avaient en poche. A eux trois, ils possédaient 4 fr. 90, juste deux heures de fiacre. Et ils étaient à la recherche de 100.000 francs dans les rues de Paris.

L'un d'eux avait suggéré qu'on pouvait s'adresser à quelque

gros fournisseur des coopératives. Un courtier en vins, socialiste, ancien combattant de la Commune, pourrait servir d'intermédiaire. Ils se rendirent chez lui.

— Nous venons te chercher, lui dit Hamelin. Il faut que tu nous aides à trouver 100.000 francs.

Le courtier le crut subitement devenu fou. Mais Hamelin lui parla si chaleureusement qu'il le convainquit. Une demi-heure après, il roulait en fiacre avec les trois amis vers la maison de son patron.

Il était chargé de la négociation. L'ardeur de ses trois compagnons l'avait gagné. Mais à peine était-il en face de son patron que sa fièvre tombait : il ne savait plus par où commencer.

— Qu'est-ce qu'il y a donc ? que voulez-vous ?

— Il y a que... que... je viens vous demander 100.000 francs.

Ce fut son tour d'être regardé comme un fou. Mais le plus fort était dit. Il répéta tout le discours, tous les arguments d'Hamelin. Le commerçant résistait. A bout d'arguments, se sentant à demi vaincu, le courtier demanda audience pour Hamelin.

Une heure après, les trois amis étaient là. Hamelin parlait de nouveau, disait la misère, mais aussi la noblesse et la grandeur de leur entreprise. L'autre n'osait plus refuser, remettait au lendemain sa réponse.

Hamelin était revenu joyeux. Le lendemain donc il se rendait tout confiant chez le commerçant en vins; mais hélas ! contrairement à son attente, il lui était répondu que le prêt n'était pas possible.

Le vaillant typographe se sentit pris de désespoir ; mais, se ressaisissant, il parla de nouveau, passionnément, douloureusement, jusqu'à ce qu'enfin le négociant, impatienté et ébranlé tout à la fois, lui dit :

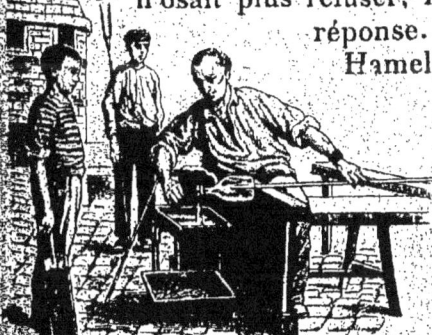

Fig. 174. — Un verrier a son banc.

— Personnellement, non, encore une fois, je ne puis rien ; mais l'*Avenir de Plaisance* et l'*Egalitaire*, les deux grandes coopératives me doivent pour la fin du mois environ 100.000 francs Eh bien ! que ces Sociétés vous les avancent, et je m'engage alors à renouveler leur créance de mois en mois jusqu'à ce que vous ayez pu les rembourser avec l'argent que vous espérez toucher du *Sous-Comptoir des Entrepreneurs*. Arrangez-vous avec elles.

L'*Avenir de Plaisance* donnerait sans nul doute (Hamelin en était sûr), sa contribution, soit 35.000 fr. ; mais l'*Egalitaire* lui inspirait quelques inquiétudes. Le soir cependant, après une brève discussion, le conseil d'administration de cette coopérative accordait le prêt : Hamelin croyait pouvoir télégraphier la victoire à Carmaux.

SOLIDARITÉ Mais les coopératives ne contiennent pas toujours uniquement des ouvriers soucieux de trouver dans la coopération un moyen de soutenir les œuvres d'émancipation ouvrière. On y rencontre aussi des adversaires du socialisme, uniquement désireux de petits profits personnels. C'était alors le cas de l'*Egalitaire*. Dans les quartiers de la Villette et de Saint-Louis, les ménagères, mal informées, entraient en ébullition.

— On veut nous prendre notre argent, criaient-elles ; on veut nous voler 65.000 francs.

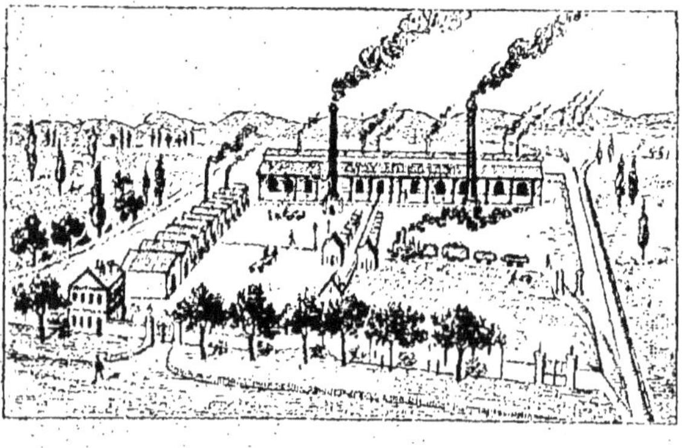

Des enragées, allant de porte en porte, faisaient signer des listes de protestation. On demandait une assemblée pour le dimanche. Tout le quartier était en révolution.

Fig. 175. — La Verrerie ouvrière d'Albi (*Vue d'ensemble*).

Le dimanche, Hamelin se rendit à l'assemblée générale.

— Vous n'obtiendrez pas un sou, lui dirent, dès l'entrée, les camarades socialistes.

— Je garde confiance, répondit-il. Si on me laisse parler, j'aurai l'emprunt.

Quatre mille sociétaires étaient présents. Il y avait bien cinq cents femmes; elles étaient les plus acharnées. Les partisans de l'emprunt étaient hués; les adversaires, applaudis par toute la salle.

Enfin on donna la parole à Hamelin. On murmura, surtout du côté des ménagères. Il put cependant parler. Il laissa de côté la question argent. Il raconta la lutte de là-bas, les persécutions subies, la dureté irréductible du patron, la misère des familles ouvrières, l'idée de construire l'usine, la collecte de gros sous dans tout le prolétariat, le dévouement inlassable des verriers. Au bout de cinq minutes, on l'écouta ; une demi-heure après, les adversaires acharnés qui l'interpellaient étaient rappelés au silence.

Alors il s'adressa aux femmes :

— Voulez-vous, leur dit-il, que tant d'efforts soient perdus ? Voulez-vous, mères qui aimez tant vos enfants, voulez-vous que, par ce froid glacial de décembre, les mères et les enfants d'Albi retombent dans la misère ?

— Non, non ! s'écrièrent les femmes.

— Alors vous ferez ce que je vous demande, vous voterez l'emprunt. Et d'autant plus que cela ne vous coûtera aucun sacrifice réel, puisque je prends la responsabilité de rembourser dans quelques mois.

— Oui, oui ! s'écrièrent de nouveau les femmes, nous le voterons. Et elles étaient levées ; elles agitaient leurs mouchoirs qu'elles avaient tirés pour essuyer leurs larmes.

— Et vous, camarades, continua Hamelin en s'adressant aux hommes, vous avez permis aux verriers d'édifier leur usine, cette usine dont chaque pierre est imprégnée de leur sueur. Voulez-vous donc que, dans cette usine montée par la classe ouvrière tout entière, un nouveau patron exploite encore vos frères ?

— Non ! non !

— Alors, comme les citoyennes, vous voterez l'emprunt, et les verriers ne seront exploités par personne.

— Oui ! oui ! s'écrièrent les hommes.

La partie était gagnée. Depuis le début de la séance, les socialistes faisaient circuler une liste, où ils s'engageaient à abandonner leur action de 100 francs si la verrerie ouvrière ne pouvait pas rembourser. Trois cents déjà avaient signé.

Quand Hamelin descendit de la tribune, des adversaires voulurent parler.

— Signez la liste ! Engagez-vous ! vous aurez ainsi une garantie ! criaient les femmes.

Et, devant leur refus, elles les traitaient d'affameurs.

Au vote, il n'y eut que cinquante opposants.

Une dépêche envoyée à Albi annonça la bonne nouvelle. Puis Hamelin partit lui-même.

— Courage, dit-il, en arrivant, aux verriers ; courage, camarades ! Voici les étrennes des travailleurs parisiens. Au travail !

Et quand la première masse de verre en fusion sortit du four, les verriers tendirent leur canne à Hamelin : « A vous l'honneur, camarade Hamelin ! » lui dirent-ils. Il souffla la première bouteille, et, quoiqu'elle ne fût point de forme très parfaite, mille vivats saluèrent sa venue au monde.

Depuis lors, avec bien des difficultés, sans doute, mais grâce au dévouement de tous, la verrerie a vécu. Elle est maintenant connue ; elle fait concurrence au grand patron. Elle est comme un vivant symbole de l'énergie ouvrière.

RÉFLEXIONS. ¥ Par leurs syndicats, groupés ensemble, les ouvriers s'efforcent d'améliorer les conditions de leur travail. Certains espèrent même aujourd'hui que les syndicats leur permettront de transformer complètement l'organisation sociale.

Mais, dans beaucoup de corporations, à la suite de grèves, la vieille idée des associations ouvrières a reparu aussi, sous une forme nouvelle, et beaucoup d'ouviers espèrent ainsi s'affranchir du salariat.

Notre récit est extrait de la brochure Une œuvre sociale, *publiée par la Bourse des coopératives socialistes. Daniel Halévy l'avait déjà repris dans son* Essai sur le mouvement ouvrier *(Paris, Société nouvelle de librairie et d'édition, 101, rue de Vaugirard).*

TRENTE-CINQUIÈME LECTURE

Les Vignerons libres.

LES MISÈRES DES VITI-CULTEURS

Maraussan est un village du département de l'Hérault, un assez gros village de près de 2.000 habitants. Avec ses maisons aux murs blancs, aux toits sans élévation, et groupées à l'entour de l'église, avec ses rues poussiéreuses où le soleil tombe d'aplomb, avec sa place de mairie, propre aux assemblées de fête, Maraussan ressemble à tous les autres villages du Midi.

A l'entour, presque sans interruption dans la plaine ondulée et sur les coteaux, s'étend la mer immense des vignes. Et c'est une joie des yeux, à l'automne, quand la lumière légère du soir joue sur leurs feuilles aux couleurs fauves.

Les habitants de Maraussan sont naturellement presque tous des viticulteurs. En septembre, à l'époque des vendanges, tout le village est rempli de travail et de bruit. En troupes chantantes, vendangeurs et vendangeuses se répandent à travers les rangées de ceps.

Fig. 176. — Vue de Maraussan.

Et bientôt, sur la grand-route, les longues charrettes traînées par des mules vigoureuses apportent au village le raisin odorant, en un grand tumulte joyeux de poussière, de cris et de clochettes. Dans les chais profonds, au fond desquels les yeux éblouis par le soleil ne découvrent d'abord que de l'ombre, le moût s'accumule et bruit. Le parfum du vin emplit tout le village.

Hélas ! depuis de longues années, déjà, dans les départtements du Midi, à ces journées joyeuses et grisantes de septembre, des semaines plus tristes succèdent.

Il fut un temps, en effet, où le vin se vendait bien : les paysans s'enrichissaient, et aussi, et surtout, dans les villes comme à Béziers, les négociants, les marchands de vin en gros, tous ceux qui achetaient le vin aux paysans souvent besogneux et qui, l'accumulant et le soignant dans leurs caves, le vendaient, à un prix très rémunérateur, aux marchands de vin de Paris et de toute la France.

Mais il s'est passé depuis lors des choses, vraiment curieuses quand on y réfléchit, et qui montrent bien que tout n'est pas, comme certains prétendent, organisé pour le mieux dans la société d'aujourd'hui.

Poussés par le désir de gagner beaucoup d'argent en vendant le vin, les négociants ont fraudé. Tantôt ils ont mis de l'eau dans ce vin, ils l'ont « baptisé », comme ils disent ; tantôt ils en ont fabriqué avec des résidus, avec la lie laissée au fond du pressoir, un peu de sucre et beaucoup d'eau ; et souvent les ouvriers des grandes villes qui ne peuvent acheter que du vin à bon marché, ont bu ce vin qui n'avait plus rien de naturel.

Qu'est-il arrivé alors ? Il est arrivé que les gros marchands, les gros fraudeurs, cherchant à vendre tout ce vin naturel et fabriqué, se sont fait concurrence. Pour lutter les uns contre les autres, ils ont offert le vin à des prix de plus en plus bas. Et comme ils désiraient cependant toujours gagner beaucoup d'argent, ils ont voulu payer le vin moins cher aux paysans.

Or, les paysans du Midi ne vivent souvent que de la culture de la vigne. C'est uniquement avec l'argent touché lorsqu'ils vendent leur vin qu'ils vivent toute l'année ; et l'entretien de la vigne, jusqu'à la vendange, coûte toujours beaucoup de peines. Aussi, lorsque les négociants ont voulu acheter le vin moins cher, tous les petits et moyens propriétaires sont-ils devenus vraiment malheureux.

Mais, direz-vous tout de suite, pourquoi donc n'essaient-ils pas de vendre directement aux marchands de Paris, ou même aux simples particuliers, à ceux qui achètent une pièce ou une demi-pièce de vin à la fois, et qui la paient cher naturellement, puisque le gros négociant de Béziers, puisque son courtier, puisque le marchand de vin de Paris, tous, tour à tour, prélèvent leur bénéfice ?

— C'est vrai ! Seulement, pour vendre ainsi, il faut avoir à l'avance ses clients. Les gros négociants ou les très gros propriétaires envoient quantités de lettres, de beaux prospectus alléchants, qu'on reçoit dans les grandes villes : ils ont des commis-voyageurs, payés à l'année, qui parcourent toute la France pour placer leur vin. Comment donc un paysan, un petit propriétaire de Maraussan par exemple, aurait-il pu avoir son commis-voyageur, ou seulement écrire quelques centaines de lettres ?

Fig. 177. — UNE CHARRETTE, CHARGÉE DE VENDANGE À MARAUSSAN.

L'IDÉE DE CATHALA

C'est alors qu'à Maraussan, un homme eut une idée.

Il s'appelait Elie Cathala. C'était un solide gaillard du Midi, bien bâti, bien musclé, les joues rouges, la parole facile, avec l'accent particulier des gens de l'Hérault, ardent et enthousiaste, comme le sont les gens de là-bas.

Et voici ce que se dit Cathala :

« A Paris, dans son ménage, l'ouvrier parisien boit souvent du vin frelaté. Ici ces pauvres diables de petits propriétaires, mes camarades, sont obligés de jeter leur vin au ruisseau ; car le transport seul fait déjà un tel prix qu'on ne veut pas l'acheter à Paris. Eh bien ! il faut s'arranger de manière que nos camarades d'ici puissent vendre aux ouvriers parisiens. »

Cathala était socialiste. Il savait que beaucoup d'ouvriers étaient groupés dans des coopératives de consommation, à l'*Egalitaire*, à la *Bellevilloise*, etc. Il connaissait quelques membres dans ces sociétés ; il décida de s'adresser à eux.

Mais, à Maraussan, aussi, il fallait s'unir : si les petits propriétaires, en effet, n'étaient point assez riches pour avoir, chacun de leur côté, un voyageur et pour posséder un chai où ils pourraient garder le vin, d'une année sur l'autre, tous ensemble, ils pourraient avoir à la fois et les voyageurs et le chai. Ils n'avaient donc qu'à fonder, eux aussi, une coopérative, une coopérative de vente, et l'union des deux coopérations assurerait à tous de beaux avantages.

Aussitôt projeté, aussitôt réalisé. Cathala parla à quelques amis. Le 23 décembre 1901, l'association des vignerons était fondée.

Il faut bien comprendre comment elle fonctionna.

Quand on fonde une société, force est d'avoir un petit capital d'avance. Pour louer ou acheter un chai, pour faire leurs premières annonces, les coopérateurs avaient besoin de quelques sous. Ils décidèrent donc que chaque associé devrait avoir une *part*, ou, comme on dit, une action de la coopérative. Chacun versa ainsi 25 francs. Mais aucun n'eut le droit de prendre plus de deux parts ; car dans trop de coopératives, un seul est devenu maître de tout, en acquérant beaucoup de parts.

LES VIGNERONS LIBRES

Dès l'automne de 1902, la coopérative de Maraussan entra en activité. Elle s'intitula les *Vignerons Libres*. Joyeusement, chaque coopérateur fit sa vendange, fit son vin. Alors quelques membres, formant la commission de dégustation, vinrent goûter le vin, chez chacun. Ils l'estimèrent, ils le rangèrent dans une des catégories qu'on avait distinguées ; et ils offrirent un prix. Ce prix était toujours supérieur au prix offert par les gros négociants de ...

Alors chaque coopérateur apporta son vin au chai selon son ordre d'inscription et selon les besoins. Mais chacun ne pouvait apporter que 400 hectolitres, afin de permettre aux petits producteurs, membres de la société, de vendre eux aussi leur récolte. Si quelques gros producteurs, en effet, ayant un bon numéro d'inscription, avaient eu 800 ou 1.000, ou 2.000 hectolitres à écouler, c'est presque pour eux seuls que la coopérative aurait travaillé.

Or, depuis l'hiver, Cathala avait fait de la propagande. Il était entendu avec les coopérateurs de Paris. Il n'avait pas fait, comme tant de courtiers, qui promettent un vin supérieur à un prix dérisoire, et qui ne sont vraiment heureux que lorsqu'ils ont grugé le client. Il avait dit aux coopérateurs : « Soyons des amis, des alliés, des associés. Vous nous donnerez vos commandes ; vous aurez le droit d'acheter aussi

Fig. 178. — Vue de la cave coopérative.

une part de 25 francs ; vous serez ainsi des sociétaires ; vous surveillerez notre production, car vous êtes les premiers intéressés à avoir du bon vin, et vous participerez, en fin d'année, aux bénéfices ».

Et il fut ainsi fait : à la fin de l'année, les vignerons coopérateurs avaient vendu 5.520 hectolitres de vin. Le prix de vente du vin était naturellement un peu plus haut que le prix payé à chaque membre producteur ; tous frais payés, il y avait des bénéfices. Ils furent attribués à chaque part sociale. Mais il fut entendu qu'ils resteraient à la caisse commune de la société, jusqu'à expiration ou dissolution. C'était déjà comme une propriété collective, la propriété de tous.

Depuis 1902, d'année en année, le nombre des coopérateurs s'est accru, et, avec eux, le nombre des hectolitres vendus et le chiffre des bénéfices. Qu'il vous suffise de savoir qu'en 1906 ils étaient 279 sociétaires, et qu'ils vendirent 49.220 hectolitres de vin.

Mais ce n'était point assez d'avoir ainsi assuré aux petits propriétaires la vente régulière de leur récolte et aux ouvriers parisiens un vin naturel et pur. Cathala et ses amis rêvaient davantage.

LA CAVE

Souvent ils se réunissaient dans le petit bureau accoté au chai. Il y avait sur la cheminée un buste de République, une Marianne à écharpe rouge. A droite et à gauche, des portraits de députés socialistes ou de grands démocrates. Sur une tablette, deux statuettes représentaient l'une une jeune fille, l'autre un chien. Et Cathala, en Méridional imaginatif, expliquait que la jeune fille, c'était l'aurore, l'aurore des temps nouveaux, et que le chien était le symbole de la fidélité. Les coopérateurs parisiens le lui avaient offert : « ils seront fidèles, disait-il, à l'œuvre des Maraussanais ! »

Le grand projet auquel les amis revenaient, chaque fois qu'ils se réunissaient dans ce petit bureau, c'était d'avoir non seulement un chai coopératif mais aussi une cave coopérative, où les raisins de tous seraient apportés et vinifiés ensemble.

Fig. 179. — La cave coopérative (Intérieur).

Pourquoi, demanderez-vous, cette nouvelle institution ? — Simplement, pour pouvoir donner un vin toujours identique. Les clients, même ouvriers, même coopérateurs, sont capricieux : ils aiment bien avoir toujours le même vin ; et à passer, comme on faisait fatalement, de producteur à producteur, on risquait de les mécontenter. Et puis, c'était un moyen de s'associer davantage, de travailler davantage ensemble : et depuis qu'ils avaient compris les avantages de l'association, les habitants de Maraussan étaient prêts à développer leur propriété commune.

Mais pour élever une grande, une vaste cave moderne, pourvue des appareils les plus récents, les plus perfectionnés, il fallait de l'argent. Les coopératives en fournirent : elles abandonnèrent leurs ristournes, c'est-à-dire la part de bénéfices qui leur revenait, et elles prêtèrent de l'argent. La *Bellevilloise* fournit 10.000 francs, l'*Economie parisienne*, 1.000 francs, etc... Le 19 février 1905, la construction était décidée. Le 22 août de la même année, elle était inaugurée en présence de délégués de Paris et sous la présidence du grand coopérateur belge, Edouard Anseele.

C'est une installation admirable : grands pressoirs à travail continu, bascule avec wagonnet-basculeur, monte-vendange avec chaîne à godets, filtres à pression, rien ne manque. Trois moteurs électriques fournissent la force motrice nécessaire. 27 cuves en ciment, 22 grands foudres en bois ; la cave contient le logement normal de 20.000 hectolitres de vin. Des canalisations bien disposées permettent de remplir facilement les foudres et wagons-réservoirs.

UN VILLAGE ASSOCIÉ Les vignerons de Maraussan sont fiers de leur cave. Elle élève bien haut sa façade, vis-à-vis la gare, sur le coteau. Et tous les habitants des villages voisins, encore malheureux, encore misérables, parce qu'ils n'ont pas su pratiquer l'association, peuvent la contempler, lorsque le petit chemin de fer d'intérêt local s'arrête à la station de Maraussan. Ils peuvent lire sur l'enseigne ces leçons éclatantes et simples : « *Travail ! Solidarité ! Cave coopérative communiste ! Tous pour chacun ! Chacun pour tous !* »

Fig. 180. — Le chai des Vignerons libres à Charenton. *Ce chai a été repris aujourd'hui par le Magasin de gros.*

On rencontre souvent des gens qui disent : « A quoi bon user votre peine et votre temps à prêcher la coopération, le socialisme, que sais-je encore, aux paysans ? Jamais vous ne ferez associer ensemble des paysans. Ne savez-vous donc pas comme ils sont égoïstes, comme ils tiennent à leur isolement ? » Si les paysans sont égoïstes, ils ressemblent en cela à la grande majorité des hommes. Mais ceux qui luttent pour la coopération ou pour le socialisme ne prétendent pas avoir, du jour au lendemain, une société de frères, où tous s'aimeront d'amour, où il n'y aura jamais une querelle ni même un dissentiment.

Or, les vignerons libres de Maraussan, par leur cave coopérative, se sentent déjà un peu communistes. Et ils ont hâte maintenant de développer en tous les domaines leurs associations, de devenir chaque jour un peu plus coopérateurs.

Il y a aujourd'hui, à Maraussan, une société coopérative de consommation, qui réunit 379 sociétaires et vend annuellement pour 150.000 francs. Il y a un syndicat des travailleurs de la terre qui comprend 200 membres actifs, défendant sérieusement leurs salaires contre les gros propriétaires. Et parmi eux, quelques-uns, non contents d'être seulement des syndiqués, se sont associés pour cultiver ensemble. Il y a encore la *Ruche prolétarienne*, une coopérative d'habitations ouvrières. Et il y a enfin un groupe d'études sociales florissant, qui en 1904 a fait triompher ses membres, aux élections municipales.

Maraussan est donc, dans tous les domaines, un village coopérateur. Les paysans, qu'on montrait si jaloux de leur indépendance, si égoïstes, prêts à défendre leurs terres à coups de fusil contre les socialistes qu'ils accusaient d'être des partageux, ont compris, en gens pratiques, les bienfaits de l'union, du travail en commun.

Peut-être dans toutes les campagnes verrons-nous bientôt des pratiques nouvelles de solidarité et de coopération qui transformeront la face des villages.

RÉFLEXIONS. — *Nous avons montré, au Moyen Âge, la misère des serfs. Nous avons rappelé, à la fin du XVIIIe siècle, la misère des pauvres paysans de Vaire. Il importait de bien les efforts coopératifs et syndicaux des paysans d'aujourd'hui. L'exemple bien connu de Maraussan, exemple apprécié par hommes de tous partis, nous a paru un des plus caractéristiques*

TRENTE-SIXIÈME LECTURE

Une visite à l'Égalitaire.

Je suis allé l'autre jour voir des amis, ceux qui administrent, dans le X⁰ arrondissement de Paris, une grande société coopérative de consommation, l'*Egalitaire*. L'*Egalitaire* est établie dans la rue de Sambre-et-Meuse, près de la rue Saint-Maur, dans un quartier où habitent beaucoup d'employés, d'artisans, de petits façonniers travaillant à leur compte, et aussi des ouvriers. Il y a des coopératives plus puissantes, la *Bellevilloise*, par exemple. Mais l'*Egalitaire* a ses services bien concentrés, et elle a connu des luttes qui révèlent bien l'esprit des coopérateurs.

Qu'est-ce au juste qu'une coopérative de consommation ? Il est peut-être bon de l'expliquer en deux mots. Les commerçants, épiciers, fruitiers, boulangers, vendent souvent leurs denrées en prélevant de forts bénéfices. Non qu'ils soient tous des voleurs, comme certains le disent injustement. Mais, eux aussi, ils cherchent à vivre un peu plus au large et à amasser, s'ils le peuvent, quelques sous pour leur vieillesse. Or, comme ils sont nombreux dans la rue, les uns à côté des autres, ils se partagent les clients, et finalement n'en ont chacun qu'un petit nombre. Ils vendent donc peu et doivent vendre cher, pour faire face à tous leurs frais. On entend dire souvent que la concurrence de nombreux marchands fait baisser les prix. C'est une erreur. La concurrence les fait plus souvent hausser, car chaque marchand doit couvrir tous ses frais avec peu de vente.

Or, un jour, certains se disent : « Comment ; voici un épicier qui achète par exemple de l'huile à 1 fr. 25 le kilo et qui me la revend 2 francs ; voici un charcutier qui a payé le porc, certaines années, 0 fr. 50 la livre et qui me le revend 1 fr. 10 ou 1 fr. 15 ; voici les boulangers qui autrefois prenaient 18 francs par 100 kilos comme « cuisson », c'est-à-dire pour transformer la farine en pain, et qui, maintenant, à cause de la concurrence entre eux, parce qu'ils sont devenus trop nombreux, prélèvent 25 francs ? Pourquoi donc ne nous entendrions-nous pas, nous, consommateurs ouvriers ou employés, pour acheter en commun, et garder ainsi dans nos bourses les hauts bé[né]fices qu'ils prélèvent sur nous? D'autant plus que souve[nt] le commerçant, malheureux et poussé par son malheu[r] même à la malhonnêteté, fraude et nous trompe, en ne nou[s] donnant pas le poids, ou en nous donnant du vin frelat[é] au lieu de vin naturel. »

Le jour où quelques-uns deviennent ainsi convaincus [de] ces simples vérités, une coopérative se fonde. Ces consom[ma]teurs se réunissent, groupent quelques francs pour lou[er] une boutique et acheter les premières denrées ; puis ils [se] les répartissent entre eux.

C'est ainsi que l'*Égalitaire* a été fondée vers 1876. Qui [l'a] fondée? On ne sait plus au juste. On se souvient à peine [de] quelques noms d'anciens. Ce qui est sûr, c'est que la s[o]ciété, aujourd'hui, est prospère. Lorsqu'on a suivi les rue[s] du quartier, lorsqu'on a longé sur les trottoirs les petit[es] boutiques aux peintures effacées, aux étalages pauvr[es] et parfois sales des épiciers, des merciers ou des fruiti[ers] on est frappé tout de suite de l'air imposant du gra[nd] bâtiment coopératif.

C'est un monument régulier, à un étage, percé de grand[es] baies, par où la lumière entre à pleines ondes. Au centre, [on] pénètre par une grande porte cochère, munie d'une bascu[le] pour voitures. Derrière, se trouve une petite cour. Et t[out] autour de la cour d'autres corps de bâtiment, plus modest[es] abritent des services annexes.

Je suis monté tout de suite au premier étage, au burea[u.] C'est là que j'ai trouvé l'administrateur délégué, c'est[-à-]dire le sociétaire à qui revient la responsabilité de condu[ire] la grande société ; et il a bien voulu me faire visiter [la] maison... de la cave jusqu'au grenier.

Tout d'abord nous avons parcouru les rayons de cha[uss]ures, de mercerie, de confection, de quincaillerie, qu[i se] trouvaient à cet étage. Ils me rappelaient les très gra[nds] magasins, le Louvre, le Bon-Marché, ou ces Nouvell[es] Galeries qui se dressent maintenant au centre de tou[tes] les grandes villes de province. Il n'y avait peut-être p[as] tant de luxe, tant d'ornementation, tant de richesses [fa]ices. Mais tout était propre, lumineux, sincère. Les co[m] teurs n'ont pas à éblouir les clients, c'est-à-dire à s'éblouir eux-mêmes. Il leur suffit que tout soit bien tenu.

Les employés nous saluaient joyeusement au passage ; ce sont eux aussi, pour la plupart, des coopérateurs, chassés d'autres maisons pour avoir présenté des réclamations, pour avoir groupé, syndiqué leurs collègues ; et ils ont à cœur maintenant d'augmenter la puissance de la société, qui les a recueillis.

En bas, dans une salle très haute, très lumineuse, toujours, et bien aérée, se trouve le grand magasin de répartition. Dans un coin, voici le pain, bien aligné dans les galeries ; voilà l'épicerie, rangée dans de grands casiers, et enfin, superbe de fraîcheur, formidable, tout un amoncellement de légumes, arrivés des halles le matin, et qui emplissent de leur bonne odeur toute l'immense salle. Alertes, les répartitrices — c'est-à-dire les employées, — servent les ménagères. Au fur et à mesure que ces dernières paient, à la caisse, la caissière inscrit sur leur livret particulier le montant de leurs achats. A quoi sert ce livret? Je le dirai bientôt. Mais poursuivons notre visite.

De l'autre côté de la porte cochère, bien aérées, bien fraîches aussi, se trouvent la boucherie et la charcuterie. Le sol carrelé est constamment lavé. Les étaux sont nets. Il n'y traîne point de débris. « Il y a, me dit l'administrateur, un très bon chef, au rayon de la boucherie. » Et je l'en félicite sincèrement, car la boucherie est une entreprise souvent difficile pour les coopérateurs. La viande en effet est une denrée délicate à choisir et à préparer ; beaucoup de coopératives qui avaient bien réussi dans l'épicerie ou la boulangerie ont échoué dans la boucherie.

Mais il faut descendre à la cave. Le chef-caviste est un vieux tonnelier, fort expérimenté, fort habile à soigner le vin. Il nous signale les bons crus, le Bordeaux, le Gaillac qu'il met en bouteilles. Car les coopérateurs, pour les grandes fêtes familiales, demandent à leur société de leur fournir une fine bouteille. Les caves de l'*Egalitaire* sont immenses et bonnes. Elles s'étendent sous tout le grand bâtiment ; elles peuvent contenir des centaines d'hectolitres, et le chef-caviste m'explique qu'il sortirait chaque jour de

sa cave plus de vin encore si tous les coopérateurs, au li[eu]
d'acheter leur boisson à de petits propriétaires de leu[r]
pays, de la Touraine ou du Cher, s'appliquaient à ne ri[en]
acheter qu'à la coopérative.

Et en effet, que manque-t-il donc à la coopérative ? Tou[t]
ce dont il a besoin, le coopérateur peut le trouver chez lu[i.]
Nous avons vu la boulangerie, la fruiterie, la boucherie, [la]
charcuterie. Dans un petit bâtiment voisin, nous allon[s]
noircir nos souliers dans la poussière du charbon, car d[e]
grands stocks de combustible ont été accumulés pou[r]
l'hiver. Dans la cour, tout proche, voici le réservoir [à]
pétrole. Allons jusqu'au fond, montons l'escalier, et nou[s]
voici dans le grenier où l'on garde les denrées coloniales[,]
le tapioca, le café qu'attend dans un coin un immens[e]
brûloir. Avez-vous soif même, voulez-vous tout de suite[,]
avec un camarade, vous désaltérer, prendre un verre d[e]
vin, un peu de café ou de bière ? Il y a là une petite bu[-]
vette. Et les soirs d'été, lorsqu'avant de s'aller couche[r]
dans les maisons surchauffées, les familles ouvrières hési[-]
tent à terminer leur promenade, tous viennent, le père, l[a]
mère, les petits, s'asseoir quelques ins[-]
tants autour des ta[-]
bles disposées dan[s]
la cour. Tous se sen[-]
tent là chez eux.

C'est qu'une coopé[-]
rative n'est pas seu[-]
lement une associa[-]
tion de commerce.
Sans doute, à la fin de
l'année, comme on a
vendu toutes les den[-]
rées un peu plus cher
qu'elles ne coûtaient,
même en tenan[t]

Fig. 181. — L'Égalitaire.
Façade de la rue de Sambre-et-Meuse.

compte de ce qu'on appelle les frais généraux, c'est-à-dir[e]
le loyer, l'éclairage, le chauffage, les salaires des employés[,]
etc., il reste un bénéfice. Or c'est précisément pour cela

que chaque famille a son livret. On fait chaque année, entre les sociétaires, une répartition des bénéfices. Chacun touche dans la mesure où il a acheté.

Il y a des coopératives dont les membres se préoccupent avant tout de toucher ainsi de gros bénéfices.

« Autrefois, me raconte le bon administrateur, c'était ainsi qu'on faisait à l'*Egalitaire*. Tous les employés, tous les petits retraités qui étaient membres de la coopérative, ne voulaient jamais rien abandonner de leurs bénéfices.

« Eh bien ! maintenant, il n'en est plus de même. Des ouvriers, des socialistes, ont fini par convaincre les coopérateurs qu'il ne suffisait pas de s'entendre ainsi pour toucher quelques ristournes évidemment agréables, mais que la coopérative devait être vraiment une secourable famille.

« Et alors l'*Egalitaire* a décidé de faire comme font déjà beaucoup de coopératives, de porter aide non seulement à ses membres, mais aussi aux camarades malheureux, chaque fois qu'il serait nécessaire. Nous avons ainsi établi une caisse de prévoyance.

« Tenez, l'autre jour, au milieu d'avril, un de nos camarades, un bon coopérateur, se trouvait tout à fait dans l'embarras. Il est ouvrier mécanicien, et en ce moment le travail est très ralenti dans les ateliers. Notre camarade a dû chômer depuis plus de trois semaines. Il a eu sa petite fille malade ; et l'argent qu'il avait mis de côté pour payer le terme d'avril a été dépensé. Eh bien ! nous consentons à lui prêter 40 0/0 du capital qu'il a dans la société, car chaque coopérateur possède, comme vous savez, une action qu'il a peu à peu payée avec les bénéfices distribués en fin d'année. Cet argent, nous le lui prêtons sans intérêt ; et le camarade remboursera quand il pourra, toujours avec ses bénéfices de fin d'année.

« Mais nous faisons mieux. Si un camarade perd sa femme ou si lui-même meurt (vous savez que ce ne sont pas seulement de tristes moments, mais aussi des moments coûteux), la coopérative donne 50 fr. Enfin, lorsqu'il y a des sociétaires malheureux, nous avons un fonds de réserves qui nous permet, après enquête, de leur verser un secours.

« Nous avons organisé encore à la coopérative un dispensaire, où des médecins spécialistes donnent des consultations gratuites à tous nos membres. J'ajoute que nous avons passé des ententes avec les pharmaciens, et que nos malades ont ainsi les médicaments à meilleur compte.

— Je vois que vous pratiquez largement la solidarité.

— Oui, mais beaucoup d'entre nous ont encore de plus hautes ambitions. Nous ne voulons pas seulement aider les travailleurs malheureux. Nous ne voulons pas non plus seulement soutenir ceux qui luttent, envoyer des secours aux grévistes, comme nous faisons, prêter notre salle des fêtes aux syndicats ou aux organisations politiques. Mais nous prétendons nous aussi contribuer à la transformation de la société, à l'établissement d'une cité plus juste, plus fraternelle. »

Tout en parlant, nous étions entrés dans la salle de réunion, ou salle des fêtes. C'était une vaste salle, bien éclairée, au premier étage, au-dessus de la boucherie. Il y avait des drapeaux, des décorations rouges, de grandes inscriptions rappelant les doctrines d'union ouvrière ou les formules du parti socialiste.

Près de la porte, un vestiaire. Au fond, une estrade, pour les bureaux des réunions ou les acteurs, les jours où la fête s'accompagnait de représentation.

J'admirai la belle salle ; mais l'idée qu'avait exprimée le gérant me tourmentait. « Comment donc, lui dis-je, espérez-vous transformer la société par la coopération ?

« — Oh! répondit-il, notre rêve est immense. Mais nous le réaliserons. De plus en plus, par nos achats, nous nous efforçons déjà de régler la production. Voici ce que je veux dire. Nos souliers viennent des cordonneries ouvrières ; notre pain vient de la *Fraternelle*, une coopérative d'ouvriers boulangers; notre vin, de la coopérative de Maraussan. Nous voulons ainsi favoriser par nos achats les ouvriers comme nous, qui associent leurs efforts dans les coopératives de production.

« Mais nous avons fait mieux. Nous avons, avec les autres sociétés de consommation, contribué à la formation d'un *Magasin de gros des coopératives*. Le Magasin de gros chète pour toutes les coopératives, et vous devinez tout de suite dans quelles conditions excellentes pour le bon marché et la qualité. Il est fondé à peine depuis trois ans, et il fera en 1910 pour plus de sept millions d'affaires. Il pourra donc obtenir des prix aussi avantageux que les plus fortes maisons d'épicerie, et il nous en fera profiter. Mais il fera mieux encore ; il va produire lui-même, et ainsi, comme je vous disais, régler la production, assurer lui-même la production. Autrefois, par exemple, il se fondait des quantités de petites coopératives de production qui ne savaient comment écouler leurs produits et trop souvent sombraient. Nous autres, nous voulons fonder nos ateliers qui produiront exactement ce dont les sociétés ont besoin et qui ainsi pourront prospérer.

« Voilà, disait mon ami en s'animant, la réalisation du socialisme. Lorsque, de plus en plus, les familles viendront à la coopération, lorsque dans un pays il y aura une majorité de coopérateurs, alors il y aura beaucoup d'ateliers de production ; et peu à peu, les syndicats travaillant de leur côté à défendre les droits des producteurs, toute l'organisation sociale se trouvera renouvelée. La production ne sera plus déréglée et anarchique, comme aujourd'hui ; nous ne verrons plus des commerçants ne pas pouvoir vendre des marchandises en stock, cependant que des ouvriers manquent de ces mêmes marchandises : on produira pour satisfaire aux besoins. »

Lorsqu'après ma visite, je redescendais dans le Paris du centre si populeux, si vivant, au milieu de tous les travailleurs qui sortaient des usines ou des boutiques, je me demandais pourquoi tant d'ouvriers, tant de citoyens de toutes classes, n'avaient pas encore compris les avantages et la beauté de cette coopération audacieuse, qui prépare, elle aussi, à sa manière, une société plus juste et plus fraternelle.

TABLE DES MATIÈRES

1re LECTURE.	— Le porcher Eumée.	
2e LECTURE.	— Une leçon de Socrate.	11
3e LECTURE.	— Le complot de Cinadon.	22
4e LECTURE.	— Un vieux Romain.	30
5e LECTURE.	— Les farces de Tranion.	39
6e LECTURE.	— La révolte de Spartacus.	49
7e LECTURE.	— Epictète.	58
8e LECTURE.	— Lettre d'un noble gallo-romain.	65
9e LECTURE.	— L'orfèvre Eloi.	71
10e LECTURE.	— Le fief de Fulton.	78
11e LECTURE.	— La révolte des serfs de Normandie.	85
12e LECTURE.	— La réception du maître boulanger.	92
13e LECTURE.	— Un jour de fête chez les orfèvres.	101
14e LECTURE.	— Les Maillotins.	109
15e LECTURE.	— L'apprenti du couturier.	118
16e LECTURE.	— Une grève à Lyon au XVIe siècle.	127
17e LECTURE.	— Les épreuves de Bernard Palissy.	134
18e LECTURE.	— L'initiation du compagnon chapelier.	142
19e LECTURE.	— A la manufacture.	150
20e LECTURE.	— La suppression des maîtrises.	158
21e LECTURE.	— La plainte des paysans de Vaires.	165
22e LECTURE.	— Une émeute de subsistances.	173
23e LECTURE.	— Jacquard.	181
24e LECTURE.	— Une soirée chez les riches.	189
25e LECTURE.	— Novembre 1831.	197
26e LECTURE.	— Tope, compagnon.	206
27e LECTURE.	— Agricol Perdiguier.	214
28e LECTURE.	— Les journées de juin 1848.	222
29e LECTURE.	— La Société Saint-Claude.	230
30e LECTURE.	— Le candidat ouvrier.	237
31e LECTURE.	— L'Association internationale.	244
32e LECTURE.	— Eugène Varlin.	251
33e LECTURE.	— La grève de Fougères.	259
34e LECTURE.	— La verrerie ouvrière.	265
35e LECTURE.	— Les vignerons libres.	273
36e LECTURE.	— Une visite à l'*Egalitaire*.	281

Paris. — Imprimerie de la Bibliothèque d'Éducation.

BIBLIOTHÈQUE D'ÉDUCATION
PARIS — 15, rue de Cluny, 15 — PARIS

Arithmétique
ET
Système Métrique

PAR

J. ALIX & L. BAZENANT

Directeurs d'écoles publiques

COURS MOYEN ET SUPÉRIEUR
(*Préparation au Certificat d'études primaires*)

83 Leçons réparties en 8 mois

Pour chaque mois :

NOTIONS SIMULTANÉES d'Arithmétique et de Système métrique.
22 DEVOIRS pour la 1re ANNÉE du *Cours moyen*.
22 DEVOIRS pour la 2e ANNÉE du *Cours moyen*.

Dans chaque devoir :

1 **EXERCICE ORAL** (*Calcul mental*).
1 **EXERCICE ÉCRIT** (*Calcul rapide*).
3 **PROBLÈMES DE 1re ANNÉE** (dont 1 de révision).
3 **PROBLÈMES DE 2e ANNÉE** (dont 1 de révision).

A la fin de l'ouvrage :

Plus de **MILLE** problèmes supplémentaires classés par **TYPES** et soigneusement gradués.

1 volume in-12 cartonné : 1 fr. 40

BIBLIOTHÈQUE D'ÉDUCATION
PARIS — 15, rue de Cluny, 15 — PARIS

LECTURES MORALES
Nouveau Cours de Morale

PAR

MARC FROMENT

TABLE DES MATIÈRES

Introduction. — 1. La morale. — II. Les défauts des hommes actuels. Qualités correspondantes. — 2. La brutalité. — 3 et 4. L'homicide. — 5. Le vol. 6. Le mensonge. — 7. La ruse. — 8. Les vices d'argent. — 9. La mauvaise hygiène. — 10 et 11. La crédulité. — 12. L'intolérance. — 13. La lâcheté. — 14. Ceux qui ne savent pas vouloir. — 15. Le courage. — III. L'amélioration de l'individu. — 16. L'amélioration morale. — 17. Le plus grand obstacle à l'amélioration morale : la raison. IV. L'amélioration de la société. — 18. Les partis de misère. — 19, 20 et 21. Remèdes contre la misère : 1° la charité ; 2° la mutualité ; 3° la solidarité sociale. — Pratique de la solidarité. — 22. La famille. — 23. L'école. — 24. L'apprentissage. — 25. Le travail. — 26. Coopératives et syndicats. — 27. Le suffrage universel. 28. La nation et l'internation. — VI. Conclusion. 29. L'Entr'aide.

Prix, cartonné . . . . 1 fr.

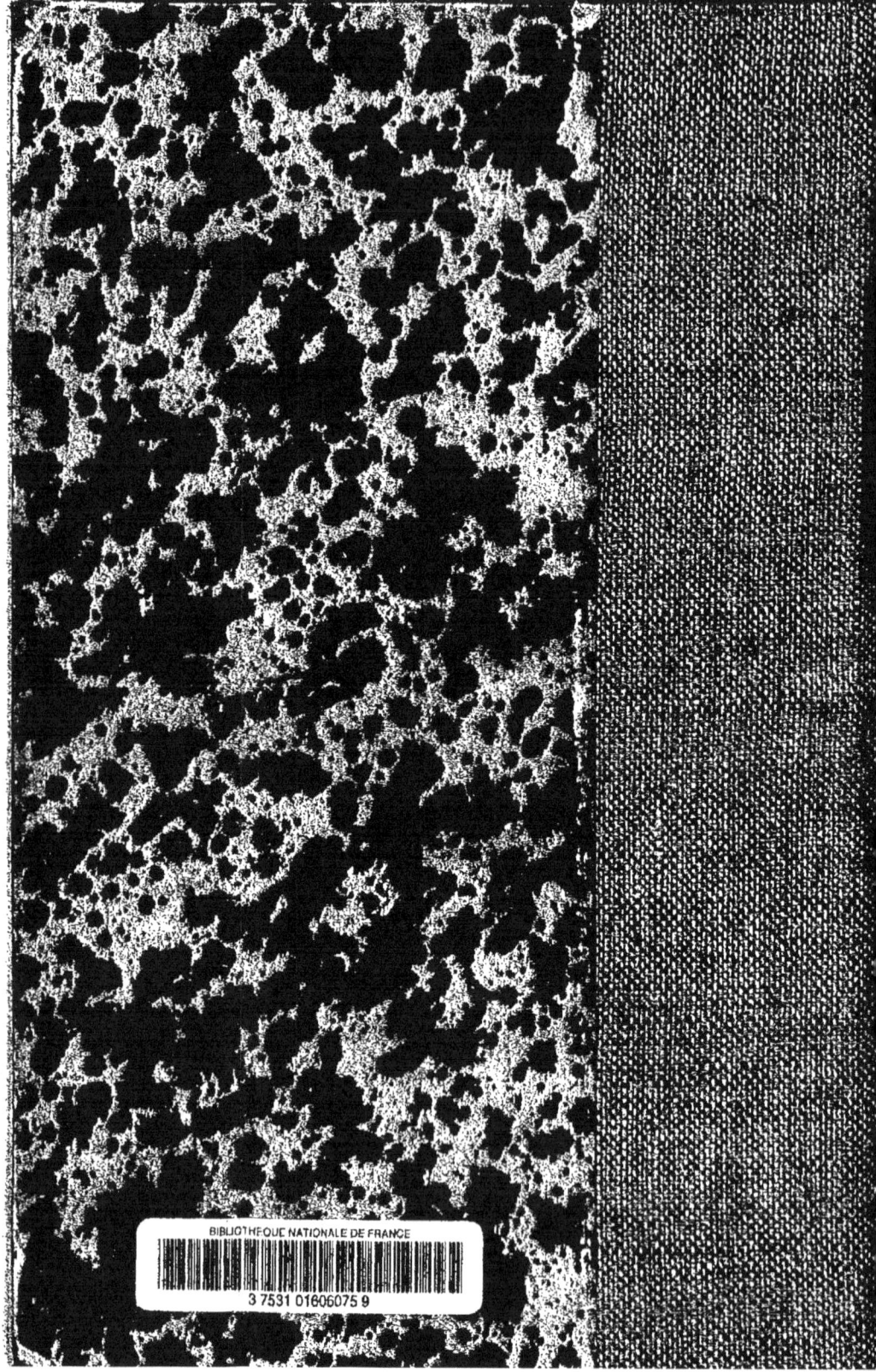

www.ingramcontent.com/pod-product-compliance
Lightning Source LLC
Chambersburg PA
CBHW071417150426
43191CB00008B/946